CHARTRES
et l'énigme des Druides

JEAN MARKALE

CHARTRES
et l'énigme des Druides

ÉDITIONS FRANCE LOISIRS

Édition du Club France Loisirs,
avec l'autorisation des Éditions Pygmalion/Gérard Watelet.

Éditions France Loisirs,
123, boulevard de Grenelle, Paris
www.franceloisirs.com

ISBN : 978-2-298-00581-3

PREMIÈRE PARTIE

Les lieux

I

L'ENTRÉE DU LABYRINTHE

Chacun d'entre nous a sa propre vision des choses, surtout lorsque c'est la première fois que l'œil s'attache à un objet auparavant tout à fait inconnu. Et c'est encore plus vrai lorsqu'il s'agit d'un monument célèbre, hérité d'un passé ombreux mais doté d'un pouvoir d'évocation lumineux. C'est le cas de Chartres. Mais, pour moi, Chartres, c'est d'abord une image liée au chemin de fer. Cela paraît curieux, mais je suis d'une génération qui a commencé à connaître le monde grâce au chemin de fer, celui-ci alimentant d'ailleurs de nombreux fantasmes : n'était-ce pas l'entrée dans le rêve, l'entrée dans le labyrinthe dans lequel je rêvais de m'égarer pour ne plus jamais en sortir ? « Regarde ! c'est la cathédrale de Chartres ! » Et, dans ce compartiment de troisième classe (parce qu'il n'y en avait pas de quatrième !), je levais les yeux, et à travers les vitres, au milieu du brouhaha que produisaient les roues sur les aiguillages de la gare, j'apercevais cette silhouette bizarre qui surgissait d'un tertre, tout d'un coup, au sortir d'une vallée boisée, et que d'autres découvraient depuis bien plus longtemps, sur une route, à travers la platitude désespérante de la Beauce. Oui, ma première vision de Chartres se trouve là, dans les grands trains qui fonçaient vers l'ouest, à la recherche d'une Bretagne presque mythique qui commençait à agiter ses fantômes dans mon imagination fébrile.

Et puis, il y a aussi une curieuse circonstance, terriblement chargée de sensations et porteuse d'images incroyables. C'était en 1936, et j'avais huit ans et demi. C'était une période assez triste de mon existence, période dominée par l'absence — je devrais dire la fuite — de ma mère dont l'ombre empoisonnait notre vie quotidienne à ma grand-mère et à moi, pour ne pas parler de mon père qui se battait avec lui-même pour tenter de demeurer serein. Je n'ai jamais aimé ma mère. Elle non plus d'ailleurs : quand j'étais tout enfant et que j'obéissais à des pulsions affectueuses à son égard, voulant me blottir dans ses bras, elle me repoussait brutalement sous prétexte que j'allais froisser sa robe. Ma mère a été une étrangère pour moi : si elle a été ma *génitrice*, ce serait plutôt dans le genre des « mères porteuses » dont on parle aujourd'hui. Bref, j'étais un enfant solitaire et introverti, confiné dans un espace clos. Ma seule ressource était d'imaginer un monde *autre*, celui auquel je n'avais pas droit. C'était aussi l'époque où, sans le savoir, je faisais de la métaphysique. Bien éduqué dans les meilleurs principes du catholicisme, respectueux de messieurs les ecclésiastiques que je devais saluer dans la rue même si je ne les connaissais pas (en ce temps-là, on les reconnaissait à leur soutane), sans doute par réaction contre l'attitude de mon grand-père maternel qui croassait chaque fois qu'il en rencontrait, je me posais d'énormes problèmes quant à l'Au-Delà. On m'avait décrit le Paradis comme quelque chose d'immense où de petits anges faisaient de la musique et où tout le monde était vêtu de blanc. Mais cette image qu'on avait tout fait pour rendre rassurante m'accablait de terreur : je me demandais bien ce que j'allais faire dans cet endroit bizarre *pour l'éternité*. Un authentique vertige m'envahissait dès que je me lançais dans ces évocations, non pas que j'eusse des doutes à propos de la réalité d'un paradis éternel, mais bien parce que l'éternité, comme l'infini, était *insupportable* pour la compréhension — ou l'incompréhension — d'un enfant triste et désemparé. Je crois en tout cas que ce vertige a conditionné mon comportement ultérieur et qu'il explique en grande partie le chemin que j'ai emprunté pour tenter de découvrir une certaine vérité.

Or, en ce mois de septembre 1936, alors qu'on entendait d'étranges rumeurs concernant un personnage du nom d'Adolf Hitler, alors qu'on racontait de terribles choses sur ce qui se passait en Espagne, nous avions passé quelques jours tranquilles dans le Perche, à Mortagne très exactement, chez des amis de ma famille qui ont toujours été pour moi plus que des amis et chez qui je me suis toujours trouvé comme chez moi. Nous revenions, mon père, ma grand-mère et moi, vers Paris. Nous avions pris d'abord un autorail cahotant qui nous avait conduits à Condé-sur-Huisne, et là, nous étions montés dans un autre autorail, plus rapide, qui devait nous mener à Chartres, afin de retrouver le train de Paris. C'est là que se place la circonstance. Il y avait du brouillard. La nuit était tombée. J'avais beau regarder par la vitre, je ne distinguais rien qu'une masse opaque qui nous entourait. L'autorail « fonçait dans le brouillard », vers Chartres. Et c'était très long, très angoissant. Je m'imaginais brusquement que seule existait la voie ferrée où roulait l'autorail, et qu'il n'y avait *rien autour de cette voie :* en somme, nous étions sur une sorte de digue, de pont jeté à travers l'univers, à travers l'infini. Et je retrouvais le vertige, le même vertige, que celui qui me tenaillait lorsque j'évoquais le Paradis. Quand donc allions-nous arriver à Chartres ? Mais, je m'en souviens parfaitement, j'étais certain que nous ne parviendrions jamais à Chartres et que notre voyage dans le brouillard se poursuivrait pendant l'éternité.

Étranges sensations, et qui ne peuvent se transmettre par les mots. Lorsque je me retrouvais sur le quai de la gare de Chartres, marchant d'un pas mal assuré parce que je m'endormais, j'avais peine à croire que le monde existait réellement. Pourtant, je marchais sur le sol. Il y avait des lumières. Et les pancartes prouvaient que nous nous trouvions à Chartres. Ce nom sonnait presque magiquement dans ma tête comme la seule conscience de ma propre réalité. Et je n'ai jamais oublié que Chartres a représenté pour moi, en ce mois de septembre brumeux, la délivrance d'un inexprimable cauchemar. Chartres, comme un havre de paix, comme un îlot sur un océan immobile, non pas au milieu de « la glèbe féconde » si chère à Péguy, mais parmi les « infernaux paluds » de François Villon, sur lesquels veille l'image rassurante de Notre-Dame la Vierge, comme pour répondre à l'appel désespéré de ceux qui se sont égarés dans les fondrières de l'espace et du temps... Voilà comme m'est apparue la vieille cité de Chartres, en cette soirée de septembre, alors que je n'avais même pas l'idée de lever les yeux pour apercevoir, dans l'ombre, les contours d'une cathédrale inconnue. Notre-Dame la Vierge se dresse souvent sur un tertre pour indiquer le chemin aux voyageurs, et surtout pour empêcher qu'ils ne s'enlisent dans les marécages de la souffrance.

Mais, en ce temps-là, je n'avais aucune idée de ce que pouvait être une cathédrale. Chartres n'était donc qu'une étape, un simple relais sur une route beaucoup plus longue qui menait soit vers des rivages, soit vers des landes, soit vers des forêts. Pourtant, ce sentiment de délivrance que j'avais éprouvé ce soir-là a marqué profondément mon caractère. Un nom, un simple nom, et puis l'image de la Vierge à l'Enfant telle que je pouvais la voir dans d'autres églises. Je me posais cependant des questions : quelle différence y a-t-il entre Notre-Dame de Chartres et Notre-Dame de Paris, entre Notre-Dame de Lourdes et Notre-Dame de Montligeon ? Est-ce la même personne ? Pourquoi tant de dénominations ? Je n'en étais pas à m'interroger sur le monothéisme et le polythéisme, mais tout de même, il y a des choses qui intriguent un enfant. Après tout, le Père Noël se multiplie bien, lui aussi, et c'est quand même le même Père Noël. Alors pourquoi pas des « Notre-Dame » à n'en plus finir ?

La guerre s'est installée ensuite dans mon univers, avec tout ce que cela comportait d'angoisses, de privations, de souffrances. J'ai encore en moi le souvenir du froid qui me saisissait dans des maisons à peine chauffées, le souvenir de devoirs faits à la lueur fumeuse des bougies parce qu'il y avait des coupures de courant électrique. J'ai le souvenir de cette faim qui tenaillait mon estomac. Et pourtant, c'était le temps où je rôdais à l'ombre des cathédrales. L'architecture de Notre-Dame de Paris me fascinait. J'imaginais des villes anciennes que je n'avais jamais encore vues. Je marchais à travers des rues étroites, le long de boutiques étranges, sous des auvents qui me masquaient la couleur de la pluie. Villes mortes, avec seulement, quelque part dans le centre, un vaste édifice criblé d'arcs-boutants et de sculptures grotesques, surmonté de flèches agressives qui partaient à la conquête de l'espace. Et cet espace était souvent noirci par les vols lourds des avions, sinistres messagers d'une mort sournoise : le bruit des bombes effaçait la musique des anges. Dans ce monde de violence et de haine, je me réfugiais dans l'ombre d'un passé que je reconstituais à grand renfort de livres. C'était l'époque où je découvrais la littérature médiévale, l'époque où je délirais en compagnie de Tristan, de Lancelot du Lac ou de Perceval, l'époque où j'aurais voulu avoir tous les pouvoirs de Merlin pour transformer d'un seul coup l'univers malsain qui m'entourait en un verger merveilleux rempli de belles jeunes filles au regard tourmenté. L'image du Paradis commençait à emprunter des éléments qui n'avaient plus rien à voir avec la cohorte des Bienheureux vêtus de blanc chantant les louanges du Seigneur dans une éternité immuable J'avoue que l'île d'Avalon, avec ses arbres toujours couverts de fruits mûrs, avec Morgane et ses sœurs dans un palais de cristal, me plaisait davantage que le triste et monotone paradis chrétien qui m'avait donné tant de vertiges. En fait, à évoquer l'île d'Avalon, ou toute autre île merveilleuse surgie de la tradition celtique, Emain Ablach, Insula Pomorum, la terre des Fées, l'île de la Promesse, je ne ressentais aucun vertige. Je m'y trouvais comme protégé de tout, y compris de l'angoisse, sécurisé par la présence de ces femmes mystérieuses et belles qui offraient des breuvages d'oubli aux navigateurs échoués sur leurs rivages Notre-Dame la Vierge avait laissé la place à Morgane, comme une reine de la nuit qu'on voudrait aimer d'un amour absolu, *éternel :* le vertige viendrait alors non pas de la *durée,* mais de l'instant, de la rencontre fugitive avec la reine des fées. C'était déjà de l'érotisme. Mais c'était aussi une sorte d'adhésion aux doctrines de l'Amour courtois, ou plutôt de la *fine amour :* le salut par la Femme, la fusion avec le divin par l'intermédiaire de la Femme.

En y réfléchissant maintenant, je pense qu'il n'y a aucune différence entre ce désir de salvation par la femme et la confiance en Notre-Dame la Vierge. Le culte marial s'est développé en même temps que les thèmes de la *fine amour*. Ce sont là deux aspects d'une même réalité. Mais qu'on n'aille surtout pas le répéter, car ce serait une preuve de « mauvais esprit ». Je passe suffisamment pour être un agnostique acharné... Oser comparer Marie, mère de Jésus, avec n'importe quelle grande Dame des Cours d'Amour — une gourgandine, quoi ! —, ce n'est même pas un sacrilège, c'est manifester une violence antireligieuse digne des plus graves excommunications. Et pourtant... La dernière fois que j'ai assisté à la messe de minuit de Noël, il n'y a pas longtemps, à la cathédrale de Vannes, la lecture de l'Évangile m'a horrifié : on y disait froidement que Joseph s'en était allé à Bethléem, pour se faire recenser, *avec Marie, son épouse, qui était enceinte.* Revenu chez moi, j'ai ouvert la bible de Jérusalem et j'ai cherché le passage de l'Évangile de Luc. Édifiant. On y lit : *« Avec Marie, sa fiancée, qui était enceinte ».* Jusqu'à preuve du contraire, je pense que la traduction présentée sous le titre de Bible de Jérusalem est un ouvrage sérieux et objectif, qui serre au plus près le texte original. De plus, l'un des traducteurs de cette Bible, le Père Auvray, est un de mes anciens professeurs, et j'ai toujours eu pour lui la plus grande estime quant à sa compétence, quant à son honnêteté et quant à sa foi. Aussi, au risque de passer pour un agnostique impénitent, je ne peux m'empêcher de dénoncer l'hypocrisie et la malhonnêteté d'un certain clergé, celui-là même qui prétend dispenser *ex cathedra* la parole divine, la Vérité intégrale et inébranlable, et qui, en plus, prétend être le seul à pouvoir le faire.

Je ne suis pas agnostique. Quand j'avais douze ans, je voulais devenir prêtre. On me dira que Renan et

Staline ont été séminaristes, que Fouché était oratorien et que Talleyrand était évêque. Il n'empêche que j'ai désiré ardemment devenir prêtre catholique. Certes, mon environnement familial m'y poussait. J'ai été élevé dans la plus pure tradition catholique. J'ai été éduqué par les Oratoriens qui, tout en étant de remarquables intellectuels, sont de fidèles serviteurs de la Foi. Que ne leur dois-je pas à ces Oratoriens ? Ils ne se sont pas contentés de m'inculquer du « catéchisme », ils n'ont pas fait sur moi le « lavage de cerveau » habituel, ils ont provoqué ma réflexion profonde sur la vie, sur le sens de la vie, sur la finalité de la création, sur Dieu enfin. Et ils ont toujours accueilli avec bienveillance mes demandes, mes interrogatoires, ils ont répondu à mes angoisses, ils m'ont aidé à mettre de l'ordre dans mes turbulences. Jamais je ne pourrai oublier tout le bien qu'ils m'ont fait. Et beaucoup d'entre eux sont devenus mes amis.

Cela dit, je ne suis pas devenu prêtre. L'image de Morgane la Fée me tourmentait trop pour que je pusse sereinement me contenter d'un culte rendu à une Vierge Marie dépouillée de toute sexualité. Je sais bien que certains prêtres n'ont pas les mêmes scrupules que moi et qu'ils interprètent non seulement le droit canon, mais aussi les mouvements de leur propre conscience comme cela les arrange. J'ai le défaut d'être honnête avec moi-même comme avec les autres. J'ai donc choisi la vie profane, mais je n'ai jamais perdu pour autant le sens du sacré, recherchant celui-ci à travers tout ce qui se présentait à moi, la Femme bien sûr, mais aussi ces cathédrales du Moyen Age dont je sentais l'*aura* magnétique m'imprégner, mais aussi ces modestes mais mystérieuses chapelles de campagne, sanctuaires désuets, pourtant vivants, témoignage incomparable de la transcendance qui s'établit entre l'humain et le divin. Est-ce une attitude agnostique ? On ne s'intéresse pas passionnément comme moi à la Quête du Graal sans *croire* à quelque chose. Mais à quoi ? Je ne me suis pas penché, comme Galaad, sur le vase sacré pour m'y aveugler de cette lumière impossible qui en émanait, mais j'ai compris un jour que Dieu pouvait être présent dans le calice du prêtre comme dans le Graal, et que la Vierge présidait aux liturgies des églises, même quand celles-ci étaient bâclées par des clercs qui n'y comprenaient plus rien.

On peut en effet être déçu et dérouté parfois par l'attitude de certains représentants de l'Église. On a beau se répéter que l'Église est une institution humaine, il y a des choses qui ne passent pas, les bûchers de l'Inquisition par exemple et l'alliance avec les pouvoirs totalitaires. On ne peut aussi que dénoncer l'attitude hypocrite de ces clercs qui ont obligé, pendant des siècles, les pauvres gens à s'agenouiller devant les puissants de ce monde (« vous en serez récompensé dans l'Au-Delà ! ») et qui, actuellement « font dans le social », en oubliant du même coup le message spirituel qu'ils sont censés répandre et faire connaître. Il y a comme un parfum de trahison quelque part, même si on passe pour un « esprit fort » en le disant. C'est dire combien ma *foi,* en dehors de toute doctrine et à l'abri de tout dogme, peut être considérée comme hérétique. Et pourtant, la brusque conscience qu'il y avait quelque chose de vrai dans ces liturgies bâclées s'est produite au cours d'un épisode sordide. Donc, en ce temps-là, j'aimais passionnément une femme, et cette femme avait des relations avec un authentique prêtre. Je me trouvais avec elle à une messe, où je la voyais faire des simagrées, alors que moi, je restais de marbre, me contentant d'assister au spectacle. Et lorsqu'au moment de la communion, elle s'est précipitée pour recevoir l'hostie, je n'ai pas pu m'empêcher d'imaginer une autre scène/cène, du genre de celle que décrit Rémy de Gourmont dans son curieux ouvrage sur Lilith et Sammaël (Satan), et où il est question d'un blasphème particulier consistant à « communier » sous les deux espèces. Je n'ai pas pu non plus m'empêcher d'adresser à Dieu un défi du genre de celui que saint Patrick prononçait quand il demandait quelque chose au Seigneur : « Dieu, si tu ne m'exauces pas, je jure de ne prendre ni nourriture ni boisson avant que tu ne m'aies exaucé, et si je meurs, tu en porteras la responsabilité ! » La légende prétend que cela marchait à tous les coups, non seulement pour saint Patrick, mais pour tous les autres saints de cette Église celtique chrétienne primitive qui, avant d'être des statues, ont été des héros, des hommes qui savaient ce qu'ils voulaient. On sait où vont mes préférences, et je n'ai pas écrit par hasard un ouvrage pour célébrer les mérites des antiques chrétientés celtiques qui ont été les plus ardentes qui soient [1].

J'ai donc moi aussi défié Dieu à la manière de saint Patrick. Il fallait que j'aie un *signe*. Il me fallait savoir. J'adressai donc cette prière muette : « Dieu, si tu es réellement présent dans l'hostie, sous l'apparence du pain, tu ne peux pas tolérer d'être ingéré par cette femme sacrilège qui fait commettre le même sacrilège à un prêtre, tu ne le peux pas. Ou alors, tout cela, c'est de la frime. » Prière muette. Mais prière sincère. J'attendais une réponse. Elle est venue. Dans la nuit, la femme a été malade et elle a vomi tout ce qu'elle avait absorbé. Le *signe* était là. Depuis lors, je crois à la présence réelle de Dieu dans l'hostie. Du plus nauséabond des marécages surgit parfois le vent le plus pur de l'aurore.

Combien de fois suis-je passé devant la cathédrale de Chartres, sans m'arrêter, la regardant simplement, intrigué par son architecture étrange qui me posait tant d'énigmes et qui me heurtait dans l'imaginaire. Le Moyen Age était-il une époque de foi et de magnificence, ou une époque de ténèbres et d'obscurantisme. Adolescent, je fréquentais assidûment Notre-Dame de Paris, et aussi Notre-Dame de Montligeon, dans ce Perche où j'ai laissé un peu de mes fantasmes de jeunesse. Mais après tout, qu'était donc Notre-Dame la Vierge, pour moi, en ces périodes de tourmentes ? La Mère, non seulement la Mère de Dieu, mais celle de tous les hommes. Je me répétais l'Évangile de Jean : « Femme, voici ton fils, homme, voici ta mère. » On m'avait enseigné que Jésus avait donné sa mère à l'humanité. Je ne comprenais pas. Certes, ma grand-mère, qui avait perdu son fils aîné lors de la Première Guerre mondiale, me répétait toujours

---

1. J. Markale, *Le Christianisme celtique*, Paris, éd. Imago, 1984.

qu'elle se sentait la *mater dolorosa,* la Vierge sur les genoux de laquelle on dépose son fils mort, après qu'on l'a descendu de la Croix. Image touchante : ma grand-mère avait les larmes aux yeux. Ma grand-mère a été effectivement toute sa vie une « mère douloureuse ». Mais moi, ma mère, pouvais-je croire un seul instant qu'elle fût une « mère douloureuse » ? Je me souviens d'un de mes professeurs, qui n'était pas prêtre, et qui avait cru bon de nous faire un cours sur la grandeur de la maternité (on était alors en plein pétainisme, « travail, famille, patrie »), vantant les mérites et les sacrifices de toute « maman ». Cela m'avait donné envie de vomir. Alors, après tout, Notre-Dame la Vierge, Marie mère de Dieu, qu'est-ce que ça pouvait bien signifier pour moi ? Les représentations de la *mater dolorosa,* cela n'aurait dû avoir aucune action sur moi. Et cependant, quelque chose me tourmentait, quelque chose s'élevait au fond de mes entrailles. Un manque, bien sûr. Et les litanies de la Vierge me revenaient en mémoire : « consolatrice des éprouvés... ». Cela me faisait une belle jambe, comme on dit. Il n'empêche que l'image de la *Pietà* s'incrustait en moi de façon indélébile. Bien des années plus tard, quarante-cinq ans, très exactement, j'ai compris le mouvement intérieur qui m'animait et me troublait de cette façon. Je me trouvais dans un village de montagne, à Saugues, dans le Velay, non loin de cette mystérieuse Notre-Dame du Puy qui me hante au même titre que Notre-Dame de Chartres. C'était au mois de septembre — toujours le mois de septembre ! — et j'étais en compagnie d'une ancienne élève, en vérité la meilleure élève de philosophie que j'ai jamais eue en ces temps lointains de 1968 où, le plus souvent, faire acte philosophique consistait à lancer des pavés sur les représentants de l'*Ordre.* Qu'on se rassure, je l'ai fait. Mais cela ne m'empêchait pas de discuter à coups d'arguments intellectuels avec une classe que je pense avoir été l'une des plus intéressantes que j'ai jamais eu le plaisir d'animer. Or donc, je me trouvais à Saugues avec Dominique. Elle avait eu une vie mouvementée depuis vingt ans que nous ne nous étions point vus. Ses yeux bleus exprimaient la souffrance et le désespoir. Elle avait l'air de ne plus appartenir à ce monde-ci, comme déjà happée par les forces de l'ombre. Elle m'avait emmené auprès d'un étang désolé et désert, me disant que, sous les eaux, d'étranges voix lui parlaient, et que des mains se tendaient vers elle pour l'attirer vers leur cité engloutie. Elle récitait des légendes, celles dont j'ai tant parlé moi-même, elle me provoquait, jetant le nom de Virginia Woolf comme par hasard, comme si les eaux glauques allaient me renvoyer l'image d'une Ophélie à jamais disparue. Dominique, si jeune et si frêle, si dure et si violente, avec ses traces indélébiles de drogue, avec sa voix implorante de bateau ivre rejeté par la tempête... Elle m'avait fait entrer dans l'église de Saugues, et elle s'était abîmée dans la contemplation d'une *Pietà* d'ailleurs fort belle et fort émouvante. Puis nous étions sortis. Elle avait exprimé le désir de s'asseoir sous le porche, sur les bancs de pierre qui étaient utilisés autrefois et qu'on considère maintenant comme un élément de décoration. Elle s'était blottie contre moi, elle avait pris ma main et s'était endormie sur ma poitrine. Le vent qui se levait agitait ses cheveux comme les algues d'un étang : toujours l'image d'Ophélie. Des gens passaient, nous regardant avec réprobation. Une femme, me fustigea du regard. Si elle avait pu me foudroyer, elle l'aurait fait. J'ai soutenu son regard avec insolence, me demandant combien de temps encore il fallait pour que le monde pût devenir chaleureux et compréhensif. Et, brutalement, j'ai compris que tous les deux, à ce moment précis, nous représentions la Pietà, mais *à l'envers :* ce n'était pas la Mère douloureuse tenant son fils mort contre elle, mais le Père douloureux tenant sa fille morte et cherchant par tous les moyens à lui redonner la vie. Je repensai alors à certains calvaires bretons où, dans la représentation de cette même scène, le corps du Christ ne dépasse jamais des genoux de Marie, comme si Marie, la Mère universelle, voulait réintégrer en elle son fils et lui redonner une autre vie, la vie éternelle, un corps glorieux, son *habit de lumière*. Oui, c'était cela. C'était ce que demandait Dominique, et le geste qu'elle avait fait de prendre ma main en disait long sur ses motivations profondes. Étrange scène, étrange sensation. Mais je n'étais pas Marie, la Vierge des Vierges. Je n'étais qu'un homme. Et pourtant j'étais conscient du désir effrayant de Dominique : « Redonnez-moi la vie ! » J'ai compris alors le sens de la *Pietà*. Mais j'ai compris aussi mon impuissance. Dominique, la tête obstinément blottie contre ma poitrine, tentant de vivre au rythme de mon cœur, était déjà *morte*, et je ne pouvais plus rien pour elle, non rien.

Quelques jours plus tard, quand nous nous sommes quittés, Dominique et moi, elle m'a attiré contre elle en murmurant : « Vous savez, quand je crèverai, le seul nom que je prononcerai, ce sera le vôtre. » Et puis, après un temps, une question, très simple dans sa densité : « Pouvez-vous me jurer quelque chose ? De mourir avec moi. » Et quelques minutes plus tard : « Quand ce sera le moment, je viendrai vous chercher, nous partirons tous les deux et nous ne reviendrons plus. » Je suis parti comme un lâche. Je savais que je ne pouvais plus rien. Et comme on s'inquiétait de mon absence et qu'on avait téléphoné chez elle, elle avait répondu qu'elle m'avait tué, déclenchant ainsi tout un processus d'enquête. C'était elle qui s'était tuée. On l'a sauvée *in extremis*, mais je sais que ce n'est que partie remise. Je ne peux plus rien pour elle. Et l'image de la Vierge Marie me hante, parce que Marie est la seule qui puisse sauver les êtres humains du désespoir.

Pourquoi tant de représentations de la Vierge tenant son enfant ? Pourquoi tant de représentations de la *Mater Dolorosa ?* Cela doit correspondre à quelque chose de profond dans la conscience humaine. Pourquoi tant de sanctuaires dédiés à Notre-Dame sinon parce que l'image de la mère hante la mémoire des fils et des filles de ce monde ? Quand je commençais à m'intéresser au Moyen Âge et aux édifices gothiques, je lisais avec avidité tout ce qui concernait la cathédrale de Chartres. J'appris ainsi que c'était la plus belle cathédrale du monde. J'appris qu'on y trouvait les plus beaux vitraux du XIIIe siècle. J'appris aussi que le sanctuaire avait été construit sur l'emplacement d'un temple *païen* où l'on avait découvert un puits très mystérieux et une satue représentant une *Virgo Paritura,* une « Vierge sur le point d'enfanter ». Et l'on ajoutait que c'étaient les Druides qui avaient fait ériger cette statue parce qu'ils avaient prévu, bien avant le temps, le mystère de l'Incarnation. Je sais maintenant qu'il faut prendre cette tradition avec toutes les précautions qui s'imposent, et qu'en particulier, cette antique *Virgo Paritura* n'est pas forcément la « prémonition » de la Marie du Christianisme, mais il faut avouer que pour un adolescent hanté par le Moyen Âge et complètement envoûté par les origines celtiques de la civilisation occidentale, cette révélation avait de quoi alimenter mes pensées. Chartres devint alors pour moi un centre vital de toutes les forces vives de ce que je croyais être · - et que je crois encore — essentielles au développement de la spiritualité occidentale. Là encore, je pense qu'une telle certitude n'a rien à voir avec une attitude agnostique. Mais j'avais également appris qu'il existait, dans la cathédrale de Chartres, sur le pavage de la nef, un étrange labyrinthe dont on commentait fort diversement la signification, les uns y trouvant un simple élément de décoration, les autres les arcanes les plus secrets de la philosophie hermétique. Je n'en étais pas alors à me poser des questions sur cette philosophie hermétique, non plus que sur le symbolisme alchimique. Pour moi, le labyrinthe, c'était une vieille histoire crétoise, et je me demandais bien ce qu'une telle représentation venait faire dans un sanctuaire chrétien. Cependant, je pressentais que ce labyrinthe avait un but, et qu'il fallait peut-être en découvrir l'entrée, avant d'y pénétrer et d'y découvrir la sortie.

J'ai mis en effet de longues années à trouver l'entrée du labyrinthe de Chartres. Cela veut dire que,tout en m'interrogeant sur Chartres, en dévorant de nombreux ouvrages sur la cathédrale, *je n'y suis jamais allé avant l'âge de vingt-cinq ans.* Lorsque j'ai passé mon baccalauréat, ma grand-mère avait promis de venir en pèlerinage à Notre-Dame de Chartres. Les circonstances et la santé fragile de ma grand-mère n'ont pas permis qu'elle pût réaliser son vœu. Je l'ai fait pour elle, mais bien tardivement. Je pense maintenant que je n'étais pas mûr pour un tel affrontement. Et encore, cet affrontement s'est effectué en plusieurs fois, comme si, réellement, l'entrée du fameux labyrinthe m'était interdite. L'initiation passe toujours par des chemins détournés et volontiers tortueux. Ce furent ces chemins tortueux que j'empruntais, mais en n'ayant aucune conscience de ce qui m'attendait au fond du labyrinthe. Il y a là de ces mystères qui ne font qu'ajouter aux désirs les plus inconscients de l'être humain : parvenir au « saint des saints », cela nécessite quand même une certaine période d'apprentissage.

Mais cet apprentissage était-il celui de la vie, ou de ce qu'on appelle la spiritualité ? La société contemporaine a tranché définitivement : il faut vivre, donc s'intégrer à un système qui fonctionne — plus ou moins bien — afin de sauvegarder l'essentiel. Il faut « avoir une situation », et ensuite, on peut se permettre de réfléchir sur son âme. C'est le principe même de ce qu'on appelle faussement la « laïcité ». Manifester sa foi religieuse, s'occuper de problèmes religieux, c'est très bien, mais en dehors de la vie active, de la « fonction » quotidienne, le dimanche, par exemple, puisque c'est jour de repos. Cela me rappelle ce que me disait mon père quand je manifestais un peu trop mon désir d'être écrivain. Il répondait invariablement : « C'est très bien, mais commence par faire de sérieuses études et par avoir une bonne situation. Alors, tu pourras *faire de la littérature* le dimanche, pour te distraire. » Beau programme ! Cela dénotait un réel souci de me voir « à ma place » dans une société hiérarchisée et finalement sécurisante. J'avais beau m'offusquer et rétorquer en disant que le progrès de l'humanité n'avait pu se réaliser que parce que des hurluberlus, des marginaux, des *trublions,* s'étaient manifestés pour briser le « ce qui va de soi », il me traitait de rêveur. En tout cas, je ne lui ai jamais pardonné de considérer la littérature comme une distraction dominicale au même titre que la promenade obligatoire (quel ennui !), les visites à la tante Machin, la séance de cinéma ou le verre de bière à la terrasse d'un café. Et quand je lui parlais d'aller écouter un concert de musique symphonique, il me répondait qu'il préférait assister à une opérette : « Au moins, ça délasse et ça évite de penser. »

Voilà le nœud du drame : *Ça* évite de penser. Je ne peux m'empêcher d'établir une analogie entre cette attitude — que mon père n'était certes pas le seul à avoir et à défendre — concernant des phénomènes dits culturels, et le comportement de ceux qu'on me disait être de « bons chrétiens » parce qu'ils donnaient régulièrement au denier du culte et qu'ils assistaient chaque dimanche à la messe de onze heures et quart, avant de revenir au domicile familial découper le rôti de bœuf ou le gigot. On honore le Seigneur comme on peut. Et le dimanche, c'est le jour du Seigneur, donc un jour pas comme les autres. On peut, et même on doit, penser à la religion, et aussi *se délasser*. Mais les autres jours de la semaine, on pense aux choses sérieuses : on gagne sa vie, on travaille, quitte, le soir, après toute activité rétribuée, à se dévouer pour les « bonnes œuvres » de la paroisse. C'est ce genre de vie qui m'était proposé le plus sérieusement du monde. Et c'est évidemment celui que j'ai rejeté avec violence. Car même à cette époque où je n'étais qu'un adolescent rêveur, je ne pouvais imaginer une seule seconde qu'il y eût un fossé, que dis-je ? un précipice, entre la vie profane d'une part, et la vie culturelle et spirituelle d'autre part. J'avais commencé à comprendre que dans les sociétés dites primitives, le Sacré et le Profane n'étaient que les deux visages d'une même réalité, et je ne voyais pas pourquoi la société dans laquelle je vivais avait contrevenu à cette règle élémentaire. Je n'avais pas encore lu Pascal et j'ignorais ses réflexions sur le « divertissement », mais il me semble que je pensais déjà de cette façon. Certes, les sermons que j'entendais vaguement le dimanche, à cette fameuse messe de onze heures et quart, étaient remplis de bons conseils : « Soyez de bons chrétiens toute la semaine ! Vivez dans le Christ ! » Mais, d'abord, personne n'écoutait, et ensuite, il eût fallu comprendre ce que cela signifiait. Et dans les mêmes sermons, on me vantait toujours les mérites de la bonne Sainte Vierge, le modèle de toutes les mères :

« Et c'est pour cela, mes enfants, que vous devez aimer votre maman ! » Alors je ravalais ma hargne.

C'est tout cela qui, je le pense maintenant, a gêné mon approche de Notre-Dame de Chartres. M'intéresser au Moyen Âge, à l'art gothique, ce n'était pas seulement pour moi une attitude culturelle. Cela faisait partie d'un tout. Il m'était impossible d'appréhender la beauté de l'architecture sans faire référence au culte qui se déroulait dans le sanctuaire, autrement dit celui de la Vierge Marie. Certes, d'autres éléments attiraient mon attention. Je savais que certains vitraux illustraient *La Chanson de Roland* que j'avais étudiée et appréciée en classe de troisième, sous l'impulsion de ce remarquable professeur et écrivain qu'est Jean Hani, celui qui m'a réellement donné le goût de la recherche en profondeur. Je savais que certaines verrières avaient été faites grâce aux libéralités de Pierre Mauclerc, comte de Dreux et duc de Bretagne du fait de son épouse, la duchesse héritière Alix, ce qui me raccrochait bien entendu à mon pays d'origine et ne me laissait pas indifférent. Je savais aussi que l'on pouvait y voir la statue du philosophe Aristote égaré parmi les sages du Christianisme, ce qui me semblait bizarre à l'époque, car j'ignorais encore que le thomisme n'est que la réactualisation de l'aristotélisme. Et surtout, je savais qu'il y avait une mystérieuse crypte où rôdaient encore les ombres des Druides, ceux-ci étant d'ailleurs pour moi, en ce temps-là, des êtres fabuleux que je croyais capables de sacrifier des victimes humaines sur des dolmens. Ce fouillis ténébreux m'attirait. Mais que venait faire la Vierge Marie dans cette cathédrale qui, pourtant, avait été construite en son honneur, et pour conserver, disait-on, une insigne relique, un tissu de soie donné par les empereurs byzantins à Charlemagne, et que la Vierge aurait porté, d'après la légende, le jour de l'Annonciation ou le jour de la naissance du Christ ? En fait, la véritable question que je me posais alors était celle-ci : « En quoi la Vierge Marie, la mère exemplaire, me concerne-t-elle, moi qui ai été rejeté par ma propre mère ? » Dans ces conditions, on conviendra que Chartres m'intéressait beaucoup moins que Saint-

Julien-le-Pauvre, à Paris, ou l'église Saint-Kornelı à Carnac.

Je suis pourtant allé à Chartres, un jour, et j'ai pénétré dans la cathédrale. Mais j'étais plus préoccupé d'accomplir le vœu que ma grand-mère avait formulé que de m'intéresser vraiment à ce qui fait l'intensité du sanctuaire. D'ailleurs, je me trouvais en famille, et il s'agissait d'une « promenade » dominicale, du genre « il faut avoir vu ça ». Je n'en conserve aucun souvenir marquant, à peine celui de l'éblouissante lumière des vitraux, un peu plus de l'étrange labyrinthe qui me posait des problèmes que je n'avais pas encore la possibilité d'exprimer. Peu importe, c'était une bonne journée. La prochaine fois, nous irons voir la cathédrale d'Amiens, ou celle de Beauvais. Il faut avoir vu ça. Et dans les grands trains qui m'emportaient vers les couchants mordorés de la Bretagne, je regardais à la hâte, parfois dans des embrasements électriques, les deux grandes tours de Notre-Dame de Chartres qui vacillaient sur la plaine, comme des arbres tordus par le vent sur des rivages où ne parvient nul naufragé.

J'ai mis presque vingt ans à revenir à Chartres. C'était alors une période assez sombre de mon existence. Je m'abrutissais en roulant, de nuit, sur de petites routes autour de Paris, dans des campagnes désertées, traversant des villages morts où les maisons ne s'ouvraient que certains dimanches, me perdant dans des vallées lointaines et pourtant proches d'une agglomération que je commençais à ressentir comme démoniaque. En fait, je m'évadais. Mais je ne savais pas où aller. J'avais avec moi une femme qui voulait être appelée Françoise. Elle aimait rouler dans la nuit. Elle me soûlait de paroles et faisait bien l'amour. Mais son regard ne dépassait jamais la crête des collines : c'était à moi d'imaginer ce qu'il y avait de l'autre côté. Après tout, cela devait sinon me plaire, du moins satisfaire certains de mes fantasmes et provoquer des délires dont je n'avais pas conscience. Parfois la brume m'obligeait à réduire la vitesse de mon véhicule, et je m'efforçais de ne pas verser dans les précipices du néant, ceux dont j'avais pressenti l'existence, cette nuit de septembre 1936, à bord de l'autorail qui roulait vers Chartres. Mais je savais désormais que ce précipice était plus loin, plus à l'écart du monde, plus sournois sans doute, mais reculé dans le temps comme dans l'espace. C'était sans doute une façon d'oublier quelque chose, peut-être même quelque chose d'essentiel. Mais il n'empêche que, dans ces courses nocturnes, c'était toujours autour de Chartres que je m'aventurais. Il est probable que j'étais hanté par un passage de César, dans ses *Commentaires de la Guerre des Gaules*, lorsqu'il parle du pays des Carnutes et qu'il affirme que c'est dans ce pays que se trouvait le grand sanctuaire des Druides gaulois.

Je m'étais penché depuis longtemps avec passion sur l'histoire de la Gaule et je connaissais assez bien les territoires occupés par les différents peuples gaulois qui, la plupart du temps, avaient laissé leur nom à une ville ou à une contrée. Je savais ainsi que le nom d'Arras provenait de celui des Atrébates, que le nom de l'Auvergne provenait des Arvernes, et que le nom de Chartres reflétait celui des Carnutes, sans pour autant méconnaître que le domaine des Carnutes s'étendait bien plus loin, jusque sur les bords de la Loire, englobant Orléans, Saint-Benoît-sur-Loire et même Blois. C'était là la fameuse forêt des Carnutes, dans laquelle se réunissaient chaque année tous les Druides de la Gaule. Il s'agissait donc d'un véritable sanctuaire central de la religion gauloise, une sorte d'*omphallos* autour duquel rayonnaient les forces vives de la spiritualité druidique. C'était peut-être afin de m'engloutir dans ce rayonnement que je parcourais ainsi nuitamment les routes de la Beauce. A vrai dire, cette Beauce n'était intéressante que la nuit : la platitude du paysage avait le don de m'irriter, et je n'avais certes pas l'indulgence bêtifiante de Charles Péguy dans sa « Présentation de la Beauce à Notre-Dame de Chartres ». J'ai toujours détesté la poésie de Péguy, et j'ai définitivement rangé celui-ci dans mon « enfer » personnel, en compagnie de Claudel et de Gide (curieux mélange !), c'est-à-dire parmi les écrivains du XXe siècle dont la lecture d'une seule ligne provoque en moi des éruptions volcaniques. Chacun a le droit d'aimer ou de rejeter qui il veut, et ce n'est aucunement un jugement littéraire.

Par contre, à propos de la Beauce, je n'hésitais jamais à évoquer Rabelais, en l'occurrence le célèbre épisode de *Gargantua* où l'auteur nous fait part d'une curieuse étymologie. Gargantua, sur une énorme jument, traverse la grande forêt des Carnutes. Mais il fait très chaud, et la jument est harcelée par les mouches bovines, c'est-à-dire les taons. Alors la jument bat férocement de la queue pour tuer les mouches, mais comme c'est un animal gigantesque, les coups de queue arrachent les arbres qui, tombant les uns sur les autres, finissent par dévaster toute la forêt. Plus un arbre debout à l'horizon, et Gargantua, contemplant le spectacle, prononce ces simples mots : « Que *beau ce* ! » Et depuis lors, l'endroit s'appelle la *Beauce.* J'imaginais volontiers que Rabelais, dans cet épisode, ironise sur la manie des auteurs du Moyen Âge et de l'Antiquité à toujours vouloir donner une explication historique ou mythologique d'un toponyme. Mais je savais également que chaque plaisanterie de Rabelais cache quelque chose. A l'époque, j'étais tenté de voir dans le mot « Beauce » un dérivé d'un gallo-romain *Belsa,* qui, à mon avis, contenait le nom - ou plutôt le surnom — de la divinité solaire des Gaulois, *Bel* ou *Belenos,* « brillant », à moins que ce ne fût *Belisama,* « très brillante », qui a donné le nom de la ville de Bellême, non loin de là, dans le Perche. De plus, cette histoire d'arbres tombés les uns sur les autres me rappelait un thème mythologique celtique très ancien, celui de la « forêt qui marche » ou du « Combat des Arbres », et qui se trouve historicisé chez Tite-Live, où l'on voit les Gaulois ayant scié certains arbres d'une forêt, les faisant tomber les uns sur les autres, ravageant la forêt mais tuant du même coup toute une légion romaine. L'anecdote de Rabelais me renvoyait donc au plus lointain de la tradition druidique. Et ce n'était pas pour rien dans cette volonté farouche bien qu'inconsciente de rôder, la nuit, sur un territoire qui avait été autrefois un enclos sacré, un *nemeton,* pour reprendre la formulation gauloise, c'est-à-dire une projection idéale et symbolique du Ciel sur la Terre.

C'est ainsi qu'un soir, je me retrouvai dans Chartres. A vrai dire, je n'avais eu aucune envie d'y venir. C'est uniquement parce que nous étions fatigués, Françoise et moi, et qu'il fallait bien nous loger quelque part. Chartes ou ailleurs, peu importait. Mais Chartres était plus près. Certes, le lendemain matin, nous allâmes rôder dans les ruelles, du côté de la cathédrale. Certes, nous entrâmes dans le sanctuaire et nous descendîmes dans la crypte. Je me penchai sur le rebord du puits et j'évoquai Notre-Dame de Sous Terre. Mais cette Notre-Dame avait encore les traits de Morgane la Fée, et je l'imaginais bien davantage au milieu d'un verger, sur une île perdue dans l'océan, que dans ce souterrain obscur et humide. Après tout, je savais que les Druides ne bâtissaient pas de temples et qu'ils officiaient en plein air... Je n'avais que faire de ce sanctuaire étouffé au centre de la terre. La seule chose qui retint vraiment mon attention fut le labyrinthe. Il me fascinait. Mais je n'en trouvai pas l'entrée. Les temps ne devaient pas être encore, et je n'étais qu'un aveugle qui, comme le Golaud de Mæterlinck, cherche son trésor au fond de l'océan. Autant la première de mes entrées dans la cathédrale avait été bénéfique en ce sens que j'avais admiré sans comprendre, autant cette seconde entrée était un échec : je n'avais ni admiré, ni senti, ni compris. Par contre, ce que je savais, c'est que Françoise était une Morgane perverse qui m'entraînait dans les replis d'un fantastique Val sans Retour, là où elle allume les feux qui aveuglent les chevaliers venus d'ailleurs, là où elle les retient par ses sortilèges. Mais, quand on raconte cette légende du Val sans Retour, on se garde bien de préciser que les chevaliers sont tout heureux de leur emprisonnement : ils y trouvent leur compte, et ce n'est qu'après avoir été réveillés par Lancelot du Lac que la mémoire leur revient. Je me trouvais alors comme ces chevaliers, conscient d'être aveuglé par Françoise, mais parfaitement à l'aise, et n'en demandant pas plus. Et je n'attendais même pas qu'un quelconque Lancelot vînt m'ouvrir les yeux sur la statue de Notre-Dame de Chartres.

Cela, c'était en 1971. J'écrivais alors les pages les plus exaltées de mon ouvrage sur la Femme celte [1], et cette Femme que j'entrevoyais dans la nuit avait nettement l'allure de Morgane : aussi belle, certes, aussi attrayante, mais perverse et sensuelle, avec, au fond des yeux, toute une zone d'ombres qui m'échappaient. N'avais-je pas mis en exergue du livre un proverbe breton qui signifiait que la Femme est plus profonde que la plus profonde des mers ? C'était un vibrant hommage à la féminité, mais aussi la preuve d'une certaine peur, d'un certain *vertige :* l'engloutissement ne devait pas être loin. Mais il y a des vertiges exaltants qui empêchent de mesurer la profondeur du gouffre. Et, de ce gouffre, surgissent parfois de bien étranges brouillards. L'impératrice des Infernaux Paluds, comme dit François Villon, me guettait dans les brumes du crépuscule. Mais était-ce Françoise, ou Notre-Dame la Vierge ?

Par la suite, j'ai souvent rôdé sur les mêmes routes de la Beauce, toujours de nuit, de préférence. Je n'étais plus avec Françoise. D'autres visages de Morgane me hantaient, sans doute parce que je n'avais pas encore rencontré la *vraie* Morgane, celle qui accueille les voyageurs et les guide sur les sentiers tortueux de la forêt druidique, celle qui acceuille et qui console, celle qui encourage et qui ouvre le voile vers un ailleurs, et qui, en dernière analyse, n'est pas tellement différente de celle qu'on nomme Notre-Dame la Vierge. L'errance a ceci de bon qu'elle permet d'éliminer les chemins où l'on risque de s'embourber, à condition bien entendu de faire l'effort d'observer autour de soi. On ne me fera pas tomber deux fois dans les mêmes ornières. L'ennui, c'est qu'il y a beaucoup d'ornières sur les chemins du vaste monde.

Et puis, j'en étais venu à ma période « romane ». Après avoir beaucoup fantasmé, durant mon enfance et mon adolescence, sur la folie du gothique, sur le rayonnement de l'arc brisé, je me rejetais à présent

1. J. Markale, *La Femme celte,* Paris, Payot, 10e éd., 1987.

sous la voûte en plein cintre, sous les dômes des modestes sanctuaires de l'époque romane. J'y voyais davantage la tradition celtique, ce qui est historiquement et artistiquement exact. Les chapiteaux romans sont les derniers flamboiements de la spiritualité celtique, profondément enracinée dans le terroir et surgissant à la moindre occasion dans la pierre. La voûte romane, qu'on dit être d'origine byzantine, ou tout au moins orientale, est la reconstitution symbolique et *bâtie* du « toit » du *nemeton* gaulois, autrement dit le ciel étoilé qu'on peut distinguer lorsqu'on se trouve dans une clairière sacrée au milieu des forêts que la main des hommes n'a pas encore entamées. Enfin, le sanctuaire roman, solidement implanté dans la terre, massivement trapu, gardé de toute indiscrétion par son obscurité, par son mystère, est le point de rencontre idéal entre les forces telluriques et les forces cosmiques, le nœud vital où se concentrent les lumières invisibles de l'Autre Monde. Je hantais donc les édifices romans et je m'y recueillais. J'y sentais des ondes. J'y pressentais des images. Alors, dans ces conditions, en quoi pouvait m'intéresser une cathédrale gothique comme celle de Chartres ?

Il y avait aussi autre chose de beaucoup plus subtil, beaucoup plus complexe : je n'avais pas trouvé l'entrée du labyrinthe parce que les « illusions trompeuses » dont parle Pascal m'en interdisaient l'accès. Mais quelles étaient ces illusions trompeuses ? Mes partis pris, bien entendu, mon refus de toute compromission, mon éloignement de tout dogmatisme religieux, et surtout cette recherche passionnée de Morgane la Fée, image érotique, ô combien ! de la Déesse des Commencements, celle qui avait présidé à la naissance du monde en éjectant de son ventre l'humanité et tous les êtres vivants, la Vierge des Vierges, l'*unique* et pourtant *multiple,* la *démone* qui hantait Chateaubriand, l'Isis-Vénus-Astarté vers laquelle tendaient tous les désirs de Gérard de Nerval, surtout lorsqu'il l'apercevait, au milieu de ses brouillards, sous les traits de Jenny Colon, sublimation de l'Aurélia fictive et néanmoins présente en chacun des actes de sa vie. « La treizième revient, c'est encore la première »

Se pouvait-il que l'image de Notre-Dame Marie, *Itron Varia*, comme on dit en breton, se cachât derrière les voiles impudiques de cette Morgane à jamais distinguée mais jamais atteinte ?

Je m'égarais sur des rivages sans nom, sur des landes qui ne menaient nulle part. Je n'avais plus la notion du temps réel mais celui d'un infini auquel j'aspirais sans me l'avouer, mais qui me rebutait chaque fois qu'une échancrure dans le ciel me faisait entrevoir quelque lueur aveuglante. Le vertige, toujours ce vertige de mon enfance, qui se manifestait d'ailleurs matériellement : je n'ai jamais réussi à me pencher sans angoisse au-dessus de la balustrade d'un pont, ou au-dessus du moindre précipice de montagne. C'est peut-être seulement en avion, lorsqu'on survole une couche de nuages qui brutalement éclate pour permettre une plongée vers une mer constellée de vagues, que je parviens à maîtriser ce vertige. Et c'est d'ailleurs à double sens : lorsque je suis immobile sous un clocher et que je regarde celui-ci se perdre dans le ciel par l'effilement de sa flèche, j'éprouve le même malaise, la même envie de me cacher le visage entre mes mains pour ne pas voir où je vais tomber, pour ne pas voir ce qui va tomber sur moi. De toute façon, le résultat est le même puisqu'il s'agit d'un engloutissement, d'un retour au sein de la terre, de cette terre dont je fais partie et de laquelle je n'aurais peut-être jamais dû naître. Cela repose une fois de plus le problème de ma naissance, le problème de mes rapports ambigus avec ma mère. Là aussi, cette « illusion trompeuse » m'empêchait d'accéder à la statue de Notre-Dame de Chartres, image triomphante non pas de la maternité, mais de l'amour qui unit la mère et l'enfant.

C'est cette illusion trompeuse que Môn s'est efforcée de dissiper dans mes yeux et dans mon esprit. Môn était un peu Morgane la Fée, mais une Morgane épurée, meurtrie déjà par la vie, et consciente que par-delà les apparences, il existait une réalité supérieure qu'on devait rechercher à travers les soubresauts de la vie. Elle avait déjà contribué, comme Lancelot du Lac, à me libérer des louches délices paradisiaques du

Val sans Retour, en m'ouvrant les yeux sur l'inanité de certains décors et la puérilité des fantasmagories qui m'empêchaient jusqu'alors de sortir de mon emprisonnement. Elle-même était en quête, et bien souvent, nos chemins s'égaraient de part et d'autre d'une ligne droite que nous sentions pourtant présente dans les grandes forêts mystérieuses où gisait le Château des Merveilles. Mais la ligne droite est sans aucun doute celle qui n'existe pas dans le monde des apparences. C'est une ligne idéale, parfaitement utopique, inventée par Euclide, et qu'ont battue en brèche les autres systèmes géométriques. Qui a tort, qui a raison ? Personne et tout le monde vraisemblablement, puisqu'aucune vérité absolue ne peut être tirée d'un raisonnement scientifique, fût-il le plus rigoureux. Môn avait en tout cas bien compris que ce qui m'empêchait de découvrir l'entrée du labyrinthe, c'était le « contentieux » que je n'avais pas encore réglé avec ma mère, qui, pourtant, était morte depuis bien longtemps. C'est difficile de se trouver en harmonie avec un être vivant : comment faire pour y parvenir avec un être dont l'ombre rôdait autour de moi, mais qui ne pouvait se manifester autrement que par des amertumes et des silences ? On a beau croire à la survivance de l'Esprit, et même à une possibilité de communication entre ceux qui sont et ceux qui ne sont plus, le dialogue s'avère difficile. Je me souvenais de cette scène de *La Machine infernale* de Jean Cocteau, pendant laquelle Laïus essaye de prévenir Jocaste de l'arrivée imminente de leur fils Œdipe : il concentre toute son énergie à apparaître dans les vapeurs méphitiques d'un cloaque, mais chaque fois qu'il parle, sa forme s'évanouit. Et, finalement, des forces invisibles l'entraînent : il n'a pas le droit de communiquer, il n'a pas le droit de prévenir le Destin. D'ailleurs, tout le monde n'est pas capable de saisir les mystérieux messages de l'Autre Monde.

Néanmoins, Môn s'était mis dans la tête de me réconcilier avec ma mère. Selon elle, pour acquérir définitivement la sérénité, il me fallait accomplir un geste vers elle, prononcer les paroles fatidiques que je n'avais jamais encore pu prononcer : « Maman, je t'aime ! » Dur, très dur... Un matin, nous allâmes jusqu'au cimetière où est enterrée ma mère, et là, nous restâmes un long moment en méditation, comme si quelque chose devait se passer. J'ai été très ému, très troublé, d'autant plus qu'une photo de ma mère — photo bien vaine et bien ridicule — ornait la pierre tombale. Cela me rappelait d'étranges souvenirs, ou plutôt des sensations d'autrefois. Je ne réussis pas à prononcer les paroles d'amour, mais je fus bouleversé : l'image de la Mère se dressait devant moi comme une lumière dans laquelle je pouvais m'engloutir afin de me retrouver régénéré, doté d'une nouvelle puissance vitale, les yeux ouverts sur des réalités essentielles. Hélas ! pourquoi ai-je voulu ensuite montrer à Môn la maison de mes grands-parents, maison dont ma mère m'avait sciemment privé grâce à d'habiles manœuvres juridiques ? Systématiquement, volontairement, elle avait fait en sorte de ne rien me laisser après sa mort. Quelle belle preuve de haine... Et moi qui m'efforçais de prononcer des paroles d'amour ! Or cette maison était abandonnée, presque en ruine, et le jardin, celui que cultivait avec amour mon grand-père, n'était plus qu'un terrain vague. Triste spectacle ! si au moins cette maison servait à quelqu'un... J'en avais été dépossédé pour rien, pour la simple satisfaction de la haine d'une mère pour son fils.

Après cette expérience pénible, mon amertume avait grandi. Je me moquais éperdument de cette maison, je n'en avais nul besoin. Mais c'était le principe, et tout cela acquérait une valeur symbolique. Môn comprenait mon désarroi. Elle me dit alors qu'il y avait une autre image de la maternité et que je devrais peut-être dépasser le stade de la mère physique — après tout, une simple matrice — pour parvenir au concept de la Mère universelle, autrement dit la Vierge Marie. Et c'est une calviniste qui me disait cela, en proie elle-même à cette recherche fondamentale de l'essence, secouée par ses propres turbulences et découvrant dans l'image de Notre-Dame l'exaltation de l'amour universel des êtres et des choses qui, normalement, devrait être le moteur de toute action humaine.

C'est dans cet état d'esprit que nous allâmes à Chartres, en une fin d'hiver venteuse et pluvieuse. Nous partîmes de Paris, mais au lieu de prendre l'autoroute, nous nous égarâmes sur des routes tortueuses qui nous firent arriver sur Chartres par des endroits inhabituels, c'est-à-dire de l'autre côté de l'Eure, sur la rive droite, alors que la cathédrale s'élève sur un promontoire de la rive gauche. C'est dire que nous eûmes du sanctuaire une tout autre vision que celle répandue par les cartes postales et autres productions à grand tirage. Devant nous, ce n'était pas la ville moderne de Chartres qui se dressait, comme lorsqu'on sort de la gare ou que l'on quitte l'autoroute vers des amoncellements de pavillons et de bâtiments en béton. Là, c'était une petite ville comme autrefois qui s'étageait sur une colline et se baignait dans les eaux bouleversées d'une rivière. C'était moi qui conduisais la voiture de Môn. Je commençai à essayer de trouver un pont pour passer l'Eure, ce qui n'était pas évident. Puis, une fois la rivière franchie, je m'égarai dans des culs-de-sac assez ahurissants. Les rues se rétrécissaient à vue d'œil comme sous l'effet du sortilège d'un magicien qui voulait nous éprouver, savoir si nous étions capables de démêler l'écheveau qu'il tressait devant nous. L'entrée du labyrinthe, toujours elle, et avec cela, des rafales de vent qui secouaient les arbres dans les jardinets le long de la rivière...

Je ne pense pas avoir pénétré avec plus de difficulté, mais également avec plus de respect, dans une ville ancienne. Je ne reconnaissais rien, je ne savais pas où j'allais réellement, bien que notre but, la cathédrale, toujours visible, au-dessus des toits de tuiles envahies par la mousse, nous narguât de ses deux flèches inégales, et de ses architectures délirantes, comme au sortir d'un songe médiéval de Victor Hugo. Je pensais alors à d'autres villes dans lesquelles il faut toujours errer avant de découvrir la place qui s'étale devant une cathédrale, au Puy-en-Velay, bien sûr, mais aussi à Rouen, assoupi dans ses cauchemars flamboyants, cauchemars que j'avais éprouvés jadis lorsque j'étais à la recherche de cités disparues. Il s'en fallait de peu pour que je prenne le tertre de Notre-Dame de Chartres pour un des derniers vestiges de la Ville d'Is, cette cité engloutie qui dort quelque part dans la tempête. Et précisément la tempête faisait rage. Je finis par découvrir une rue qui montait, mais elle était tortueuse, se rétrécissait par endroits, se détournait de la direction proposée, s'attardait sur les flancs du tertre en des espaces où l'on dominait un amalgame de toitures et de jardins. Étrange sensation, comme celle qu'on doit connaître, d'après les récits légendaires, lorsqu'on passe d'un monde à l'autre, lorsqu'on s'égare hors du domaine des hommes pour pénétrer dans celui des dieux et des héros, ce monde que les Irlandais appellent le *sidh,* et qui n'est ni plus ni moins que celui des grands tertres mégalithiques.

Et tout à coup, sans que rien ne nous avertît, nous débouchâmes sous le chevet de la cathédrale. Il nous suffisait de monter encore pendant quelques mètres. Nous étions désormais au niveau du sanctuaire, sur une grande place que le vent fouettait de toutes parts et que la pluie ravageait. Ainsi m'apparut, dans toute sa majesté, et dans tout son mystère, cette cathédrale que j'avais seulement aperçue autrefois et qui, je le savais, allait m'être révélée par la vertu de cette route initiatique que j'avais prise, à travers les ruelles d'une ville où rien n'est comme ailleurs et où les ombres se perdent dans les soubresauts de la terre.

Ce véritable surgissement, nous le ressentîmes l'un et l'autre. Ce fut un choc très profond, très dense dans sa brièveté, tres intense par son spontanéité. Môn n'avait jamais vu la cathédrale de si près, et moi, je découvrais tout à coup quelque chose que j'avais « fait semblant » de ne jamais voir. Cette impression de découverte absolue me déconcertait, comme si une tornade venait de déferler sur ma tête. Et cette tornade était pleinement matérialisée par les tourbillons qui nous enveloppaient de toutes parts, comme si le ciel s'ouvrait brusquement et déferlait sur le monde. A vrai dire, cette atmosphère très particulière était loin de nous déplaire, et nous sentions grandir en nous le désir d accomplir au centre de la terre le périple sacré pour lequel nous étions là.

Nous pénétrâmes donc dans la cathédrale par le portail méridional et nous fûmes immédiatement plongés dans la lumière bleue. Pourtant, le ciel sombre ne répandait qu'un faible rayonnement : mais il faut croire que les vitraux de Chartres possèdent leur propre rayonnement, et que celui-ci est assez puissant par lui-même pour pouvoir se passer du soleil. Il s'agit là bel et bien d'un « soleil intérieur » pour ne pas dire un « soleil noir », encore que je ne vois pas quelle pourrait être la différence entre les deux expressions : s'il existe un « soleil noir », c'est que celui-ci se cache, et qu'il ne se révèle qu'en certains lieux et dans certaines circonstances qu'il est difficile de prévoir. Je peux en tout cas assurer qu'en ce jour de fin d'hiver humide, la cathédrale de Chartres recelait un « soleil noir » de toute beauté qui avait le don d'iriser les moindres parcelles de la pierre ou les moindres éclats de verre qui brillaient au-dessus de nous. Et, quelque part, entourée de luminaires dont la flamme vacillait, surgissait la statue de Notre-Dame sur son pilier, comparable à quelque antique divinité que les hommes avaient hissée comme pour la faire bénir par les derniers baladins du monde occidental qui pouvaient se risquer dans ce sanctuaire déjà déclassé, puisque « monument historique » avant d'être temple de la Vierge.

Je me posais effectivement cette question : où suis-je, dans un sanctuaire ou dans un musée ? Il est facile de répondre : « dans les deux ». C'est une justification qui donne bonne conscience à tous nos contemporains. Les églises seraient vides si elles n'étaient pas les salles d'exposition les plus adéquates pour présenter les œuvres d'art du passé, ou encore si elles n'étaient pas des salles de concert. Signe des Temps. L'Art supplante la Religion, et l'on pénètre le plus souvent dans un sanctuaire chrétien plus pour *admirer* que pour prier. Où est le temps où Religion et Art étaient si intimement confondus qu'il était impossible de citer l'une sans y inclure l'autre ? Il est vrai que certaines architectures de la fin du XIXe siècle, du type du

Sacré-Cœur de Paris, de Notre-Dame de Fourvière à Lyon, ou de la basilique de Sainte-Anne-d'Auray, ont définitivement creusé un fossé entre la Religion et l'Art, en mettant l'accent sur le triomphalisme, l'autosuffisance et l'intimidation au détriment de la foi authentique et de la sincérité. Heureusement, il nous reste Chartres — et quelques autres sanctuaires — pour nous assurer que rien ne peut être divin ou même seulement saint sans être beau.

Ces réflexions que je me faisais en silence n'altéraient en rien mon désir de pénétrer cette fois au cœur de ce que je considère avant tout comme un sanctuaire. Mon intrusion ici, pour ne pas dire mon pèlerinage, correspondait à un besoin profond, mais ne répondait nullement à une vague curiosité. La première fois que j'étais venu à Chartres, c'était parce qu'il fallait avoir vu cela. Et je n'avais rien vu. La seconde fois, je n'étais pas à la recherche de Notre-Dame la Vierge mais bien plutôt en quête de sensations nouvelles à travers l'image réelle et parfaitement vivante d'une femme. Cette troisième fois, qui devait être l'épreuve décisive, c'était vraiment l'entrée du labyrinthe que je découvrais pour accéder à cette mystérieuse Vierge Noire. Et pourtant, c'était une femme qui me guidait, bien qu'elle ne fût jamais venue dans ce sanctuaire, et qui m'indiquait l'entrée. Je n'avais plus qu'à suivre le chemin indiqué, et j'étais sûr alors de pouvoir découvrir ce que j'avais peut-être oublié de chercher. Sans doute Môn avait-elle dans ses yeux cette flamme qui ne brûle pas, mais qui permet d'entreprendre de lentes reptations à travers des souterrains qui se dérobent au regard des vivants. Je n'ai jamais pu appréhender le monde qu'en me perdant dans les yeux d'une femme, mais jamais de n'importe quelle femme : il me fallait des signes, et peu de femmes sont susceptibles de me les faire découvrir. Étrange alchimie, où la lente métamorphose de l'être passe par les brûlures qu'on reçoit d'un être aimé...

Ainsi avais-je donc pénétré dans le labyrinthe. Il me fallait maintenant en découvrir la sortie. Mais étais-je vraiment désireux de découvrir cette sortie ? Dehors, le vent continuait à hurler et la pluie à s'abattre en rafales le long des grimaces de la pierre. Ce sentiment d'être en sécurité, cette sensation d'être à l'abri de toutes les tourmentes du monde, cette certitude qu'un tel sanctuaire ne pouvait qu'être le refuge suprême, tout cela dirigeait mes regards et provoquait mes questions. Je n'attendais d'ailleurs pas de réponse : je voulais seulement que la pierre ronronnât comme un chat lorsque je la caresserais de mon regard. C'est ainsi qu'on peut se sentir bien et ne pas craindre sans cesse les colères sournoises que l'univers suscite pour nous mettre à l'épreuve.

Je me souviendrai longtemps de cette étrange journée. Le temps s'était arrêté de jouer la partie d'échecs que je joue avec lui volontiers chaque fois que je me décide à définir l'univers. Il y avait peu de visiteurs, et finalement davantage de fidèles agenouillés sous Notre-Dame du Pilier. Je vis une femme sortir de sa prière, aller vers la statue et poser dévotement ses lèvres contre le pilier. Je ne pus m'empêcher de ricaner intérieurement, selon mes bonnes habitudes, le symbolisme phallique du pilier étant d'une trop facile évidence. Mais cela ne niait en aucune façon la sincérité de cette femme, ni sa volonté d'accéder, par un geste somme toute parfaitement naturel, à l'exaltante promesse que Notre-Dame la Vierge portait sur son visage. L'être humain a besoin de concret pour parvenir à l'ineffable. Je vis, dans la crypte, autour du Puits des Siants Forts, cette étrange percée vers le monde des ténèbres, non loin de la statue de Notre-Dame de Sous-Terre, ce flamboiement de lumière que la piété fait jaillir de l'ombre. J'avais bien l'impression de me trouver dans le sanctuaire primitif, non pas celui que les Druides avaient pu établir en ce lieu, mais celui que leurs successeurs sur ce tertre sacré ont commencé à bâtir à l'époque carolingienne, conscients sans doute qu'ils avaient à accomplir une mission, celle de faire aimer la Vierge qui accueille et protège ses enfants dispersés dans le monde. Et, dans ce but, ils avaient conçu un projet grandiose : élever au-dessus de l'antique forêt des Carnutes un vaisseau de pierre qui naviguerait éternellement dans la plaine de la Beauce, pour porter témoignage que ce qui est beau est bon et que ce qui est bon est nécessairement beau.

Je savais que là était le centre, le point de départ absolu de cette explosion fantastique de pierres et de verres lumineux. Je songeais à cet émerveillement qui saisit les âmes et dont parle Julien Cracq : « Les couleurs ont à la fois, pour les bleus et les rouges, plutôt que le feu sec des gemmes taillés, celui des cabochons faiblement brasillants qui se souviennent encore de la gangue, et, pour les bruns et les jaunes, les uns violets et certains verts presque dorés, une succulence apéritive que je ne me rappelais nullement : coulée de miel, prunes, raisins secs, transparence de grappes mûres. Il me semble que si j'habitais la ville, je passerais là chaque jour, pour satisfaire un appétit de la couleur qui peut s'éveiller et se combler, dans ce lieu seulement, sous deux expèces séparées, aussi différentes de nature que le pain et le vin [1]. » Car c'est des ténèbres que naît la lumière, que naît la couleur, par la magie du *fiat lux !* Dans ce ventre maternel qu'est la crypte de Notre-Dame de Sous-Terre, je savais que tout était possible.

Quand nous remontâmes de la crypte, la pluie avait cessé de tomber. Mais le vent continuait à rôder, avec cette violence qui lui vient du fond des âges, à travers les ruelles d'une ville ancienne qui semble bâtie pour l'accueillir et parfois l'endormir dans les embrasures des portes et des fenêtres, ou encore dans le mystère des jardins enclos de grands murs. Le vent tournait au rythme des longues respirations que l'on sentait confusément sortir de la terre. Car la terre vivait au-dessous de nous. Et les pierres vibraient, comme si elles allaient éclater, pour nous montrer sans doute que, désormais, l'entrée du labyrinthe nous était ouverte afin que nous pussions cheminer calmement dans les ténèbres bleutées de la magnificence.

---

1. Julien Cracq, *En écrivant en lisant*, Paris, Corti, 1981

II

LES PIERRES QUI VIBRENT

Dès que l'on prononce le nom de Chartres, c'est l'image de la cathédrale surgissant à l'horizon, derrière un timide écran de verdure, sur une grande plaine étale, qui s'impose à toutes les mémoires. Chartres, *c'est* la cathédrale, et seulement cela. Sans doute faut-il voir dans cet automatisme de la conscience la reconnaissance implicite que Notre-Dame de Chartres est la plus belle cathédrale de France, tout au moins la plus saisissante, la plus complexe. Mais c'est oublier que Chartres est d'abord une ville et que cette ville contient d'autres monuments, d'autres églises, et que des hommes et des femmes y vivent depuis de longs siècles, sur un tertre et sur les flancs de ce tertre, là où l'Eure se détourne, entre des maisons aux toits de tuile discrètement rongés par la mousse, pour s'écouler vers le nord, ce nord qui est l'axe du monde et d'où part le vent qui se brise contre les tours de la cathédrale. Il y a de l'eau, et cette eau est paisible. Il y a du vent, et ce vent se brise, se calme. Il y a des floraisons de feu dans les jardins, au printemps comme à l'automne, quand le soleil plaque sa lumière contre les murailles. Et il y a la pierre, la pierre éternelle qui, arrachée à la terre, se dresse vers le ciel non comme un défi, mais comme un appel vers l'infini des mondes invisibles. Chartres, c'est une ville, avec tout ce que comporte une ville.

Certes, les quartiers modernes ressemblent à bien d'autres quartiers de n'importe quelle cité des temps actuels. On y voit, comme partout, le triomphe du béton, comme partout, le fade quadrillage d'une urbanisation rationnelle et « fonctionnelle », comme on dit. Mais il y a la vieille ville, blottie sur les flancs nord-est du tertre et qui s'échappe sur le sommet lui-même autour de la masse prodigieuse du sanctuaire. Vue du parvis, elle offre d'ailleurs un certain aspect anglais. On ne se sent pas tellement dans un pays connu. L'atmosphère de Chartres est spécifique. Rien n'y rappelle le voisinage de l'agglomération parisienne. Rien n'y rappelle le grand Ouest, ouvert sur la mer. Rien n'y rappelle le sud, bien entendu. On ne sait plus où l'on est. On est à Chartres, c'est tout, dans une ville qui a une longue histoire depuis que le peuple gaulois des Carnutes a bâti une forteresse-sanctuaire au milieu de ce qui était alors une grande forêt sacrée. La forêt a maintenant disparu. Il n'y a plus de forteresse. Mais le sanctuaire, même s'il n'est plus la clairière primitive, est toujours là, flanqué de demeures où la pierre et la tuile ont remplacé le torchis et le chaume. C'est alors qu'on mesure la pérennité d'un lieu, pérennité qui ne va pas sans métamorphoses couleurs du temps.

Bon nombre de rues de Chartres sont encore bordées de maisons anciennes, dont certaines ont été restaurées dans la meilleure tradition. On y remarque des pignons en encorbellement, comme dans la rue du Cheval-Blanc, proche de la cathédrale, ou formés de croisillons et de briques. La ville haute est reliée à la ville basse, sur les rives de l'Eure, par des escaliers qu'on appelle des « tertres », et par des rues étroites et tortueuses. En parcourant l'une de celles-ci, la rue Chantault, on peut remarquer un nombre impressionnant de portes et de fenêtres appartenant à diverses époques du passé. Il y a même une maison romane du XIIe siècle dont les tympans présentent de curieuses sculptures : c'est l'une des plus vieilles maisons de toute la France. En bas, près du pont du Massacre, se dresse la chapelle Notre-Dame de la Brèche, qui conserve l'antique statue de la Vierge qui se trouvait autrefois au-dessus de la porte Drouaise.

Dans la rue des Écuyers, une tourelle d'escalier à colombages sculptés, datant du début du XVIe siècle, se trouve juste au-dessous de l'ancien château. Son nom d'Escalier de la reine Berthe conserve la mémoire de la veuve du comte de Chartres Eudes Ier, qui épousa le roi de France Robert II. Dans la rue de la Poissonnerie, se dresse l'une des plus étranges demeures de la ville, la « Maison du Saumon », bâtie au XVe siècle. La façade est richement décorée : on y voit, sur les consoles, un énorme saumon et une Annonciation, et des escargots dans une vigne, puis, sous le deuxième étage, la représentation, assez commune au Moyen Âge, de « la Truie qui file », cette truie étant ici fort embarrassée avec sa quenouille et son fuseau. Dans la rue Noël-Ballay, la « Maison Huvé » présente une riche façade Renaissance, à frontons, colonnes et cariatides. Elle fut construite vers 1550 par le médecin Claude Huvé, qui était un humaniste amateur de tout ce qui était beau. Sur la place Jean-Moulin, l'hôtel de Champrond possède un portail en anse de panier. Rue des Grenets, c'est un hôtel de style gothique final, et près de l'Étape-au-Vin, l'hôtel Montescot est une ancienne demeure de style Henri IV, qui devint hôtel de ville en 1792.

Les alentours de la cathédrale constituent le quartier des chanoines, connu sous le nom de Cloître Notre-Dame. Il s'agit d'un assez vaste ensemble qui était autrefois fermé par neuf portes, dont deux subsistent, en particulier celle de la rue Saint-Yves, face au portail nord. On peut encore y voir les gonds et les scellements anciens des chaînes de fermeture. Ce quartier est riche de vieilles demeures, dont la plus belle, face au Portail Royal, date du XIIIe siècle et a d'admirables tympans sculptés, avec des arabesques de feuillages, des griffons ailés et aussi une scène de lutte. Plus au sud, à l'angle de la rue des Changes, s'élève une autre maison du XIIIe siècle, restaurée avec soin, qui présente des tympans à têtes de feuilles. Ces vestiges rendent assez bien compte de la richesse de l'ancienne ville épiscopale.

Il en est de même pour l'ancienne résidence des évêques de Chartres. Près du porche nord de la cathédrale, une grille du XVIIIe siècle donne accès au jardin d'honneur de ce palais épiscopal, aujourd'hui musée des Beaux-Arts. La façade est typique de l'époque Louis XIII. Mais il subsiste les arcades du XVIe siècle des anciens communs, au-delà desquelles, sur l'emplacement de ce qui était l'Orangerie, s'étend une terrasse d'où la vue plonge vers la ville basse et la vallée de l'Eure.

On s'aperçoit alors que la vieille ville de Chartres comprenait un nombre impressionnant d'églises dont quelques-unes sont encore debout, d'autres à l'état de ruines, ou encore réemployées à d'autres fins que cultuelles. C'est ainsi que l'église Saint-Martin-au-Val sert aujourd'hui de chapelle à la Maison de Retraite Saint-Brice. En dépit d'une restauration d'un goût douteux, l'ensemble de l'édifice a conservé son unité romane primitive, avec une ampleur exceptionnelle et un chœur curieusement surélevé. Quatre des chapiteaux sculptés du rond-point, présentant des compositions d'entrelacs dans le style irlandais, semblent avoir gardé leur authenticité. Mais c'est la crypte qui est sans doute le vestige le plus intéressant. Elle est située sous le chœur et on y accède par le flanc sud. Au-dessus de la porte se distingue très nettement un fragment de mur gallo-romain appareillé en arêtes de poisson. On pense que cette crypte a été reconstruite vers la fin du Xe siècle, avec réutilisation de matériaux appartenant à un ancien sanctuaire, fûts galbés et monolithes, bases décorées de cordelières et chapiteaux de factures diverses. L'un de ces chapiteaux, à droite de l'autel, présente des analogies avec certains chapiteaux de la crypte de Jouarre (Seine-et-Marne) dont la construction est un exemple typique du style irlandais préroman transposé sur le continent. Le chapiteau voisin, très insolite, pourrait dater de l'époque mérovingienne. Quant aux deux chapiteaux de la paroi occidentale, ils frappent par leur aspect primitif, et s'apparentent eux-aussi avec l'art celtique chrétien tel qu'on peut le voir en Irlande. C'est une chose importante à considérer dans la mesure où Saint-Martin-au-

Val pourrait bien être un sanctuaire plus ancien que la cathédrale elle-même, ou tout au moins la crypte de celle-ci. On sait qu'un cimetière gallo-romain occupait les abords immédiats de l'édifice, et que c'est là, au milieu des premières sépultures chrétiennes, que fut bâti un oratoire dédié à saint Martin de Tours, oratoire à l'origine du monastère, qui appartint jusqu'en 1663 à l'abbaye de Marmoutier. On ne peut oublier que, pendant toute la période mérovingienne, ce furent des moines irlandais, dont le célèbre saint Colomban, qui contribuèrent à ré-évangéliser un pays en grande partie déchristianisé. Et si l'on met cette constatation historique et archéologique en parallèle avec la tradition concernant la *Virgo Paritura* des Druides, cela contribue à faire poser certaines questions : de toute évidence, il y a eu un apport celtique, quelle qu'en soit la portée exacte, à Chartres. Et que dire de cette coutume, encore observée de nos jours, que tout nouvel évêque de Chartres, avant d'être intronisé solennellement dans sa cathédrale, passe la nuit précédente en veillée de prières à Saint-Martin-au-Val ? N'est-ce pas reconnaître la primauté du sanctuaire ? Ou bien n'est-ce pas la réminiscence d'une antique initiation que le Christianisme primitif aurait reprise au druidisme ?

L'église Saint-Aignan est également très ancienne quant à sa fondation, et l'on pense qu'elle devait se trouver, à l'origine, dans le château des comtes de Chartres, très proche. Mais le bâtiment actuel date du XVIe siècle. Des aménagements récents lui ont fait perdre un peu de son caractère. Cependant, on peut encore voir un portail du XIVe siècle encastré dans la façade Renaissance, une crypte de style flamboyant et la voûte de la chapelle Saint-Michel, sur le flanc sud, très richement ornée et qui date de 1543. Quelques vitraux du XVIe siècle ont survécu à différentes catastrophes, en particulier ceux de la Dormition, des Funérailles et du Couronnement de Notre-Dame, ainsi qu'une curieuse verrière de 1547, due au célèbre vitrailliste Jean Jouan, dont le sujet est saint Michel et qui s'inspire à la fois de Raphaël et de Dürer. C'est une porte latérale, datée de 1541, très soignée dans sa décoration, qui tient lieu d'entrée principale.

L'église Saint-André, ancienne collégiale, possède d'importants vestiges du XIe siècle. Après l'incendie de 1134 qui ravagea une partie de la ville, elle a été relevée à cette époque, mais a dû subir des dommages considérables en 1861 et en 1944. Le chœur a été détruit, et il avait ceci de particulier qu'il était bâti au-dessus du cours de l'Eure, sur une arche jetée d'une rive à l'autre. La façade date du XIIe siècle et offre des chapiteaux du plus pur style roman, avec des figures pittoresques et des motifs végétaux. La nef est impressionnante par sa hauteur. Une tour, autrefois surmontée d'une flèche de charpente, domine l'enclos qui fut le Cimetière des Innocents. Du côté nord, la chapelle Saint-Ignace, du début du XVIe siècle, présente un mélange de flamboyant et de Renaissance. Des portes basses conduisent à des escaliers percés dans les collatéraux et débouchent sur une crypte antérieure au XIIe siècle dont le sol est à peu près au niveau de l'Eure. Il semble que cette église ait été bâtie à l'origine dans le but d'intégrer un antique culte des eaux à la nouvelle foi chrétienne, ce qui n'aurait rien d'étonnant, une fois de plus, si l'on fait référence aux traditions druidiques quant à la fondation des sanctuaires de Chartres.

Mais c'est l'église Saint-Pierre qui paraît le plus digne d'intérêt : elle est en effet l'un des monuments les plus remarquables de Chartres, et en bien des points, elle peut soutenir la comparaison avec la cathédrale. Il s'agit de l'ancienne abbatiale des Bénédictins de Saint-Père-en-Vallée. Tombée en désuétude au Xe siècle, elle avait été repeuplée et restaurée par les moines de l'abbaye de Saint-Benoît de Fleury, autrement dit aujourd'hui Saint-Benoît-sur-Loire. Mais l'origine en remonte aux temps mérovingiens. Au VIIe siècle, l'abbaye Saint-Père reçut une forte donation de la part de sainte Bathilde, épouse du roi Clovis II. Au Xe siècle, l'abbaye se trouvait encore en dehors des murailles de la ville, et sa position dans la vallée était particulièrement vulnérable : le comte et l'évêque de Chartres demandèrent alors à Hugues Capet la permission que l'abbaye pût construire ses propres défenses. Ce qui fut fait. Et le clocher-donjon de l'église date de cette époque. L'incendie de 1134 provoqua d'important dégâts dans l'abbaye. Le moine Hilduard, de 1151 à 1165, dirigea la construction d'un nouveau chœur dont il reste l'étage inférieur avec le déambulatoire et les chapelles. C'est alors qu'on retrouva dans les fondations le tombeau de Gilduin, un jeune diacre de vingt-quatre ans, venu en pèlerinage à Chartres et mort à Saint-Père-en-Vallée en 1077. Cet étrange personnage revenait de Rome où il avait obtenu du pape le droit de refuser la charge d'archevêque de Dol-de-Bretagne à laquelle il avait été élu contre son gré, aux temps où l'Église bretonne, dépendant toujours officiellement de la métropole de Tours, tentait, sous l'impulsion des rois bretons, de se libérer de la tutelle étrangère. Il avait laissé une réputation de sainteté, et de nombreux fidèles affluèrent de nouveau, en 1165, devant son tombeau, laissant des offrandes qui permirent de poursuivre de façon grandiose la reconstruction de l'abbatiale.

L'aspect général est de style gothique rayonnant. La nef fut élevée dans la première moitié du XIIIe siècle, et, sur les grosses piles du chœur, on lança une armature de pierre d'une extraordinaire légèreté, permettant ainsi de mettre en place un grand nombre de verrières, le tout dans un vaste plan d'ensemble où se trouvait posé le problème de la lumière : on s'aperçoit en effet que les travées de grisailles à personnages de couleur alternent dans la nef avec des verrières historiées, ce qui permet une extraordinaire harmonie de teintes et de tonalités tout en évitant la moindre symétrie. Le mouvement et l'expression sont réduits à l'essentiel, et même, dans les grandes figures, le même « carton » a été utilisé pour deux personnages dont on s'est contenté d'inverser les couleurs. Les verrières du nord sont réservées à saint Jean-Baptiste et aux apôtres. Celles du sud sont consacrées aux saints, en respectant une savante hiérarchie, depuis les moines jusqu'aux évêques et aux papes. A la dernière travée de la nef, ce sont le Christ et la Vierge. Et l'on reconnaît saint Gilduin, vêtu en diacre, repoussant de la main une crosse discrètement figurée le long de la bordure. D'une façon générale, les vitraux de ce qui est maintenant l'église Saint-Pierre, sont parmi les plus beaux de France, à égalité avec ceux de la cathédrale : leur seul défaut est d'être moins connus et moins visités.

Car la cathédrale couronne le tertre de Chartres et fait oublier tout ce qui se trouve réparti aux alentours, tant est grande sa puissance d'envoûtement, tant est entière cette masse vibrante de pierre et de verre, sous un ciel qui se déverse à flots comme pour mieux inonder de lumière le cœur des hommes et des femmes qui se réfugient dans son ombre tutélaire. Notre-Dame de Chartres, Vierge couronnée, comme l'était autrefois Cybèle, la Mère des Dieux, couronnée de tours, dans un perpétuel travail d'enfantement. La cathédrale est réellement l'exaltation de cette image à la fois divine et maternelle, arche sublime qui contient effectivement le monde en gestation.

C'est en montant de la ville basse que l'aspect de la cathédrale est le plus saisissant, parce que, brusquement, on passe de l'étroitesse et de l'horizontalité à quelque chose qui s'élève et constitue un défi à toutes les lois de la pesanteur, à toutes les lois de l'équilibre. C'est là le mystère du Sacré : il transforme tout ce qu'il touche. En surgissant d'une courbe de la rue, on se trouve juste au-dessous de la chapelle Saint-Piat qui termine l'édifice du côté de l'est. Cette chapelle n'appartenait pas à la cathédrale primitive dont elle n'est qu'un prolongement artificiel réalisé au XIVe siècle, au-dessus d'une salle capitulaire, et qui est relié à l'ensemble par un élégant escalier ajouré. C'est là que, de nos jours, on conserve le Trésor de la cathédrale. C'est là aussi que sont inhumés les évêques de Chartres, puisqu'on sait qu'il n'y a aucun tombeau dans la cathédrale elle-même, celle-ci étant consacrée à la Vierge de Majesté, donc triomphante de la mort. Mais cette chapelle Saint-Piat mise à part, c'est sans doute l'endroit idéal pour *appréhender* la cathédrale dans toute sa complexité architecturale. L'abside développe en effet un extraordinaire éventail d'arcs-boutants, le chœur étant contourné par un double déambulatoire, chacun de ces arcs-boutants dispose de deux points de retombée. Ils se prolongent vers la nef en une sorte de forêt impénétrable. Leur forme évoque des quarts de roues, et ils sont étrésillonnés par des colonnettes qui en évoquent les rayons. Chaque colonnette est formé d'un bloc monolithe, base et chapiteau compris, afin d'assurer une plus grande solidité à la construction. On s'accorde pour penser que ce furent là les premiers essais d'une technique aussi hardie et que ces arcs-boutants sont les plus anciens que l'on puisse encore voir. On y ajouta, sans doute très tôt, une volée supérieure prenant appui sur les socles qui avaient été prévus pour les pinacles. Mais c'est le début du style dit gothique, et il reste encore des éléments appartenant au style roman : c'est ainsi qu'on peut remarquer des contreforts à ressauts qui suggèrent les cascades de forces — les poussées latérales des parois de la nef — qu'ils canalisent harmonieusement.

La technique romane est parfaitement visible autour du chevet. Les chapelles absidiales offrent des voûtes en plein cintre, et elles sont supportées par celles de la crypte. Les trois plus anciennes de celles-ci, qui datent de 1020, ont été entourées d'un second mur vers 1200, et on a intercalé de nouvelles chapelles plus étroites, ce qui fait que les arcs-boutants ont des écartements inégaux. En fait, tout manifeste ici le triomphe du disparate et de l'inégal : et pourtant, cela tient, et cela forme un ensemble particulièrement heureux, une synthèse assez étrange d'éléments qui, sans le génie des architectes, eût pu être un mélange hétéroclite et sans grâce. Mais là réside le miracle de Chartres : le temps n'a eu aucune prise sur la volonté délibérée des constructeurs de bâtir une œuvre éternelle.

On en arrive ainsi au portail sud, création de l'époque gothique. Après l'incendie de 1194 qui avait à peu près détruit l'édifice roman, et dont il ne subsistait que la crypte et le portail occidental, on voulut, dans le nouvel édifice, faire encore plus beau et plus grandiose : c'est ainsi qu'au lieu d'avoir un seul portail, comme c'est le cas dans bien des cathédrales, on voulut en mettre deux autres, dignes de l'ancien que l'on conservait, et ce furent les portails des transepts. La cathédrale de Chartres est unique au monde dans la mesure où elle est la seule à réunir trois portails d'une telle importance. Le portail sud s'inspire de la façade principale de Laon, qui venait d'être édifiée, et il a inspiré à son tour, quelques années après, les constructeurs d'Amiens.

La figure centrale de ce portail sud est le Christ, accompagné des apôtres envoyés en mission d'évangélisation et qui sont relayés par les martyrs et ceux que l'on appelle couramment les « Confesseurs ». C'est la figuration symbolique de l'Église dans sa marche vers l'Éternité, conduisant l'humanité au Jugement dernier. Le tympan du porche central nous montre le Christ entouré d'anges. A gauche (c'est-à-dire à la droite du Christ), c'est le Ciel ; à droite, c'est l'Enfer. Sous le Christ, on peut voir Marie et Jean, puis immédiatement en-dessous une représentation du Jugement. Mais la charité est présente sur le portail lui-même : le Christ y est bénissant, et il est entouré des statues des apôtres. Le porche gauche figure le Christ au-dessus du martyre de saint Étienne, le tout sur le tympan. Les statues sont celles de différents martyrs, en particulier saint Laurent, saint Clément, peut-être saint Piat et saint Denis. Mais on peut être surpris d'y trouver Roland, le neveu de Charlemagne des Chansons de Geste. La légende de Charlemagne se retrouve dans les vitraux, mais il semble qu'on ait voulu, à Chartres, donner à cette figure héroïque, et finalement beaucoup plus mythique que réelle, une signification tout à fait en harmonie avec l'idée de la Croisade : Roland se bat seul contre une armée de Sarrasins, c'est-à-dire de Musulmans dans le contexte proprement historique de l'époque, mais aussi de *païens* acharnés à détruire le message christique. En ce sens, Roland est l'un des remparts de la foi chrétienne et sa mort glorieuse l'assimile au sacrifice des plus grands martyrs. Et le porche de droite semble démontrer que la foi n'est pas seulement défendue par le sang, par le sacrifice de sa vie : elle l'est aussi par la connaissance. Ainsi s'explique la présence des Confesseurs sur le tympan, autour du Christ qui surmonte saint Martin l'évangélisateur et saint Nicolas le « ressusciteur ». Le porche proprement dit met alors en valeur, à côté de saints locaux comme Laumer (ou Lomer) et Avit, des Pères de l'Église, comme saint Sylvestre, saint Ambroise, saint Jérôme et saint Grégoire.

La façade occidentale est évidemment la plus connue, la plus célèbre, la plus ancienne, et aussi celle qu'on peut examiner avec le plus de recul, de l'autre côté du parvis. C'est là que se dresse en effet le célèbre « Portail Royal » sans lequel Chartres ne serait pas totalement ce qu'elle est. La figure centrale en est le Christ en majesté, surmontant les douze apôtres et entouré, dans le tympan, par les vingt-quatre vieillards de l'Apocalypse. Aux deux extrémités du linteau où figurent les douze apôtres, on peut remarquer les statues des deux prophètes inspirés de l'Ancien Testament, Élie et Énoch. Sur le tympan du porche de gauche (toujours à droite du Christ), se trouve représentée l'ascension de Jésus, surmontant des anges et des apôtres. Cette figuration de l'Ascension est entourée d'un calendrier qui représente les signes du Zodiaque et les travaux des mois. Le tympan du porche de droite est consacré à l'enfance du Christ, une Vierge-Mère qui présente l'Enfant. Elle est entourée d'anges et des maîtres de l'Antiquité qui enseignaient les Arts libéraux, comme la grammaire et la musique. Les chapiteaux sont consacrés à plusieurs épisodes de la vie du Christ, notamment à la Cène et aux Pèlerins d'Emmaüs. Quant aux statues-colonnes, elles figurent de grands personnages de l'Ancien Testament, tels Moïse, David, Salomon et la Reine de Saba.

Cette façade occidentale n'a guère d'unité architecturale ou artistique. Elle a été élaborée en plusieurs époques. Elle est dissymétrique. Trois siècles et demi séparent la construction des deux flèches. Le bas du porche appartenait à l'édifice détruit en 1194. Mais il n'empêche : de cette complexité émane une beauté sobre et parfaitement harmonieuse qui n'a guère d'équivalent dans l'art médiéval. Les deux clochers ne sont pas à la même hauteur. Celui de droite, qu'on appelle le Clocher Vieux, a été construit d'un seul jet à partir de 1145, et il a résisté à l'incendie de 1194. Vers 1200, on a continué le Clocher Neuf, au nord, dont la base avait également tenu, et on a complété l'ensemble par l'étage de la Rose, profitant de l'occasion pour surélever la nef. Celle-ci était pourtant déjà d'une hauteur impressionnante et constituait un record pour l'époque : on porta cette hauteur à 37 mètres au-dessus du sol, ce qui signifie qu'un immeuble moderne de dix étages n'atteindrait pas le sommet de la voûte. Et, surmontant la rose, la Galerie des Rois, consistant en un admirable défilé de personnages, fut édifiée après 1250.

Le Clocher Vieux est remarquable dans sa conception et dans sa réalisation. La flèche, en elle-même, détient un record de hauteur, dans un jet de près de cinquante mètres que nulle ornementation superflue ne vient freiner. Cette flèche a la particularité d'être creuse et de ne reposer sur aucune charpente. Les parois s'amincissent progressivement de bas en haut. Chaque pierre est sculptée en forme d'écaille et déborde légèrement sur le joint, de manière à empêcher l'eau de pluie de pénétrer à l'intérieur. Et ce clocher a supporté allègrement les tonnes de cloches qui s'y trouvaient, notamment au moment du grand incendie : cela prouve cette incomparable solidité que reconnaissait Viollet-le-Duc, lequel affirmait qu'il n'existait à sa connaissance aucune construction médiévale plus habile que cette flèche. A la base du clocher, enfin, on peut remarquer une grande statue-colonne de même style que celles du bas du Portail Royal. Il s'agit de l'Ange du méridien, ainsi nommé parce qu'il présente un cadran solaire orienté vers le midi. Et, sur le contrefort voisin, se trouve une curieuse représentation d'un âne qui joue de la vièle. Quant au Clocher Neuf, si sa base est romane, il a été achevé en 1513 après un incendie provoqué par la foudre. Sa flèche de pierre est la plus haute de France après celle de la cathédrale de Strasbourg : il faudrait un immeuble moderne de trente-deux étages pour atteindre son sommet. Plus complexe que le Clocher

Vieux, il présente une abondante décoration flamboyante, notamment des statues d'apôtres qui accompagnent un Christ debout sur la face ouest.

Mais venons au portail. Ce qui est le plus étrange dans ce Portail Royal, c'est le mélange des styles qui n'influe en rien sur l'unité profonde qui s'en dégage lorsqu'on considère cet ensemble incomparable. La statuaire est encore romane, mais elle annonce déjà la sculpture gothique classique. L'unité réside avant tout dans la volonté des artistes d'illustrer la figure centrale qui est le Christ en majesté. C'est donc une certaine image du « Royaume de Dieu » tel qu'on le concevait symboliquement au XIIe siècle. « Le rythme vertical, affirmé dans les formes allongées et immobiles des grandes statues, donne à l'ensemble de cette haie d'honneur une noblesse qui n'a pas ailleurs d'équivalent... Les décors géométriques des colonnes sont variés et les sujets des colonnettes d'une exubérante fantaisie [1]. » On peut également remarquer des références précises à l'Antiquité classique, ce qui nous ramène à l'histoire de Chartres et au fait qu'à l'ombre de la cathédrale, l'École de Chartres fut, du XIe siècle au XIIIe siècle l'une des plus brillantes universités d'Europe. On ne s'étonne donc pas d'y voir figurer Aristote, le grand inspirateur de la philosophie scolastique, une écritoire sur ses genoux, et le front plissé : c'était reconnaître à cet arrière-disciple de Platon son rôle de créateur d'une certaine forme de dialectique dans laquelle se plut à se reconnaître le Moyen Âge. C'est ainsi que Cicéron représente la rhétorique, Ptolémée la grammaire et Pythagore la musique, ou plutôt le rythme universel, ce qu'on appellera parfois la « musique des Anges ». N'oublions pas qu'au tympan de gauche, la Vierge présente l'Enfant Jésus : la présence des philosophes et penseurs de l'Antiquité démontre que la Vierge Mère est aussi, par sa fonction maternelle, le « Trône de la Sagesse », le mot « Sagesse » désignant, dans la terminologie médiévale, à la fois la connaissance et la technique de l'intelligence au service de Dieu et des hommes. Mais que

1. Jean Villette, *Chartres et sa cathédrale*, éd. Arthaud, 1979, pp. 61-62.

seraient les travaux de l'Esprit sans les Travaux des Jours ? Sur les voussures du tympan de gauche, les signes du zodiaque, alternant avec les occupations paysannes, ré-infusent la Connaissance dans le quotidien : on n'oublie jamais que l'humanité est incarnée et que tout réside dans l'équilibre de la Matière et de l'Esprit.

La façade nord de Notre-Dame de Chartres est probablement la moins célèbre. Mais c'est pourtant la partie extérieure la plus significative et la plus révélatrice du but des constructeurs de la cathédrale. On sait que, traditionnellement, la partie nord des églises médiévales est consacrée à un enseignement plus secret, plus discret tout au moins. Le septentrion, c'est l'ombre, c'est le froid, et cela explique que, sur de nombreux édifices, se trouvent représentées des scènes sinon infernales, du moins en relation avec l'Ange des Ténèbres. C'est le cas à Notre-Dame de Paris, où la légende du clerc Théophile, faisant un pacte avec le diable, et finalement sauvé par l'intervention de la Vierge Marie, domine largement l'ornementation. De plus, en vertu de l'orientation traditionnelle — qui est bien antérieure au Christianisme —, la place de l'observateur est toujours face au soleil levant, c'est-à-dire face à l'est. Le nord est par conséquent à gauche : c'est le côté *sinistre* au sens étymologique du terme (latin *sinistra manu*, à la main gauche), ce terme s'étant chargé par la suite d'une fâcheuse connotation. On sait aussi que, dans l'ancien temps, au cours des offices, les hommes se plaçaient à droite et les femmes à gauche, en regardant l'autel, ce qui induisait automatiquement une dépréciation de la féminité, ravalée dans le côté *sinistre* et soupçonnée d'entretenir des relations privilégiées avec le diable. Mais, paradoxalement, le côté gauche du sanctuaire — quand ce n'était pas la chapelle du chevet — était généralement voué à Marie, la Vierge Mère, la Femme qui écrase la tête du Serpent ou du Dragon des profondeurs. Or jamais mieux qu'à Chartres, n'apparaît cette volonté de faire du côté gauche de la cathédrale le lieu privilégié consacré à Marie, Mère de Dieu.

La façade septentrionale a été commencée en même

temps que la façade méridionale, mais elle a été terminée en dernier. « Le porche était prévu dès l'origine et ses soubassements furent établis en même temps que ceux des portails. Privés de la galerie dont ils devaient être couronnés, les pignons gardent un aspect sobre. Les tours, conçues en cours de travaux, s'appuient, comme au sud d'ailleurs, sur les culées préparées pour des arcs-boutants. Ici, les contreforts s'agrémentent d'édicules à frontons, selon le parti adopté aux culées du chœur et du chevet. Enfin, des sculptures en forte saillie accompagnent la rose [1]. » On peut également remarquer, au pied du Clocher Neuf, un très beau Pavillon de l'Horloge, construit en 1520 en style Renaissance, avec un cadran qui a conservé ses dorures et ses polychromies. Et, sous le premier contrefort de la nef, se trouve un puits, avec une encoche permettant la montée des seaux. La présence de ce puits n'est pas sans rappeler celle du Puits des Saints Forts, dans la crypte : cela donne en tout cas à penser qu'à Chartres, comme en beaucoup d'endroits, le culte de la Vierge Mère est toujours lié d'une façon ou d'une autre à la présence d'un puits ou d'une fontaine, héritage plus ou moins inconscient d'antiques traditions remontant bien au-delà du Christianisme.

Ce portail nord est donc consacré à Notre-Dame. Le tympan du centre représente le Couronnement de la Vierge, et immédiatement au-dessous, la mort et l'Assomption de Marie. Autour, s'étendent les ramures d'un Arbre de Jessé, et plus haut les figurations historiées de la Création. Le tympan de gauche (à droite de la Vierge) est consacré à l'enfance du Christ, entourée de la parabole des Dix Vierges, le tout surmonté d'une série de sculptures concrétisant la vie active et la vie contemplative. Le tympan de droite a comme figure de pointe Job, au-dessus d'un Jugement de Salomon, le tout entouré de personnages bibliques, tels Salomon, Tobie, Esther et Judith, et surmonté d'un magnifique « calendrier du paysan ». Les statues-colonnes du bas traitent l'Annonciation, la Visitation à gauche, Balam, Salomon, l'Architecte du

1. J. Villette, *Chartres et sa cathédrale*, p. 59.

Temple, la Reine de Saba et la Sibylle à droite, et, au centre, un superbe groupe de sainte Anne avec la Vierge est entouré des statues de Melchisédech, le roi-prêtre, de Jérémie, le prophète, de Moïse, le législateur, de David, le roi suprême, d'Isaïe, le visionnaire, de Jérémie, le « lucide », de Jean-Baptiste, le précurseur, et enfin de Pierre, le bâtisseur théorique de l'Église romaine. C'est donc un ensemble très cohérent qui part du récit de la Création et du Péché originel pour aboutir au triomphe de Marie, la Nouvelle Ève qui, par son acceptation de la divine mission, contribue à la Rédemption totale de l'humanité travaillante et souffrante.

Mais si la Vierge est la Triomphatrice, ce qu'exprime pleinement le tympan central par l'Assomption et le Couronnement de Marie, ce triomphe reste profondément *humain :* Marie est une *femme* et, comme telle, elle est soumise aux mêmes lois que l'humanité, même si on lui donne une place tout à fait exceptionnelle. Le Portail Royal mettait en valeur la Vierge en tant que « Trône de la Sagesse » : cette Sagesse est également présente sur ce portail nord, notamment la partie de droite. Le thème exploité est que la sagesse humaine dérive directement de la sagesse divine. C'est ce que montre la jeune Reine de Saba, donc une « païenne », irrésistiblement attirée vers le sage roi Salomon, inspiré de l'Esprit de Dieu et qui se tourne avec majesté pour l'accueillir, tandis que le fou Marcoulf est sculpté sur le socle, pour bien marquer l'antithèse. Si l'on insiste sur la reconstruction du Temple de Jérusalem, c'est bien pour montrer que la construction d'un tel temple n'est pas seulement une œuvre humaine, mais qu'il fallait édifier un monument permettant, dans certaines conditions bien précises, d'établir un lien privilégié entre le Ciel et la Terre. Pendant tout le Moyen Âge, Salomon a passé pour l'Architecte initié qui connaissait les secrets de Dieu, et l'on sait que l'ombre de ce roi a pesé lourdement sur les confréries de bâtisseurs avant d'être le symbole incarné de la Franc-Maçonnerie tant opérative que contemplative. C'est pourquoi, la gauche du portail est également vouée aux activités qui découlent de cette sagesse divine : l'Élevage et la Culture, la Musique et l'Industrie. On y a représenté, près du médecin, l'Architecte avec son équerre, le Peintre avec sa palette, le Philosophe et l'Alchimiste. Et l'on n'oubliera pas que l'Alchimie traditionnelle a pour but non pas de transformer du plomb en or, mais de découvrir les grands secrets de la vie, qui demeurent cachés au commun des mortels, ceux qui ne sont pas inspirés par le Feu des Alchimistes, c'est-à-dire le Souffle divin, cause première et indispensable médiateur entre la Matière Première, qui est le Chaos originel, et la Pierre philosophale, résultat de la lente élaboration de cette Matière, purifiée et vivifiée par l'Esprit. Vie contemplative et vie active ne sont que les deux aspects de la même réalité. C'est ce que nous enseigne ce portail sud de la cathédrale de Chartres à travers l'image triomphante de la Vierge Marie, celle que couronnent éternellement les Anges sous le regard de Dieu et des hommes.

Il faudrait des jours et des jours pour comprendre une telle richesse d'art et de connaissance plaquée sur les murs extérieurs de la cathédrale de Chartres. Au Moyen Âge, toute visite d'un sanctuaire était un long périple initiatique. Il ne s'agissait pas d'entrer brutalement dans une église, de se mettre à genoux et de prier : il fallait d'abord *pouvoir arriver à ce stade*. C'est ce que nos contemporains semblent avoir oublié, eux qui peuvent pénétrer facilement dans une cathédrale, soit pour y *admirer* les chefs-d'œuvre qui s'y trouvent, soit pour s'y livrer à des pratiques cultuelles banales. Mais une cathédrale comme celle de Chartres ne se laisse pas facilement pénétrer. Il est nécessaire de rôder longuement à l'extérieur et de s'imprégner du message que les constructeurs y ont laissé avant d'oser s'engouffrer dans ce qu'on peut appeler le « saint des saints », l'intérieur même, où se trouve gravée la seconde partie du message, celle qu'il n'est pas possible de déchiffrer si l'on n'a pas d'abord décrypté la première.

De la même façon, il convient d'entrer dans la cathédrale par le portail occidental. L'orientation traditionnelle des églises veut que le chœur soit à l'est.

On a prétendu que c'était parce qu'il fallait se tourner vers Jérusalem. L'explication est bien simpliste et repose uniquement sur une coïncidence, et encore cette coïncidence n'est-elle valable qu'en Europe occidentale ou en Afrique du Nord. Cette orientation est nettement préchrétienne, et les Celtes la pratiquaient eux-mêmes, la tête tournée vers le soleil levant. Ainsi se trouvaient définies les quatre directions fondamentales et leur signification : devant, c'était la vie, à droite, c'est-à-dire au sud, c'était la lumière, le mouvement de la vie, derrière, à l'ouest, c'était la mort, la disparition dans la nuit. Restait le nord, à gauche, côté « sinistre ». Là, c'était le « non-être », l'immobilité, *l'ifern yên*, c'est-à-dire *l'enfer glacé*, de la tradition bretonne armoricaine, caractérisé par l'absence de lumière. Dans l'optique chrétienne, le mérite d'une telle orientation était de renforcer le thème de la Résurrection : la lumière meurt à l'ouest, mais renaît perpétuellement à l'est, donc la vie, après un séjour dans l'immobilité d'un Autre Monde transitoire, réapparaissait dans le triomphe de l'aurore, comme le Christ le matin du troisième jour. Et comme chaque être humain peut espérer renaître comme l'a fait Jésus, il doit symboliquement accomplir le geste de pénétrer dans le sanctuaire divin par l'ouest, se tourner vers l'est, et bénéficier ainsi de la lumière matérielle et spirituelle qui émanera de derrière l'autel, au fond du chœur. Ainsi est vaincue la mort.

A Chartres, tout est construit pour permettre ce cheminement symbolique à l'intérieur de la cathédrale. Il y a d'abord les fonts baptismaux qui, comme dans tous les sanctuaires chrétiens, se situent près de l'entrée occidentale, signifiant ainsi que le baptême est *l'initiation* absolue pour pénétrer dans le sanctuaire. Mais il y a aussi l'énorme espace qui s'ouvre, comme le miroir de cet Autre Monde évoqué par les Écritures. La nef, image d'un vaisseau renversé, permet des navigations intérieures. En l'occurrence, la nef de Chartres est l'une des plus vastes qui soient, et aussi l'une des plus impressionnantes par les colorations qu'y produit la lumière à travers les innombrables vitraux. En fait, on sent qu'il y a là quelque chose de démesuré et qui inspire le respect. Est-ce l'*aura* spirituelle du lieu ou la technique des bâtisseurs qui provoque cette sensation ? Assurément l'une et l'autre. Mais il ne faut pas négliger les contraintes de l'architecte de 1194, qui est le responsable de l'ensemble. Il avait hérité d'un plan roman et a été obligé d'utiliser comme fondations la crypte qui datait de 1020 : ce qui explique la largeur exceptionnelle de la nef, 16,40 mètres, alors que cette largeur n'est que de 12 mètres à Notre-Dame de Paris. La nef de Chartres est donc, sans conteste, la plus large de ce type, c'est-à-dire une nef flanquée de bas-côtés. Grâce aux arcs-boutants, cet architecte a pu supprimer les tribunes qui, auparavant, étaient nécessaires pour équilibrer les pressions des hautes voûtes, tribunes qui, si belles soient-elles, masquent toujours une partie de la lumière. Elles sont remplacées ici par un triforium qui sert de galerie de circulation, ce qui permet d'ailleurs de donner une grande élévation aux bas-côtés, donc de développer considérablement la surface destinée aux verrières. « Désormais le problème de la lumière est résolu et, à partir de cette expérience, toute l'histoire de l'architecture dite gothique sera la prééminence des vides sur les pleins [1]. »

Tout repose sur une combinaison des masses entre le bas et le haut. L'élancement des formes se fait léger plus on monte, mais, vers le sol, les assises sont particulièrement lourdes et épaisses. Quant aux piliers, ils sont alternativement cylindriques et octogonaux, ce qui permet à la fois de rompre la monotonie et d'équilibrer davantage les pressions en partie sur des supports faibles, mais d'une grande élégance, en partie sur des blocs d'une densité à toute épreuve. La nef se prolonge presque naturellement par un chœur qui est le plus vaste de toute la France et qui est flanqué d'un double déambulatoire. La construction, au XVIe siècle, de la clôture du chœur, par l'architecte et restaurateur Jean de Beauce, de style flamboyant, puis la mise en place, à la fin du règne de Louis XV, du monumental groupe de l'Assomption, sculpté par Bridan, au-dessus

1. J. Villette, *Chartres et sa cathédrale*, p. 60.

du maître-autel, ont quelque peu altéré le plan primitif. Mais l'ampleur de ce chœur supporte presque ce groupe sculpté qui n'est certes ni du meilleur goût, ni en harmonie avec le style médiéval.

Le transept est également le plus important de France, avec celui de Laon. Il mesure à peu près 65 mètres, ce qui est la longueur de l'église Saint-Germain-des-Prés à Paris. Ici, l'architecte n'était pas tenu de respecter le plan roman, ni de se servir de la crypte, puisqu'il faisait déborder largement la construction de part et d'autre du bâtiment primitif. Il en a profité pour y mettre des bas-côtés, ce qui est relativement rare. Cependant, la largeur du transept est assez réduite par rapport à celle de l'axe principal, nef de chœur. Mais tel qu'il est, ce transept met en valeur les deux rosaces latérales qui, vues de la croisée du transept, forment un étonnant assemblage de couleurs, d'autant plus que s'y joignent les plus lointaines émanations de la rose occidentale. A cette croisée, partout où porte le regard, ce ne sont que rayons brillants ou discrets, ce ne sont que couleurs, ce ne sont que jaillissements de lignes de force fusant vers le ciel. Et quand les yeux se posent à nouveau sur le sol, c'est pour mieux s'apercevoir que celui-ci est autant travaillé que le reste.

Le sol, à l'intérieur de la cathédrale, est en effet revêtu d'un dallage qui n'a jamais été altéré depuis le début du XIIIe siècle. Il se trouve légèrement en pente pour permettre un lavage plus commode, notamment lorsque les pèlerins étaient admis, en certaines occasions, à camper dans le sanctuaire. Ce dallage est uniforme, car il n'est pas interrompu par des pierres tombales comme on en voit dans la plupart des cathédrales : il n'y a aucun tombeau dans Notre-Dame de Chartres. Mais, ce qui surprend, et ce qui intrigue, c'est le célèbre labyrinthe, qui se trouve à peu près au centre de la nef, labyrinthe aujourd'hui quelque peu masqué par des chaises et des bancs, probablement intentionnellement depuis que de nombreux commentaires ont été écrits sur sa signification.

Il y a eu des labyrinthes sur le sol de diverses cathédrales ou de diverses églises. Chartres n'a pas été le seul exemple de cette ornementation symbolique et bien évidemment *initiatique*. Mais c'est le seul qui soit ainsi conservé dans son intégralité. Il s'agit donc de la figuration à plat d'un labyrinthe de 13 mètres de diamètre et développant un « chemin » d'à peu près trois cents mètres. On le nomme parfois « Chemin de Jérusalem », parce que les pèlerins qui ne pouvaient aller jusqu'en Orient accomplissaient ici symboliquement leur pérégrination. L'explication officielle donnée par le clergé est à la fois simple, logique et rassurante : c'est une figuration qui rappelle aux fidèles que le Paradis est au bout d'un chemin difficile et plein de pièges. Mais cette explication paraît pour le moins primaire et contredit le mythe même du labyrinthe.

Il ne fait aucun doute que ce labyrinthe était destiné aux pèlerins qui, entrés par la porte de l'ouest, se préparaient à accomplir un circuit précis à l'intérieur de la cathédrale. C'était donc pour eux, dans un premier temps, une façon de se familiariser avec les lieux et surtout de découvrir le chemin le plus proche de la réalité spirituelle qu'ils y venaient chercher. Mais il faut penser que le thème du Labyrinthe, hérité de la plus haute Antiquité, et illustré par la légende minoenne de Minos, de Pasiphaé, d'Ariane, de Thésée et du Minotaure, est beaucoup plus complexe et ambigu qu'on voudrait nous le faire croire. Certes, sur un plan psychologique, on peut le considérer comme l'image des errements et des tâtonnements de l'esprit humain à la recherche de la Lumière, c'est-à-dire d'une Vérité qu'on voit toujours se profiler à l'horizon et qui s'échappe dès qu'on veut la saisir. Certes, sur un plan religieux proprement dit, c'est l'image du cheminement de l'âme durant sa vie terrestre, en proie aux tentations, aux aveuglements, au manque de connaissance, et qui pourtant doit, un jour ou l'autre, déboucher sur la Lumière divine représentée par le Christ triomphant.

Mais à force de raconter l'histoire de Thésée allant tuer le Minotaure au fond du Labyrinthe, et qui retrouve la sortie grâce au fil que lui avait donné Ariane, on a perdu de vue que trouver la sortie était une chose, et que *trouver l'entrée* en était une autre, peut-être encore plus importante, d'autant plus si l'on considère, ce que corrobore la légende, que, selon la dialectique héraclitéenne, la sortie est exactement la même ouverture qui sert d'entrée, en vertu du fait que les chemins qui montent sont aussi ceux qui descendent. Et c'est Ariane qui guide Thésée, *non seulement pour retrouver la sortie, mais d'abord pour en trouver l'entrée*. Or, qui est Ariane, sinon une des figurations archaïques crétoises de la Déesse-Mère ? Sans en tirer aucune conclusion, on peut se demander s'il n'y a pas un rapport, même inconscient, entre la présence de ce labyrinthe dans un sanctuaire voué au culte de Marie, Mère de Dieu, et l'étrange palais de Cnossos dans lequel des personnages comme Pasiphae et Ariane évoquent incontestablement les cultes de fécondité liés à la Déesse des Commencements. Le labyrinthe de Crète n'était pas seulement une « prison » pour le Minotaure, c'était aussi un « temple ». Et ne pouvaient y pénétrer que ceux qui avaient connaissance, d'une façon ou d'une autre, du chemin à parcourir. Il semble qu'il en ait été de même au Moyen Âge, dans la plupart des grands sanctuaires, et à Chartres en particulier, où chaque sculpture, chaque élément architectural, chaque image de vitrail présentent toutes les caractéristiques d'un double langage, l'exotérique, à la portée de tous, l'ésotérique, réservé à quelques-uns.

Sans aller plus avant dans ce qui n'est après tout que constatation pure et simple, il faut pourtant insister sur le fait que ce labyrinthe *est intégré* dans le plan global de la cathédrale. Il a donc un rôle à jouer et qui, vu sa place et son développement, ne peut être négligeable. Tout pèlerin ou tout visiteur de Chartres devrait, avant de pénétrer au cœur du sanctuaire, faire l'expérience de ce labyrinthe : il y apprendrait d'abord à se concentrer pour mieux profiter des richesses artistiques et spirituelles qui s'offrent à son regard et à sa conscience, ensuite à se diriger dans les méandres de la cathédrale (beaucoup plus ombreux que ceux du labyrinthe lui-même), enfin à reconnaître où se situe exactement le *noyau du sanctuaire,* celui-ci n'étant pas forcément le centre géométrique ou la perspective devant le maître-autel. Il y constaterait en tout cas que tous les chemins *mènent à gauche,* coté sinistre, et pourtant côté où se trouve exaltée la féminité suprême, en l'occurrence la Vierge Marie, maîtresse incontestable de ce sanctuaire millénaire.

Un des éléments essentiels de Notre-Dame de Chartres, du moins à ce niveau qui est celui du sol, est bien évidemment la célèbre statue de Notre-Dame du Pilier, placée non loin du transept, dans la partie la plus extérieure du double déambulatoire, à la gauche du chœur. D'ailleurs, la Vierge de l'Assomption, qui encombre le maître-autel, n'indique-t-elle pas, par un geste éloquent de sa main, la direction qu'il convient de prendre pour se trouver au noyau même du sanctuaire, comme par hasard au-dessus de l'endroit où se trouve, dans la crypte, la chapelle Notre-Dame de Sous-Terre, et bien autres choses encore que les archéologues, pourtant à l'œuvre depuis fort longtemps, hésitent à mettre au grand jour, dans les entrailles mêmes de ce qui a constitué le primitif *nemeton* des Druides au pays des Carnutes.

C'est relativement récemment que cette statue de Notre-Dame du Pilier a été placée à cet endroit. Comme son nom l'indique, elle se trouve sur un pilier qui semble receler et symboliser les forces telluriques qui jaillissent du sous-sol. C'est une Vierge à l'Enfant, vêtue d'habits somptueux, ce qui est normal quand on sait que l'un des trésors de Chartres est un morceau — échappé aux incendies et aux tourmentes révolutionnaires — d'un voile qu'aurait porté la Vierge Marie, et qui aurait été offert à ce sanctuaire par Charles le Chauve. On peut s'interroger sur l'authenticité de cette relique et sur la façon dont elle a été transmise en Occident, mais il n'empêche qu'elle a contribué au développement prodigieux du pèlerinage de Chartres. Il est donc normal que Notre-Dame du Pilier soit revêtue d'un somptueux habillement. Elle se doit aussi d'être couronnée, puisque tout le monument est à la gloire de la Vierge triomphante, celle qui, après sa dormition et son Assomption, a été couronnée « Reine des Anges » Et puis, surtout, chose particulièrement remarquable et énigmatique à bien des égards, Notre-Dame du Pilier est une *Vierge Noire*.

Cette statue pose certains problèmes. Il s'agit d'un groupe de bois polychrome dont les couleurs ont à peu près totalement disparu et qui se présente actuellement sous la teinte sombre du bois. Certains affirment que ce bois est du noyer ; d'autres disent que c'est du poirier. Peu importe : elle est nettement à ranger dans la catégorie de ce qu'on appelle les « Vierges Noires ». Marie est représentée assise et tenant Jésus sur son genou gauche. Elle regarde tout droit devant elle et tient une poire dans sa main droite tandis que l'Enfant, tenant le globe du monde dans sa main gauche, fait le geste de bénir de sa main droite.

Ce qu'on se garde de dire, c'est que cette statue n'est pas très ancienne. Certes, par son aspect général, par son attitude, elle évoque irrésistiblement les Vierges du XIIIe siècle. Mais tous les détails de composition, ainsi que l'inscription en lettres capitales qui y est gravée, indiquent la Renaissance. Et, de fait, des témoignages concordants précisent que cette statue a été offerte par un chanoine du nom de Wastin des Feugerets, lequel mourut en 1521. On peut donc la dater du début du XVIe siècle. Mais, ce qui est important, c'est que ces mêmes témoignages précisent qu'à la suite de certaines circonstances quelque peu mystérieuses, cette statue a remplacé une statue plus ancienne « en vermeil doré » qui fut donnée « au mois de mai 1220, par Pierre de Bordeaux, archidiacre de Vendôme ». Le fait que cette ancienne statue ait été dorée n'infirme en rien son caractère de Vierge Noire : il était courant de recouvrir les statues de peintures et de dorures. Mais on n'en a aucune preuve. Des études comparatives sur les différentes représentations de la Vierge à l'Enfant sur les vitraux de la cathédrale peuvent seulement donner une idée de l'allure générale de la statue de 1220 : Marie était « assise, la tête droite, regardant devant elle ; de la main gauche, elle retenait l'Enfant Jésus assis sur son genou gauche ; de l'autre main, elle élevait un objet qui était un sceptre ou un fruit [1] ». Il semblerait donc que l'actuelle statue de Notre-Dame du Pilier soit une sorte de copie ou d'adaptation de celle de 1220. Mais ce qu'on ignore c'est si la statue de 1220 a été sculptée à l'époque même, ou si c'était une très ancienne statue donnée par l'archidiacre de Vendôme. De toute façon, c'est Notre-Dame du Pilier, et la Vierge qui l'a précédée, dont la tradition chartraine fait la « Vierge Noire », et non pas la non moins mystérieuse « Notre-Dame de Sous-Terre », détruite à la Révolution, mais dont il reste deux imitations, plus une statue récente placée dans la crypte, probablement à l'endroit où se trouvait l'ancienne.

Grâce à des descriptions et même à des gravures, on connaît l'emplacement primitif de la Vierge Noire : elle était adossée au jubé qui fermait le chœur, à gauche de l'entrée de ce chœur, et sur une colonne de pierre. « Autour d'elle, des colonnes de cuivre supportaient des traverses de même métal auxquelles étaient suspendues des lampes. » Mais le jubé fut démoli en 1763, et il fallut déplacer la statue. Ce fut près du pilier nord-ouest du carré du transept, face à la nef, que la statue trouva son emplacement, mais cela ne dura que jusqu'à 1791. On voulut alors curieusement redonner une importance accrue à la dévotion envers Notre-Dame de Sous-Terre, que personne n'allait plus visiter dans une crypte devenue inaccessible. On fit l'échange des statues. Notre-Dame de Sous-Terre prit la place de la Vierge Noire, et celle-ci fut reléguée on ne sait trop où. De toute façon, personne ne fit plus attention à la Vierge Noire, et c'est la statue de Notre-Dame de Sous-Terre qui fut brûlée par les Révolutionnaires lorsque le culte fut interdit dans la cathédrale, devenue pour la circonstance « Temple de la Raison ». A partir de 1795, lorsque le culte fut de nouveau autorisé, on retrouva la Vierge Noire et on la plaça à l'endroit qui est le sien actuellement, sur un pilier qui n'est en fait qu'une des colonnes de l'ancien

---

1. Y. Delaporte, *Les trois Notre-Dame de la cathédrale de Chartres*, Chartres, 1965, p. 42. Il s'agit d'une petite étude très documentée sur les problèmes posés par cette statue, avec références et citations concernant l'origine et les déplacements successifs des statues de Notre-Dame.

jubé. Et cette Vierge Noire, échappée au vandalisme, sous son appellation de Notre-Dame du Pilier, est la plus vénérée de toutes les représentations de la Vierge dans la cathédrale de Chartres ; l'abondance des cierges allumés en permanence dans cet enclos qui est maintenant une véritable chapelle, en porte témoignage.

Les sculptures ne manquent pas à l'intérieur de la cathédrale. A cet égard, le pourtour du chœur est l'un des plus fournis qui soient. Commencée en 1514 dans le style flamboyant, l'élaboration de cette clôture du chœur nécessita de nombreuses années avant de connaître son achèvement, en 1529, dans le plus pur style Renaissance. Mais les sculptures étaient loin d'être terminées. Selon un plan qui semble avoir été fixé depuis le début des travaux, on a sculpté sur ce pourtour du chœur les scènes principales de la vie du Christ et de la Vierge. Cette œuvre de longue haleine a duré presque jusqu'à la fin de l'Ancien Régime. Il n'y a donc pas de sculpteur unique, ni d'école à proprement parler, ni de style, bien entendu. Cela aurait pu être un bizarre assemblage de compositions hétéroclites, mais il faut reconnaître qu'il existe une étonnante continuité dans ces quarante scènes qui se développent sur plus de quatre-vingts mètres. Les ornementations, caractéristiques de la mode des diverses époques, y sont particulièrement riches, même si l'on peut considérer que leur présence est regrettable dans un monument qui conserve malgré tout le caractère spécifique du gothique rayonnant.

Le jubé maintenant disparu appartenait à ce style. Il avait été édifié sous saint Louis. Sa tribune portait sur des colonnes, et il était constitué de sept travées voûtées qui présentaient, vers la nef, des arcades surmontées de gâbles. C'est parce qu'il gênait la vue qu'on le détruisit sauvagement en 1763. Les sculptures qui l'ornaient furent mutilées pour la plupart et enterrées sur place. C'est là qu'on les retrouva par la suite lors des travaux de restauration. Elles sont actuellement exposées dans cette chapelle Saint-Piat qui prolonge le chevet de la cathédrale. On peut remarquer parmi elles une très remarquable Nativité et un non moins beau « Sommeil des Mages », couchés côte à côte, les pieds posés contre le mur de l'écurie d'où sortent les chevaux déjà harnachés en vue du départ. Cette chapelle Saint-Piat abrite le Trésor de la cathédrale, c'est-à-dire tout ce qui a pu être sauvé de l'ancien édifice, tout ce que les fouilles et les travaux de restauration ont pu permettre de retrouver. C'est là que se trouve exposé, non pas dans sa châsse primitive, mais dans une « monstrance », ce qui reste de la célèbre « Chemise de la Vierge », et qui est en réalité un voile, objet précieux entre tous, et qui fut offert au sanctuaire de Chartres par Charles le Chauve, aux environs de 876. Ce fut là non pas l'origine du pèlerinage (il semble en effet que la dévotion à Notre-Dame de Chartres soit bien antérieure), mais la raison de son succès à travers toute l'Europe. Et l'on sait que, lorsqu'elles étaient enceintes, toutes les reines de France recevaient du chapitre de Chartres une chemise qui avait touché le reliquaire contenant le Voile de la Vierge : c'était une façon de leur faciliter une heureuse maternité. On peut aussi remarquer dans ce Trésor, au milieu des objets les plus divers, un somptueux manteau du XVIe siècle offert pour la Vierge Noire, et un petit vêtement damassé qui s'adaptait à l'ancienne statue de Notre-Dame de Sous-Terre. Quant à l'édifice proprement dit, il date du XIVe siècle, avec des vitraux de la même époque et qui ne sont pas sans intérêt. Cependant, ils ne soutiennent guère la comparaison avec les verrières de la cathédrale, verrières si extraordinaires et d'un art si consommé qu'elles finissent par éclipser tous les vitraux des XIIe et XIIIe siècles qu'on peut encore contempler en France.

L'art du vitrail est né en France aux environs du Xe siècle : des témoignages affirment en effet qu'à cette époque existaient des « fenêtres de verre coloré à sujets » à Reims et à Dijon. D'autres documents précisent, à propos de l'abbaye de Fleury (Saint-Benoît-sur-Loire), qu'on utilisait un sertissage en plomb pour assembler les différents morceaux composant un vitrail. C'était une invention prodigieuse qui permettait une grande souplesse dans l'élaboration des sujets, car jusqu'alors, les verres étaient montés sur des châssis de bois ou encore, s'il faut en croire le chroniqueur Grégoire de Tours, sur des dalles perforées à l'avance. On sait, par ailleurs, que dans les pays musulmans, les vitraux étaient faits de verres fixés sur des armatures de plâtre, renforcées par des fibres végétales. Le nouveau procédé se répandit très vite hors de France, et à la fin du XIe siècle, on signale au monastère de Monte-Cassino, en Italie, des vitraux qui consistent en plaques de verre assemblées au moyen de plombs, le tout formant des panneaux fixés sur des armatures de fer. Le vitrail était donc à la portée des constructeurs de cathédrales. Cependant, il faut bien dire que l'architecture romane se prêtait assez mal à cette technique, étant donné que l'épaisseur des murs réduisait considérablement l'espace réservé à la lumière. Au contraire, dès que l'architecture dite gothique fut au point, et que les murs devinrent à la fois légers et moins compacts, il fallut bien songer à utiliser les espaces de lumière : le vitrail en était l'usage. Et c'est ce qui explique l'abondance des vitraux dans une cathédrale comme celle de Chartres, tout entière axée sur les jeux de l'ombre et de la lumière : l'ensemble des verrières de Notre-Dame de Chartres occupe une surface qui dépasse deux mille mètres carrés, ce qui est considérable.

Ces vitraux ne sont pas tous de la même époque. Quelques-uns sont des vestiges de l'ancien édifice d'avant 1194. La plus grande partie est du XIIIe siècle, époque de la construction de la cathédrale actuelle. D'autres enfin sont plus tardifs, et il faut évidemment prendre en compte les différentes restaurations entreprises depuis que l'art du vitrail, très délaissé pendant les siècles classiques, a commencé à susciter un prodigieux intérêt à la fois sur le plan artistique et sur le plan religieux, pour ne pas dire sur le plan mystique. Car, après tout, quand on entre dans la cathédrale de Chartres, on est saisi non seulement par l'ampleur architecturale, mais aussi par les étranges lumières qui émanent des verrières, les tons bleus très particulièrement.

Il est vrai que le « bleu de Chartres » est célèbre. Il

n'est pourtant pas spécifique, et l'on sait très bien que les vitraux de Bourges sortent du même atelier utilisant les mêmes procédés. « Mais un vitrail ne prend sa valeur que si on lui épargne un voisinage de lumière crue ; or la cathédrale de Chartres, seule ou presque — avec la Sainte-Chapelle de Paris —, remplit les meilleures conditions. Les verres teintés dans la masse gardent après des siècles toute la puissance de leur coloris. Les plombs dont ils sont sertis soulignent avec force les contours. Seuls certains tons chair ont bruni. La face extérieure des verres — leur épaisseur varie de deux à six millimètres — a été attaquée par les agents atmosphériques, ce qui donne plus de qualité encore aux effets de réfraction, déjà obtenus à l'origine par des « défauts » variés : réalisés par soufflage, les verres striés, gauchis et criblés de bulles, sont les plus riches [1]. » En fait, tout obéit ici à un plan d'ensemble, et aussi à une connaissance parfaite des variations de la lumière extérieure. Quelle que soit l'heure du jour, quelles que soient les conditions atmosphériques, plein soleil, terne grisaille ou nuages noirs, tout est organisé pour maintenir un contraste entre les différentes tonalités, et si la lumière directe du soleil allume les rouges et les jaunes, c'est dans l'ombre crépusculaire que les bleus s'animent et parviennent au maximum de leur intensité. De là, d'ailleurs, la réputation légendaire du « bleu de Chartres ».

Les plus anciens vitraux sont ceux du portail occidental, trois verrières réalisées vers 1150, et qui ont survécu à l'incendie de 1194, grâce à la tribune du narthex qui les a protégées des flammes. Ce sont d'admirables et vénérables compositions. A gauche, c'est le mystère pascal, la mort et la résurrection du Christ. Au centre, ce sont les principaux épisodes de la vie de Jésus. A droite, c'est un étonnant Arbre de Jessé. La hauteur de ces verrières (onze mètres pour celle du milieu), la délicatesse du dessin, la perfection de l'assemblage, font de ces trois verrières un ensemble unique au monde, et probablement le plus bel exemple de l'art du vitrail que l'on puisse voir.

---

1. J. Villette, *Chartres et sa cathédrale*, p. 83.

Appartenant sensiblement à la même époque, mais entouré d'éléments plus récents, le vitrail dit de Notre-Dame de la Belle Verrière, qui occupe la deuxième fenêtre du déambulatoire sud, faisant ainsi pendant à la statue de Notre-Dame du Pilier, est également un des chefs-d'œuvre de la cathédrale en même temps qu'une figuration de la Vierge presque autant honorée que la statue de la Vierge Noire. Il s'agit d'une immense Vierge-Mère aux vêtements d'un bleu lumineux, dont l'image se détache sur un magnifique fond rouge. Émile Mâle disait de cette Vierge qu'elle était « le plus beau vitrail qui existe ». Il y voyait d'ailleurs une réminiscence de la figuration des antiques déesses-mères de la tradition celtique. Vue de face, le buste bien droit, Marie est assise sur un trône et ses pieds reposent sur un escabeau recouvert d'un tapis. Sa tête est entourée d'un nimbe bleu bordé de perles, et surmontée d'une riche couronne. Ses mains reposent sur les épaules de l'Enfant Jésus assis dans son giron. Jésus est également de face, vêtu d'une robe incolore et d'un manteau bistre, la tête entourée d'un nimbe en forme de croix. Il bénit de la main droite et tient dans sa main gauche un livre ouvert. Au-dessus, du bec de la colombe du Saint-Esprit, se déversent trois rayons qui aboutissent au nimbe de la Vierge. Au bas de la verrière, se trouvent représentés deux épisodes de la vie de Jésus, sa triple tentation et son premier miracle aux noces de Cana.

On a beaucoup discuté sur cette Vierge de la Belle Verrière. Certains détails de sa composition, le bleu lui-même, le caractère archaïque de son dessin, tout concourt à lui donner une évidente vétusté. Mais est-ce la reproduction d'un modèle plus ancien ? Est-ce seulement un morceau de verrière échappé à l'incendie et remis en place après avoir été complété ? On sait, par un texte de 1137, qu'il existait dans la cathédrale, à cette date, un vitrail qui représentait la Vierge et qui était l'objet d'une dévotion toute particulière : l'usage était d'entretenir devant elle un luminaire, ce qui est d'ailleurs assez curieux, un tel rituel étant d'ordinaire réservé aux statues ou aux icônes et non à un vitrail. Il est très probable en tout cas que cette Vierge signalée par la charte de 1134 soit Notre-Dame de la Belle-Verrière, car celle-ci jouit depuis des siècles d'une ferveur populaire qui ne s'est jamais démentie et qui se marque encore par un mur noirci par les flammes des cierges brûlés en son honneur. De toute façon, elle a fait partie de la vitrerie de la primitive cathédrale romane dont on sait qu'elle possédait au moins dix-huit vitraux, trois d'entre eux remontant aux dernières années du XIe siècle.

Une grande partie des autres verrières date du XIIIe siècle et a été mise en place lors de la construction de l'actuelle cathédrale rayonnante. C'est le cas des rosaces si impressionnantes par leurs dimensions et par les sujets qu'elles illustrent. La grande rose de la façade occidentale est consacrée au Jugement dernier et l'on y voit au centre un Christ — juge de toute beauté. Dans la rose du portail méridional, c'est le Christ de l'Apocalypse, c'est-à-dire un Christ triomphant qui occupe le centre : tout autour se pressent les vingt-quatre vieillards de l'Apocalypse ainsi que les anges et les quatre vivants. Le sens en est très clair : il s'agit de l'union mystique et éternelle, après la fin des Temps, entre Dieu et les créatures enfin libérées du péché et en quelque sorte transcendées dans leur état glorieux. Au-dessous, cinq vitraux préparent ce triomphe. Au centre, se trouve celle qui a permis cette transcendance, Marie présentée en Reine et en Mère. Autour, en un symbole très parlant, on peut voir le prophète Jérémie porter l'évangéliste Luc, le prophète Isaïe porter Matthieu, Ézéchiel porter Jean et Daniel porter Marc. Ainsi est défini le lien étroit qui existe entre les deux Testaments. On peut également remarquer, vers le bas, le blason du donateur, Pierre de Dreux, dit Pierre Mauclerc, qui avait épousé l'héritière du duché de Bretagne, Alix de Thouars.

La grande rose de la façade septentrionale est évidemment consacrée à la Vierge. Elle y est représentée au centre en Reine et Mère, recevant les dons du Saint-Esprit. Elle est donc ici le « Trône de la Sagesse », celle qui connaît les dessins mystérieux de Dieu. Elle est la maîtresse de toute connaissance et de toute bonté, la bonté et la connaissance n'étant pas séparables dans la tradition mariale. Tout autour, se trouvent des anges et plus bas, les rois de Juda, ancêtres du Christ et les petits prophètes de l'Ancien Testament. Les cinq fenêtres du bas accentuent encore cet aspect de « Trône de la Sagesse ». Le vitrail du centre est consacré à sainte Anne qui tient Marie sur ses genoux. On a voulu ainsi montrer, sans référence à l'idée même de l'Immaculée Conception (qui ne deviendra dogme qu'au XIXe siècle), que la Vierge était en quelque sorte prédestinée, dès sa naissance, à la mission divine qu'elle devait accomplir. Au bas de ce vitrail, on peut remarquer les armes de France, ce qui rappelle que la donatrice en a été Blanche de Castille, la mère de saint Louis. A gauche, un vitrail représente le roi-prêtre Melchisédech au-dessus du roi ennemi Nabuchodonosor, et un autre vitrail David au-dessus de Saül. A droite, c'est le sage roi-constructeur Salomon (à qui on a probablement donné le visage de saint Louis) au-dessus de Jéroboam, et Aaron au-dessus du Pharaon d'Égypte. Ainsi sont esquissés les rapports subtils qui ont existé entre la tradition hébraïque et les traditions des peuples voisins, rapports dont le Christianisme a fatalement hérité.

La richesse et la variété des autres vitraux sont indescriptibles. On y trouve de tout, de la scène la plus noble à l'épisode le plus banal, le plus familier même. On voit littéralement s'agiter des rois, des reines, des princes portant de magnifiques habits de soie et de somptueuses broderies. On y voit des évêques, des prêtres, des moines en vêtements liturgiques particulièrement colorés. On peut assister à des combats de chevaliers recouverts de leur cotte de maille. Et de cet ensemble qui pourrait être baroque à force de détails, surgissent des paysans en chemise de grosse toile, la tête couverte d'un capuchon pour lutter contre le vent, ou bien torse nu pour la moisson sous un soleil ardent, ou encore se livrant à tous les travaux des champs. Des artisans ont leur outil à la main : certains sculptent la pierre, d'autres le bois ou tissent dans leurs ateliers. On reconnaît des poissonniers sous un parasol coloré, des boulangers et des bouchers qui offrent leurs produits à leurs clients. Des drapiers et des marchands de fourrures étalent leurs articles avec une grande fierté. Un maréchal-ferrant s'occupe d'un cheval coincé dans un cadre de bois, un cordonnier lace des bottines et un vigneron taille sa vigne. Cela nous rappelle que de nombreux vitraux ont été offerts par les fidèles et que les donateurs aimaient se faire représenter sur les verrières. Cela nous permet d'ailleurs de feuilleter un admirable livre d'images documentaires sur la vie quotidienne du XIIIe siècle. Combien de fois les vitraux de Chartres ont-ils servi d'illustrations à des récits littéraires sur la vie au Moyen Âge !

Mais cet extraordinaire Livre d'Images — qui pourrait d'ailleurs être comparé à une bande dessinée — contient bien d'autres éléments que les évocations de la vie quotidienne. Les légendes y affluent, aussi bien celles tirées de la Légende dorée, c'est-à-dire de la vie légendaire des Saints, que des traditions qu'on croirait plutôt profanes et même « diaboliques ». Car le diable n'est pas absent des vitraux de Chartres, pas plus qu'il ne l'est des sculptures extérieures. Il en est ainsi dans la plupart des édifices religieux du Moyen Âge, comme si l'on avait jugé nécessaire de présenter l'Ennemi à la vue des fidèles pour que ceux-ci cristallisent sur lui toutes leurs pulsions mauvaises et finalement s'en débarrassent au cours d'une véritable opération d'exorcisme. Dans la rose occidentale, cette image diabolique est particulièrement terrifiante dans la représentation de la « pesée des âmes ». Face à un saint Michel rayonnant, serein et rempli de bonté, le diable, à la figure animale et cornu, impose cependant son contrepoids évident, et l'on comprend qu'il tente de séduire l'Archange de Lumière. Dans un autre médaillon, un diable « rigolard » et très « carnavalesque », armé d'une fourche, pousse devant lui un groupe de damnés terrifiés avec une attitude qu'on pourrait qualifier réellement de sadique. Ailleurs, c'est un démon très sérieux, mais néanmoins horrible, qui saisit à la gorge un malade, comme pour l'étrangler. Et dans le vitrail de sainte Marguerite de Cortone, il prend l'aspect d'un dragon à la tête rouge comme le feu de l'enfer. Tout cela est en rapport avec les nombreuses scènes sculptées à l'extérieur, notamment avec ce qu'on voit de la gueule de l'enfer, sur le portail sud, et, sur les voussures du même portail, les remarquables groupes où l'on aperçoit un diable entraînant une femme qui a succombé à la tentation, une courtisane et un avare. Dans le vitrail de saint Jean, un diable rouge s'empare de l'âme d'un mourant sous la forme d'un petit corps humain. Quant à la représentation de l'Enfer lui-même, elle est bien dans le ton de l'imagerie populaire, avec des démons monstrueux qui semblent prendre énormément de plaisir à tourmenter les damnés. Sur le vitrail de saint Nicolas, le diable veut entraîner au fond de l'eau un enfant tombé d'un bateau qui le transportait en pèlerinage. Et sur un autre vitrail consacré au même saint, on voit ce même diable préparer en compagnie de magiciens un mystérieux élixir qui doit brûler l'église consacrée à Nicolas. Parfois, il apparaît comme un diablotin qui susurre des paroles ambiguës à l'oreille. Il suggère ainsi à l'empereur Maxence de brûler vifs les cinquante docteurs d'Alexandrie qui ont été convaincus par la prédication de sainte Catherine, puis de décapiter celle-ci. Il inspire Maximien d'envoyer Pantaléon au supplice. Il se tient près de l'épaule gauche du roi d'Angleterre Henry II Plantagenêt discutant avec Thomas Becket des droits respectifs du pouvoir civil et de l'Église. Et, ailleurs, il reproche à un roi étendu sur un lit de n'avoir pas brûlé le vaisseau qui transportait vers Constantinople les reliques de saint Étienne. L'imagerie diabolique est particulièrement abondante et efficace à Chartres. Et ce n'est sans doute pas seulement par goût du pittoresque que les artistes ont ainsi multiplié le visage de l'Ennemi : c'était affirmer une fois de plus que le Mal était présent partout, qu'il rôdait dans l'ombre à côté de chaque fidèle et qu'il fallait *réellement le voir* afin de l'exorciser. Car c'était une des fonctions de la cathédrale de pratiquer l'exorcisme pour le plus grand nombre. Et comment concevoir Notre-Dame de Chartres comme un Temple de la Vierge triomphante sans y pratiquer ce genre de rituel nécessaire pour une purification en profondeur et une « néantisation » des pulsions mauvaises et ombreuses de l'être humain ?

Cela dit, les vitraux de Chartres recèlent bien d'autres légendes hagiographiques ou simplement héroïques ou épiques. On s'étonne en particulier d'y découvrir de nombreuses figurations de l'histoire légendaire de Roland. Il existe ainsi un très beau « Vitrail de Charlemagne ». Dans le cercle inférieur, on y voit Charlemagne ordonner la construction d'une église en l'honneur de saint Jacques à Pampelune. Plus haut, c'est la floraison des lances portées par ceux qui vont mourir à Roncevaux, et à côté, une vue d'ensemble de la bataille elle-même. Dans le losange, est figuré le combat entre Roland et le païen Ferragut. Il y a également le retour de Charlemagne en France, Roland en train de sonner du cor, Roland essayant de briser son épée Durandal. Tout cela semble évidemment une illustration de *La Chanson de Roland*, texte qui eut, on le sait, un énorme succès aux XIIe et XIIIe siècles.

Ces représentations de la légende de Roland sont prolongées par la statue de Roland lui-même sur le porche sud, statue surmontant une étrange scène sur le socle : au centre, on peut voir une colonne supportant une idole grimaçante ; à gauche, un roi couronné tenant une épée aujourd'hui brisée et levant sa main droite vers l'idole, pliant un genou à terre ; de l'autre côté, un chevalier en cotte de mailles agenouillé, tendant son bras droit vers l'idole. Il s'agit bien entendu de l'épisode de la trahison de Ganelon : le « parâtre » de Roland fait serment au roi païen Marsile de lui livrer le héros, tandis que le roi jure de le tuer. Il est évident qu'on a établi un parallèle entre cette trahison de Ganelon et celle de Judas l'Iscariote. Dans l'imagerie médiévale, et aussi dans les traditions, Roland devient une sorte de martyr qui sauve la Chrétienté du péril des Sarrasins. On le voit ainsi, en Italie, à la cathédrale de Vérone. Et les vitraux de Chartres lui accordent une importance particulière, faisant d'ailleurs une curieuse allusion à la naissance irrégulière supposée du personnage. En effet, le vitrail de Charlemagne est dominé par la messe de saint Gilles, épisode légendaire où la tradition prétendait que Charlemagne n'avait pas eu le courage d'avouer un grave péché, l'inceste qu'il avait commis avec sa sœur Gisèle, d'où serait né Roland. Dans ces conditions, la mort de Roland à Roncevaux et la douleur de Charlemagne apparaissent avec une valeur de rédemption envers la faute commise. En tout cas, le motif de la messe de saint Gilles revient trois autres fois dans la cathédrale, sur un vitrail, sur une peinture murale de la crypte et dans une sculpture du portail sud. Tout se passe comme si, en insistant sur le péché qui a présidé à la naissance de Roland, on avait voulu montrer le parcours spirituel du héros, devenu, d'après la « Chronique du Pseudo-Turpin », un véritable « martyr du Christ » au moment de sa mort. N'oublions pas non plus que c'est l'époque des Croisades et que le pape Alexandre II, en 1063, avait promis la rémission de leurs péchés à tous ceux qui iraient en Espagne combattre les Sarrasins.

Il y a bien d'autres récits historiés dans les vitraux de Chartres, dont les sujets sont autant tirés de la Bible que de l'hagiographie populaire. La parabole du Bon Samaritain est mise en parallèle avec l'histoire d'Adam et Ève, comme pour établir le rapport entre le blessé secouru charitablement et le genre humain maudit mais racheté par l'amour de Jésus-Christ. On peut également suivre le véritable roman d'aventures qu'est la vie de saint Eustache, l'histoire de Joseph avec toutes ses péripéties et la caravane du vieux Jacob qui s'en va vers l'Égypte, les épisodes de la vie de Noé sur fond de Déluge, et les images savoureuses de la vie de saint Lubin, sans oublier la sobre tragédie de Thomas Becket. La lecture de toutes les verrières de Chartres nécessiterait des semaines et des semaines de patience : toutes sont dignes d'intérêt, et, ce qui ne gâte rien, toutes sont d'une exceptionnelle beauté.

Il ne faut cependant pas oublier que toutes ces richesses à la fois religieuses et artistiques font partie de la cathédrale du XIIIe siècle, même si celle-ci a hérité de quelques vestiges de l'édifice antérieur. C'est en dessous de l'actuel sanctuaire qu'on retrouvera, sinon l'édifice archaïque, du moins les restes les plus émouvants et les plus évocateurs de ce qu'il y avait avant, sur ce tertre sacré de Chartres. C'est en effet la crypte qui conditionne l'élaboration définitive du monument et les grandes lignes de son architecture.

Cette crypte, dite de saint Fulbert, qui n'est ouverte au culte que le matin et qui n'est visible pour les visiteurs qu'à certaines heures, sous le contrôle attentif d'un guide, est d'une extrême complexité. Et elle pose des problèmes qui n'ont jusqu'à présent guère été résolus, ou qu'on s'est bien gardé de résoudre. Dans son plan général, elle a la forme d'un immense fer à cheval : il s'agit en fait de deux galeries qui se rejoignent par une courbe, sous le chevet de la cathédrale. La crypte de saint Fulbert est la plus vaste du monde après Saint-Pierre de Rome et Canterbury, mais elle offre d'étranges particularités. En effet, elle a été construite de 1120 à 1130, sous la direction de Fulbert, évêque de Chartres, après l'incendie et la destruction de l'ancienne cathédrale carolingienne, bâtie après 858, et dont il ne subsiste actuellement que la crypte Saint-Lubin, à un niveau encore inférieur (et à peine exploré), juste sous l'emplacement du maître-autel. L'intention délibérée était d'en faire un sanctuaire souterrain au-dessus duquel s'est édifiée la cathédrale romane. Mais, pour ce faire, les constructeurs ont utilisé ce qui restait des murs de la cathédrale carolingienne : en fait, la crypte de saint Fulbert enserre complètement l'ancienne cathédrale dévastée par les flammes, d'où sa forme de fer à cheval. Il s'ensuit que la cathédrale carolingienne se situait exactement au niveau actuel de la crypte, ce qui était alors le rez-de-chaussée au sommet du tertre. Cela ne résout d'ailleurs absolument pas le problème de la crypte Saint-Lubin qui est à niveau inférieur : a-t-elle été bâtie en même temps que le sanctuaire carolingien, ou bien était-ce un vestige d'un monument encore inférieur ? Il semble, d'après la composition des murailles (mélange de pierres et de substrats gallo-romains), que la crypte Saint-Lubin ait été plus ancienne. D'ailleurs, on sait qu'il a existé, avant 858, un édifice primitif qui servait depuis longtemps d'église cathédrale. Mais on ne peut douter que cette crypte de saint Fulbert a joué un rôle très important dans la vie religieuse de la cathédrale. C'est là, dans la galerie méridionale, que se trouvaient les fonts baptismaux, ce qui fait supposer qu'il fallait d'abord passer par la crypte avant d'atteindre le niveau supérieur. Il y a là un souvenir de l'antique initiation demandée aux catéchumènes, ceux-ci devant parcourir un périple spirituel et parfois matériel avant d'être admis aux mystères de la célébration eucharistique.

Et puis, surtout, c'est dans cette crypte, du côté nord, que se trouve l'étrange « Puits des Saints Forts ». Objet de vénération pendant de nombreux siècles, il a été ensuite comblé par le clergé pour éviter des manifestations de piété qui plongeaient un peu trop dans le paganisme, et il a été restauré. Il est certain que ce puits, très ancien, se trouvait *en dehors de la cathédrale carolingienne,* et bien sûr en dehors de l'édifice primitif. La tradition chartraine n'est pas très claire sur ce puits et sur le culte dont il a été l'objet. Selon la chronique du moine Paul, c'est dans ce puits qu'auraient été jetés les corps de deux chrétiens victimes des pirates danois, lors du siège de Chartres par les Hommes du Nord en 858, d'où la vénération dont on entoura ce lieu et la dénomination de « Saints Forts ». Tout cela est sujet à caution. Car la vieille Chronique de Chartres raconte que du vivant même de saint Pierre, les saints Altin et Éodald, envoyés par lui en Gaule avec les saints Savinien et Potentien (plus spécialement chargés de l'évangélisation du pays de Sens, où se trouvait la métropole religieuse), avaient trouvé à Chartres une église déjà fondée et qu'ils n'auraient eu ainsi qu'à consacrer. Mais, ce faisant, ils auraient provoqué la colère du gouverneur romain Quirinus, persécuteur des Chrétiens, dont sa propre fille, Modeste. Il avait ordonné de tuer les missionnaires et de jeter leurs corps dans un puits situé près de l'église du lieu. Tout est bien confus, d'autant plus que le clergé médiéval faisait tout pour rattacher la fondation d'un diocèse, ou même d'une paroisse célèbre, à l'époque apostolique : c'était ainsi donner, pensait-on, une preuve absolue de l'authenticité de la fondation. Mais, de plus, dans les chroniques ultérieures, Altin et Éodald disparaissent et on ne retient plus que les noms de Savinien et de Potentien. Ces deux saints se virent même attribuer des chapelles non loin du puits et de la chapelle de Notre-Dame de Sous-Terre. Le chroniqueur Roulliard, qui écrivait au temps d'Henri IV, rapporte même que derrière l'autel de la Vierge, « il y a comme un petit cachot ». Il n'en fallait pas plus pour que l'imagination brodât : on en fit la prison de Savinien et de Potentien, en précisant, d'après la Vieille Chronique, que Altin et Éodald avaient pu s'enfuir. En fait, ce fameux cachot n'est qu'un placard, qu'on a retrouvé lors de fouilles récentes en 1976. Et quoi qu'il en soit de ce puits, et de son origine vraisemblablement très ancienne (en relation avec des cultes pré-chrétiens), il a fermement acquis sa réputation de « Puits des Saints Forts », désignant ainsi Savinien et Potentien dont les chapelles s'ouvrent toujours dans la crypte, chapelles qui datent du XIe siècle, comme celle réservée à Notre-Dame de Sous-Terre. Au début du XIIIe siècle, on y a ajouté quatre autres chapelles, caractérisées par des voûtes d'ogives rudimentaires et des fenêtres plus importantes.

Au cours de différents travaux d'aménagement et de fouilles, on a découvert des peintures murales auparavant recouvertes par différents enduits. Dans la galerie du sud, il s'agit d'une fresque dans un style qui rappelle étrangement la célèbre Tapisserie de Bayeux. Et, non loin de la chapelle Saint-Savinien, c'est une figuration de la Vierge. Les caractéristiques de cette peinture permettent d'en fixer la date d'élaboration aux environs de la fin du XIIe siècle. « La Vierge et L'Enfant ont cette frontalité qui caractérise les Vierges de Majesté de l'époque romane. La Vierge est couronnée, mais d'un diadème plat, sans fleurons... Les traits du visage sont graves... Le visage du Christ n'est pas non plus un visage d'enfant, c'est le visage du Dieu fait homme de l'éternelle Sagesse : pour les artistes romans, ce visage devait déjà avoir les traits d'un adulte. L'Enfant, d'un geste large, bénit de la main droite, tandis que sa main gauche tient probablement le sceptre [1]. »

Le type de cette représentation est assez voisin de l'antique statue de Notre-Dame de Sous-Terre, mais n'en est absolument pas la reproduction. La Vierge est assise sur un trône dont la partie supérieure remonte assez haut, ce qui l'apparente aux figurations byzantines. C'est incontestablement une Vierge du type « Trône de la Sagesse », ce qui est conforme à la signification générale du sanctuaire de Chartres. Mais cette découverte de fresques dans la crypte de saint Fulbert laisse à penser que, dans l'ensemble roman, les manifestations cultuelles s'étendaient sur les deux niveaux, la crypte jouant alors un rôle très important, non seulement par son ornementation, mais aussi par le lien qu'elle établissait avec le passé, plus proche qu'elle était du sanctuaire d'origine. Il reste maintenant à savoir ce qu'était ce sanctuaire d'origine, ce qu'il y avait entre les deux galeries de la crypte actuelle, et surtout ce qui se trouve encore *en dessous* de ce niveau, en dehors de la crypte dédiée à saint Lubin. La compréhension de ce grand ensemble en serait évidemment facilitée.

Le grand intérêt de cette crypte de saint Fulbert est d'avoir servi à honorer la fameuse Notre-Dame de Sous-Terre. Actuellement, il y a une statue sous ce vocable dans une des chapelles de la crypte, mais ce n'est pas l'ancienne statue, car celle-ci a été détruite pendant la Révolution. Nous en connaissons malgré tout la forme et les contours grâce à de nombreux dessins et gravures, grâce aussi à deux copies qui se trouvent de nos jours au Carmel de Chartres. L'une de ces copies, plus petite que l'original, est en bois de chêne et a été exécutée au XVIIe siècle. On l'a ensuite curieusement badigeonnée de peinture noire, sans doute par souci de la mettre en parallèle avec la Vierge Noire qu'est Notre-Dame du Pilier. La seconde copie, plus élégante, est une « transposition », dans le style du début du XVIIIe siècle, de l'antique représentation de Notre-Dame. Le sculpteur inconnu a en effet pris

1. *Notre-Dame de Chartres*, n° 26, mars 1976, p. 20.

sur lui de modifier ce qui lui paraissait trop fruste ou trop barbare, mais, dans l'ensemble, cette œuvre peut donner une idée assez exacte de ce que pouvait être le groupe ainsi vénéré depuis des siècles dans cette crypte [1].

Il y a cependant, dans la crypte, une statue de Notre-Dame de Sous-Terre. Il s'agit d'une œuvre due au sculpteur parisien Fontenelle, et qui fut mise en place le 15 septembre 1857. L'artiste avait eu communication de tous les documents concernant l'ancienne statue. Mais il fit tout à fait autre chose. D'abord, la statue originale ne dépassait pas 80 centimètres. La nouvelle mesure 92 centimètres sans le socle. Ensuite, le visage de la Vierge, au lieu d'être majestueux, même sans son archaïsme, est véritablement doucereux et sans caractère. Enfin, des enjolivures sur le fauteuil, des dorures sur les rehauts, ne sont pas forcément du meilleur goût. Cela donne raison à ce que disait déjà en 1869 l'archéologue chartrain Paul Durand : « Il est à regretter que l'artiste qui l'a exécutée ne se soit pas conformé avec une scrupuleuse exactitude au groupe original. Ce qui est plus fâcheux encore, c'est la médiocrité de cette sculpture : quand on est habitué au caractère sérieux et élevé des œuvres anciennes, on ne peut voir sans chagrin les personnages représentés avec ces physionomies insignifiantes et maniérées que le mauvais goût du jour accumule dans les églises [2]. » Et encore, le malheureux Paul Durand n'avait pas eu le loisir de contempler les horreurs du sanctuaire de Lourdes ou celles de Fourvière !

Quoi qu'il en soit, Notre-Dame de Sous-Terre est là, à sa place, rappelant ainsi la tradition selon laquelle, à cet emplacement, bien avant la naissance de Marie, les Druides honoraient une *Virgo Paritura*. D'ailleurs, une inscription, sur le socle de la statue, au datif *Virgini pariturae*, le fait savoir aux pèlerins et touristes qui ont la chance de parvenir jusque-là.

---

1. Ces deux copies, qui sont conservées au Carmel de Chartres, ne sont pas visibles pour le public.
2. Société archéologique d'Eure-et-Loir, *Procès-Verbaux*, IV, p. 235.

Certes, l'ancienne statue n'était certainement pas celle que vénéraient les Druides. Elle ne remontait pas plus haut que le XIIe siècle. D'ailleurs, cette tradition concernant les Druides qui auraient *prévu* la Vierge Marie n'apparaît qu'au XIVe siècle, et encore sans la mention des Druides, qui, eux, ne sont nommés que dans la Chronique de Rouillard, contemporain d'Henri IV. Cette histoire de statue consacrée à une « Vierge sur le point d'enfanter » qui aurait été la préfiguration de Marie, mère de Jésus, n'est qu'une fable inventée après coup par le clergé chartrain, désireux d'asseoir la très haute antiquité du culte et du pèlerinage de Notre-Dame de Chartres. Mais cette fable a pourtant une origine : on ne doit pas oublier que, dans la tradition celtique druidique, les visages de déesses-mères ne manquent pas. Il est probable qu'au Moyen Âge, les habitants du pays avaient vaguement entendu parler du culte rendu par les Druides à une quelconque déesse-mère. Il était donc nécessaire de récupérer cette tradition et de la canaliser, ce qui fut fait grâce à Notre-Dame de Sous-Terre. Cela donnait bonne conscience à tout le monde.

Il ne faut cependant pas se méprendre sur la valeur profonde de la présence de cette Notre-Dame de Sous-Terre à proximité immédiate du Puits des Saints Forts, dans cette crypte quelque peu énigmatique, à un endroit qui paraît bien être le centre tellurique de la cathédrale. Ce n'est certainement pas par hasard si, de tous temps, la statue de la Vierge a été placée là. Ce n'est pas non plus par hasard si, au niveau supérieur, on y a placé la statue de la Vierge Noire, *sur un pilier* qui, avant tout, symbolise l'axe du monde, et qui, sur un plan pratique, relie en quelque sorte le sanctuaire d'en bas à celui d'en haut. Et puis, on doit reconnaître que le sous-sol de Notre-Dame de Chartres est loin d'avoir été exploré systématiquement. On a beaucoup parlé d'une grotte qui se trouverait bien au-dessous de la crypte de saint Fulbert, encore plus bas que la crypte de saint Lubin. Les avis des archéologues et des chercheurs divergent sur ce point. Le fait qu'on ne l'ait point encore trouvée ne veut pas dire qu'elle n'existe pas. Mais en admettant qu'elle existe, qu'est donc cette grotte ? Sûrement pas une grotte druidique, les prêtres celtes officiant seulement en plein air, dans des clairières ou sur des tertres. Tout au plus ce pourrait être une *cella* gallo-romaine, puisqu'une fois la Gaule romanisée, les Celtes se sont mis à bâtir des temples, ce qu'ils n'avaient jamais fait auparavant. Mais, étant donné la succession des religions et des civilisations, ce pourrait aussi bien être un dolmen ou une allée couverte datant de l'époque néolithique, c'est-à-dire de deux à quatre mille ans avant J.-C. On sait en effet que de nombreux monuments mégalithiques recèlent, sur leurs supports intérieurs, des figurations d'une déesse-mère [1], notamment en Bretagne armoricaine et en Irlande. Or, la région de Chartres était autrefois riche en monuments de ce genre, et il existe encore actuellement, non loin de là, dans la vallée de l'Eure, à Changé-Saint-Piat, une allée couverte qui comporte précisément une représentation de ce que les archéologues appellent une « idole en forme d'écusson », ou encore « en forme de marmite », dans laquelle il n'est pas difficile de reconnaître l'antique Déesse des Commencements. Alors, qu'en est-il exactement ? Nous l'ignorons. Mais ce n'est sans doute pas un hasard si le culte de Vierge-Mère s'est ainsi magnifié à Chartres, sur ce tertre sacré qui a peut-être donné son nom au peuple des Carnutes, et donc à la ville [2].

Quoi qu'il en soit de tous ces problèmes posés par la crypte saint Fulbert, il existe actuellement à Chartres une cathédrale vouée au culte de la Vierge Marie, présentée dans son triomphe et dans son rôle de Trône de la Sagesse, sur un emplacement qui a dû, de tous temps, être un endroit sacré, un de ces lieux où s'accomplissent les délicats échanges entre le monde humain et le monde divin. Et de plus, cette cathédrale Notre-Dame de Chartres est à la fois l'un des plus beaux et des plus complets monuments que

---

1. Voir dans la même collection, J. Markale, *Carnac et l'énigme de l'Atlantide*, Paris, Pygmalion, 1987.

2. L'étymologie du nom des Carnutes est controversée, mais il est possible d'y voir un dérivé d'un mot pré-indo-européen, *car* ou *carn* , signifiant « tertre sacrée ».

le passé médiéval nous ait légués. Si la Vierge Marie peut être considérée comme l'incarnation même de la Perfection, de la Totalité, alors la cathédrale de Chartres est le symbole inscrit éternellement dans la pierre de cette Perfection et de cette Totalité.

III

CHARTRES AU VENT DE L'HISTOIRE

Chartres doit donc son nom au peuple gaulois des Carnutes qui, à l'époque de la guerre des Gaules, occupait un vaste territoire comprenant la Beauce proprement dite, l'Orléanais et le Blésois, limité au nord par la forêt de Dreux qui le séparait du domaine des *Aulerci Eburovices,* à l'est par le massif de Rambouillet qui le séparait des *Parisii,* au sud-est, au-delà de Saint-Benoît-sur-Loire, par des forêts maintenant disparues, des *Senones,* au sud, au-delà de la Loire, et englobant la Sologne, par le Cher, des *Bituriges,* à l'est, par les massifs de Vibraye et les premières collines du Maine, des *Turones* et des *Aulerci Cenomani.* Ce territoire des Carnutes était, aux dires de César, alors considéré comme le centre de la Gaule, et c'est là que se trouvait le grand sanctuaire où se réunissaient chaque année les Druides de la Gaule entière.

A cette même époque, Chartres s'appelait *Autricum,* ce qui signifie « Gué sur l'Eure », cette rivière portant le nom primitif, d'ailleurs pré-indo-européen, d'*Atura* [1]. César ne fait aucune mention d'Autricum, et le nom n'apparaît qu'au IIe siècle de notre ère, dans

1. C'est ce même terme qui a donné le nom de l'Adour. Il devait signifier « eau courante » et il est passé en gaulois sous la forme *dubro,* reconnaissable dans la Dore et la Dordogne (« eau profonde »), devenue ensuite *dour* (vannetais *deur*) en breton armoricain.

la *Géographie* de Ptolémée, puis sur la célèbre « Table de Peutinger » dressée au IIIe siècle, où l'on voit que la ville est reliée d'une part à Dreux et à l'estuaire de la Seine, d'autre part au Mans et à l'Aquitaine. Au temps de la guerre des Gaules, Autricum n'a pas dû jouer un grand rôle. Par contre, *Genabum* (ou *Cenabum*), c'est-à-dire Orléans (ou Gien, les avis divergent sur cette localisation), semble avoir été le centre le plus important des Carnutes, ce qui est logique étant donné sa situation, sur les rives d'un large fleuve permettant une navigation plus intense que sur l'Eure. Tout laisse à penser que Genabum fut alors le centre politique et militaire du peuple des Carnutes, ce qui renforce l'hypothèse qu'Autricum était plutôt un sanctuaire qu'une ville-forteresse. Au reste, chez les Gaulois, en dehors des zones méridionales influencées par l'urbanisme méditerranéen, il n'y a jamais eu de véritables villes au sens où nous l'entendons aujourd'hui. Quand César, dans ses *Commentaires*, parle de villes gauloises, il s'agit en fait de forteresses occupées seulement en cas de guerre, ou à l'occasion des assemblées ou des marchés, ou encore de forteresses-sanctuaires (comme l'était Alésia). Mais cela ne veut pas dire que les Carnutes n'eussent point d'autres centres importants. Si la toponymie d'origine gauloise est extrêmement réduite dans la Beauce proprement dite, elle devient riche sur les pourtours de celle-ci, comme en témoignent les noms de Dreux (des *Durocassi*, peuple client des Carnutes), Châteaudun (qui est une tautologie, puisque le mot français double le terme gaulois *duno*), Vendôme (qui est un superlatif, « la très blanche »), Blois (littéralement « les loups », voir le breton *bleizh*), le Beuvron (« rivière des castors », comme la Bièvre parisienne) ou encore Salbris (« pont sur la Sauldre »), sans compter de nombreux Nogent (*Novientum*, « nouveau village ») notamment dans la vallée de l'Eure qui draine en grande partie ce pays des Carnutes.

Cette importance et cette extension des Carnutes ne doivent pas faire oublier que la région était peuplée bien avant l'arrivée des Celtes. On a retrouvé aux alentours de Chartres, et notamment dans la vallée de l'Eure, de nombreux dolmens, ce qui prouve l'occupation des lieux par les constructeurs de mégalithes, entre le quatrième et le second millénaire avant notre ère. Et cette occupation a dû se poursuivre pendant tout l'Âge du Bronze. Mais il est vraisemblable que seules les vallées creusées par les rivières étaient habitées. Le reste devait être une immense forêt qu'on a peine à imaginer aujourd'hui, et dont il ne subsiste que les fragments sur les pourtours. Mais toutes les traditions, y compris le témoignage historique de César, convergent pour faire du pays des Carnutes une grande forêt.

C'est alors que se pose le problème du nom de la Beauce. Incontestablement, le nom provient d'un terme gaulois passé en latin sous la forme *Belsa,* et l'on a prétendu que *belsa* signifiait « clairière ». La Beauce, autour de Chartres, aurait été une immense clairière environnée de forêts impénétrables, ce qui justifie amplement l'indication donnée par César de grand sanctuaire central de la Gaule, car l'on sait que le culte druidique était célébré dans le *nemeton,* c'est-à-dire dans une clairière au milieu de la forêt. Chartres occuperait alors une place médiane dans cette sorte de géographie sacrée, ce qui pourrait bien être un « omphallos », c'est-à-dire un milieu symbolique du monde. Mais *Belsa* peut également contenir le terme *Bel* qui est le radical générique du nom de la divinité de lumière chez les Celtes, Bélénos (le Brillant) et Bélisama (la très Brillante), Beli dans la mythologie galloise. On pourrait alors considérer la Beauce comme étant la « clairière » ou le « sanctuaire » (ce qui, chez les Gaulois, revient au même) de Bel ou de Bélénos, cette épithète servant à désigner la plupart du temps le dieu Lug, le Multiple-Artisan, le dieu hors fonction, que César, en l'assimilant à Mercure, signale comme étant la plus honorée des divinités gauloises. Quoi qu'il en soit du sens étymologique du mot *Belsa,* on doit se rendre à l'évidence : à l'idée de clairière est liée l'idée de sanctuaire, et de toute façon, il n'y a clairière ou sanctuaire que s'il y a forêt. On retombe donc sur la forêt sacrée des Carnutes dont parle César.

On n'a retrouvé aucun vestige archéologique déterminant de la période celtique tant à Chartres qu'aux alentours. Tout ce qu'on peut affirmer, c'est que bien avant l'occupation romaine, le site de Chartres, Autricum, était, sinon une ville, du moins une forteresse-sanctuaire des Carnutes. Cependant une donnée mise en relief au XIXe siècle, mais discutée de nos jours, est susceptible d'apporter des éléments nouveaux sur le rôle exact d'Autricum. Il s'agit des traces d'un important vallonnement qui contournait la ville de Chartres, du nord-est au sud-est, sur près de deux kilomètres, et qui était encore bien visible au siècle dernier, avant l'extension de l'urbanisation chartraine. « Ce mouvement de terrain, assurément artificiel, se présentait comme un fossé bordé de talus dont les crêtes parallèles paraissent avoir été distantes de plus de 40 mètres. On le suivait depuis la rue de Fresnaye jusqu'aux abords de l'hôpital. Aujourd'hui, il n'est plus visible qu'en un lieu dit la Citadelle (depuis quand ?), immédiatement au sud de la rue de Rechèvres, là où cet ouvrage était le plus abrupt au moment de son relevé [1]. » Les archéologues du XIXe siècle y avaient vu les traces d'un camp romain, ce qui est absolument aberrant, vu la surface ainsi concernée. « L'examen de la carte montre que cet ouvrage pouvait se prolonger dans les deux sens jusqu'à rejoindre l'Eure, au nord, en un point nommé la Barre-des-Prés (dénonçant une antique défense) et, au sud, en suivant la rue de Reverdy qui succède à un ancien chemin, dans le secteur de Saint-Martin-en-Val. Il aurait ainsi dessiné un arc de près de quatre kilomètres limitant un espace de quelque 250 hectares [2]. » C'est considérable, et c'est très intriguant. Jamais, dans les temps anciens, on n'a mentionné cet ouvrage, si ce n'est en 1438, où, devant la menace anglaise, on nous dit que l'on répara les « tranchées de Nicochet, Mautrou et Saint-Lubin ». Or, ces trois dénominations désignent des lieux où la circonvallation en question coupe les routes du Mans

1. Notes ?
2. Roger Joly, *Histoire de Chartres*, Roanne, éd. Horvath, 1982, pp. 9-10.

et de Châteaudun, et l'antique chemin dit des Comtesses.

Donc il s'agissait bien d'une enceinte qui était tombée en désuétude et que l'on s'efforça de rendre opérante face aux troupes anglaises. Mais à y réfléchir, ce ne pouvait être que des fortifications avancées et non les défenses véritables de la ville, car compte tenu de la population, il eût été totalement impossible de défendre dans son intégralité un périmètre aussi étendu. Alors, une question se pose : cette circonvallation représente-t-elle vraiment un ouvrage militaire défensif ? « A la lumière des théories récemment construites sur des observations multiples effectuées dans toute l'Europe occidentale, ne pourrait-on voir là une de ces enceintes proto-historiques dont la fonction semble avoir été plus symbolique que défensive et qui marquerait ainsi l'antiquité et l'importance du site de Chartres ? Seule une fouille archéologique, d'ailleurs particulièrement délicate, pourrait permettre de vérifier cette hypothèse [1]. » Mais en tant que telle, l'hypothèse est séduisante, surtout si on l'évoque à propos du grand sanctuaire druidique du pays des Carnutes : n'y aurait-il pas là les limites d'une enceinte sacrée ?

Une fois la conquête romaine bien assurée, Autricum devint peu à peu une ville gallo-romaine et prit le nom de ses habitants. En trois siècles, l'agglomération se développa sur une surface qui, par la suite, ne varia que très peu jusqu'à la veille de la Seconde Guerre mondiale. Et là, les témoignages archéologiques ne manquent pas. Les plus importants vestiges se trouvent aux abords de la cathédrale, dont la crypte qui recèle des structures nettement romaines. L'église Saint-André s'élève à l'emplacement d'un théâtre ou d'un amphithéâtre dont le tracé courbe a influencé la topographie du quartier. Et l'on a mis à jour les restes d'une importante construction dans le faubourg Saint-Brice, près du point où se rejoignaient pour franchir l'Eure les routes venant d'Orléans et de Blois. L'étude des voies romaines montre d'ailleurs que Chartres était un important carrefour : des relations privilégiées

1. R. Joly, *Histoire de Chartres*, p. 11.

avaient été établies avec Orléans et avec Blois, mais il y avait aussi des routes vers Rouen, par Dreux, et vers la péninsule armoricaine par Le Mans, vers le Cotentin (et le Mont-Saint-Michel) par Mortagne et Domfront. Par contre, les relations avec Paris ne semblent guère assurées, du moins directement. Chartres, pendant l'Empire, relevait de Lyon (Lugdunum), mais par l'intermédiaire de Sens, la capitale des Gaulois *Senones*, qui sera d'ailleurs, à l'époque chrétienne, le siège de l'archevêque métropolitain dont dépendra l'évêque de Chartres. Et l'on sait qu'au milieu du IIIe siècle, Chartres avait la réputation d'être la seconde ville de la IVe Lyonnaise, après Sens.

Mais vers 270, une période de déclin commença, provoquée, semble-t-il, par les premières invasions des Germains. La ville subit d'importantes destructions et des quartiers entiers semblent avoir été abandonnés. Seuls le sommet du plateau, pour des raisons stratégiques, et les rives de l'Eure, pour des raisons économiques, purent maintenir leurs activités. Et, dans le même temps, le Christianisme commençait à envahir l'Empire, influant considérablement sur les modes de vie et les comportements.

L'hagiographie locale fait remonter la christianisation de Chartres à la période apostolique, c'est-à-dire vers le milieu du Ier siècle. C'était la volonté délibérée du clergé chartrain d'afficher cette croyance, sans doute pour mieux récupérer ce qui demeurait des anciennes traditions païennes particulièrement vivaces et d'une haute tenue spirituelle : pour le clergé médiéval, il n'y avait pas de hiatus entre le Druidisme et le Christianisme, le passage s'étant fait normalement de l'un à l'autre à partir du moment où le message évangélique venait confirmer *dans l'Histoire* ce que les mythes celtiques enseignaient depuis de longs siècles, à commencer par le thème de la « Vierge sur le point d'enfanter ». On sait maintenant d'une façon certaine que tout cela n'est que légende. Mais attention, il n'y a jamais de légende sans une réalité cachée. Le clergé chartrain, nous le verrons, n'avait pas tout à fait tort en affirmant cette continuité entre un Christianisme qu'il connaissait bien et un Druidisme qu'il imaginait à travers les traditions orales dont toutes n'étaient pas forcément discutables.

Certes, comme dans toutes les autres villes de la Gaule romaine, il a dû y exister de petites communautés de chrétiens, mais celles-ci se faisaient discrètes et se trouvaient dans une véritable clandestinité : il ne faut pas oublier que le Christianisme a commencé, en Occident, par être un groupement de petites sectes, plus ou moins hors la loi et plus ou moins persécutées par le pouvoir impérial. Mais il faut attendre 340 pour que Chartres soit dotée d'un évêque en la personne d'Aventin. Il ne devait pas y avoir d'église auparavant, ni à plus forte raison de cathédrale. On peut supposer que les chrétiens clandestins se réunissaient dans des maisons particulières, notamment dans le faubourg où se dresse maintenant Saint-Martin-au-Val, l'un des lieux de sépulture des premiers évêques, ou encore dans le quartier dit de Saint-Chéron, qui n'est en réalité qu'un tertre sacré païen, *sanctus caraunus*, devenu par suite d'une méprise (*caraunus* considéré comme un nom propre, alors que cela signifie simplement « tertre ») la résidence d'un mythique saint Chéron, pourtant fort révéré dans toute la Beauce, et qui, comme saint Georges et saint Christophe (inexistants eux aussi, d'après l'Église romaine contemporaine), a accompli de nombreux miracles en faveur de ceux qui l'ont imploré. Donc, à partir d'Aventin, l'Église existe officiellement à Chartres. C'est possible depuis l'édit de Constantin, de 313, qui donnait droit de cité à la religion chrétienne, mais seulement droit de cité. Le Christianisme coexistait alors avec d'autres religions, y compris la religion métroaque (culte de Cybèle, plus ou moins mêlé au culte de Mithra). Mais bientôt, l'édit de Théodose supprime ces autres religions et institue le Christianisme comme unique religion de l'Empire. C'est alors que Chartres va devenir un centre actif de christianisation des campagnes, en relation avec les prédications de saint Martin de Tours.

Comme dans bien d'autres villes, il y a eu à Chartres différents sanctuaires indépendants les uns des autres, mais réunis ensuite sous l'autorité de l'évêque et constituant ainsi ce qu'on appelle un groupe cathédral. Les différentes fouilles volontaires ou fortuites réalisées lors de travaux d'urbanisation ont mis en évidence un nombre impressionnant d'églises aujourd'hui disparues. Il y avait même, à l'ouest du parvis de la cathédrale actuelle, une chapelle Sainte-Même, qui passait pour être le plus ancien sanctuaire de la ville. Elle fut démolie en 1790 alors qu'elle servait depuis très longtemps de magasin pour les grains. Et il est possible que l'église Saint-Aignan ait été plus ancienne que le premier édifice de la cathédrale. Mais là, on ne peut que formuler des hypothèses tant que l'on n'aura pas fouillé en profondeur sous l'ancienne cathédrale carolingienne.

Ce qu'il faut retenir, c'est que la cathédrale n'a pas été d'emblée vouée à la Vierge Marie. C'est seulement dans la seconde moitié du VIe siècle qu'on a pris l'habitude de placer un sanctuaire sous le vocable d'un saint. Mais le vocable a certainement été utilisé très tôt. La fête de la dédicace de la cathédrale se situe en effet le 8 septembre, jour de la Nativité de Notre-Dame. C'est très révélateur de la volonté de la communauté chartraine de mettre en valeur *la Vierge sur le point d'enfanter*, et cela explique la diffusion, par la suite, de la légende de la *Virgo Paritura*. Était-ce par souci d'assurer à l'église chartraine une certaine prééminence dans la dévotion à Marie ? Ou bien était-ce pour récupérer un culte rendu depuis des siècles, en ces mêmes lieux, à une déesse mère ? La question reste posée.

Cependant, à partir du règne de Julien l'Apostat, la Gaule reçoit des éléments germaniques en grande quantité, en tant que fédérés, c'est-à-dire vivant sous leurs propres lois, ou en tant que *lètes,* c'est-à-dire dotés d'un statut spécial qui les obligeait à participer à la défense du territoire. Ainsi, près d'Orléans, se créa le bourg d'Allaines, peuplé d'Alains. Quant à Chartres, la ville sera la résidence d'un préfet de *lètes* teutons. Et c'est en 486 que Chartres, l'une des dernières villes sous administration romaine, fut rattachée au nouveau royaume de Clovis. On sait que l'évêque de Chartres, saint Solenne, fut un des trois clercs que choisit le roi des Francs pour s'instruire dans la foi du Christ.

A la mort de Clovis, ses fils luttèrent férocement pour s'assurer le pouvoir, et dans ces circonstances, Chartres changea bien souvent de maître, pendant près d'un siècle ; et vers l'an 600, Thierry, fils de Childebert, mit le siège devant la ville. Les chroniques racontent qu'il aurait capturé par ruse l'évêque Béthaire, mais que celui-ci, par sa force de caractère, aurait gagné le respect du vainqueur et obtenu ainsi la sauvegarde de la ville. Ce fait prouve en tout cas l'importance de l'église chartraine, tant du point de vue politique que du point de vue religieux. Et lorsqu'à la mort de Thierry, Clothaire II parvint à réunifier le royaume franc, il fit de Béthaire son chapelain.

C'est l'époque où l'on se mit à fonder de nombreux établissements ecclésiastiques, en particulier Saint-Martin-au-Val, Saint-Chéron, l'abbaye Saint-Maurice et celle de Saint-Père-en-Vallée, qui bénéficia des libéralités de la reine Bathilde, épouse de Clovis II, ainsi que le prieuré Saint-Lubin-des-Vignes. On peut également supposer que furent construites, en ce même temps, des églises paroissiales en dehors des murailles de la ville, comme Saint-Michel, Saint-Saturnin, Sainte-Foy et la Madeleine-de-Saint-Jean. A la fin de l'époque mérovingienne, Chartres apparaît à la fois comme une puissante forteresse et comme une sorte de « ville sainte » où la vie religieuse est particulièrement développée.

En 743, Hunald d'Aquitaine, en révolte contre Carloman et Pépin le Bref, fils de Charles Martel, incendia Chartres, « sans épargner l'église consacrée à la Mère de Dieu », affirment les *Annales de Metz*. C'est peut-être en signe de réparation que Pépin le Bref fit don à l'église de Chartres d'une partie de la forêt des Yvelines, donation confirmée en 768 lorsque Pépin fut devenu roi. Selon la Chronique du moine Paul, Chartres était alors « une ville très peuplée et la plus riche des villes de Neustrie, très célèbre par la hauteur de ses murailles, la beauté de ses édifices et la culture des Beaux-Arts ». Mais les fils de Charlemagne, en se disputant le pouvoir, faillirent la détruire. On sait que, finalement, Chartres échut à Charles le Chauve. Mais en ce temps de Renaissance carolingienne, un autre danger se fit menaçant, celui représenté par les Normands. Et quand la Beauce fut directement menacée, ce fut l'évêque Hélie qui reçut mission de renforcer les troupes qu'il avait d'ailleurs à charge d'entretenir de façon permanente. Mais les Hommes du Nord, après avoir ravagé le Perche, sous la conduite du chef Hasting, parvinrent à s'emparer de Chartres le 12 juin 858. La ville fut pillée et incendiée, et une partie de la population massacrée. L'évêque Frotbold fut lui-même tué dans son église, ou peut-être jeté dans l'Eure en tentant de s'enfuir. Toujours selon la Chronique du moine Paul, les survivants, après avoir rassemblé les restes calcinés des victimes, les auraient précipités dans un puits existant dans la cathédrale, puits appelé depuis lors le « Lieu Fort », parce que « les mérites de leurs cendres y faisaient beaucoup de miracles ». On peut voir là l'origine du Puits des Saints Forts. Mais on sait que ce Puits des Saints Forts se trouvait en dehors de la cathédrale carolingienne.

En tout cas, neuf ans après le coup de main d'Hasting, en 867, Charles le Chauve convoque à Chartres un plaid général afin de décider des mesures à prendre contre Salaün, roi de Bretagne. Et, en 876, il offre solennellement à Chartres la précieuse relique qu'est la « Chemise de la Vierge », soi-disant donnée à Charlemagne par l'empereur de Constantinople [1]. Le dépôt fut confié à l'évêque Gislebert, lequel avait été pendant près de trente ans notaire impérial, vivant dans l'intimité de Charles le Chauve. En ces circonstances, Gislebert s'efforça de restaurer la cathédrale, et c'est

---

1. « Deux expertises effectuées, l'une en 1793, après la profanation de la châsse, l'autre en 1927, à l'occasion des fêtes mariales, ont conclu que le tissu brodé était un travail musulman des VIIIe ou IXe siècles » (R. Joly, *Histoire de Chartres*, p. 220). C'est dire le peu de sérieux qu'il convient d'attacher aux « reliques » miraculeusement retrouvées au Moyen Âge. On sait qu'avec les multiples morceaux de la « Vraie Croix » dispersés à travers le monde, on pourrait construire un immeuble de plusieurs étages, sans parler de certains « saints » qui ont trois tibias et plusieurs crânes.

probablement lui qui fit aménager la crypte dite de Saint-Lubin.

Au printemps 911, le chef viking Rollon vint mettre le siège devant Chartres, avec une nombreuse armée, munie de machines de siège. Ce n'était pas une expédition de pillage, mais une véritable guerre : Rollon voulait en finir avec un nid de résistance qui menaçait ses lignes de communication et d'approvisionnement lors de ses expéditions vers la Loire. La défense de la ville fut assurée encore une fois par son évêque, un certain Gaucelin ou Ganselme. La résistance dura plusieurs mois, permettant ainsi l'arrivée de renforts réclamés aux ducs de Francie, de Burgondie et même de Poitiers. Au mois de juillet de cette année 911, l'évêque décida une sortie, et pour galvaniser l'enthousiasme de ses troupes, il fit arborer comme étendard la « Chemise » de la Vierge. Les Normands furent mis en déroute. Mais à la fin de la même année, le chef Rollon épousa Gisèle, fille du roi de France Charles le Simple et, lors du traité de Saint-Clair-sur-Epte, obtint les territoires qui allaient devenir la Normandie.

C'est dire l'importance de cette bataille de Chartres dans le cours de l'Histoire de France. On ne manqua pas d'attribuer la victoire des Francs à la présence de la vénérable relique. Un tel fait n'est pas nouveau. Mais il accentua davantage la ferveur du culte marial à Chartres, ainsi que la dévotion à la sainte relique. Plus que jamais, Chartres était la cité de la Vierge, de la Vierge protectrice de ses enfants, les chrétiens. Politique et religion étaient ainsi intimement liées dans l'exercice d'un culte dont les origines apparaissent comme nettement populaires, spontanées, héritées de la plus haute antiquité. Et les conséquences de la victoire chrétienne à Chartres sont incalculables : le destin de la France et de l'Europe allait être changé, et désormais, les Hommes du Nord, convertis à la foi du Christ, allaient être les plus fidèles soutiens de la Chrétienté triomphante.

Cela n'empêcha nullement un descendant de Rollon, Richard de Normandie, de saccager et d'incendier une grande partie de la ville de Chartres en 962. Il faut dire qu'alors, la situation était plutôt embrouillée, et que le comte de Chartres, connu sous le nom de Thibaud le Tricheur, était un personnage quelque peu remuant et quelque peu bizarre.

Car il y avait des comtes de Chartres. On sait que l'institution comtale date de Charlemagne. A l'origine, le comte (du latin *comitem,* « compagnon ») était un fidèle du roi ou de l'empereur que celui-ci envoyait gérer en son nom un territoire de son empire. A Chartres même, l'institution comtale n'est prouvée qu'à la date de 806, où il est question d'un comte nommé Gunfridus. Mais c'est seulement à partir de 877 que les offices de comte devinrent héréditaires. Les documents concernant cette période sont confus et contradictoires. On prétend ainsi qu'Hasting aurait été lui-même « comte de Chartres », mais il y a eu une confusion entre différents personnages portant le même nom, tous d'origine danoise. Le fait est qu'en 886, Eudes, comte de Dunois (Châteaudun), s'opposa vigoureusement et victorieusement à la tentative faite par les Danois, qui assiégeaient alors Paris, de piller le pays chartrain. Eudes était-il également comte de Chartres ? Un autre document, la *Vieille Chronique,* déclare que c'est l'évêque Hardouin, seul dépositaire du pouvoir gallo-franc sur la ville, qui aurait, le premier, institué la fonction comtale pour mettre ainsi une séparation entre le temporel et le spirituel. Il est vrai que, dans l'esprit de Charlemagne, le comte et l'évêque devaient gérer en commun le territoire dont ils avaient la charge, mettant ainsi en pratique la vieille règle indo-européenne symbolisée par le duo mythologique indien Mithra-Varuna, et, dans la société celtique, par le couple druide-roi (dont le couple Arthur-Merlin est la personnification romancée). Mais cette même *Vieille Chronique* prétend aussi qu'avant même la naissance de la Vierge, le prince de la ville et du territoire de Chartres les avait donnés à la Vierge et à Jésus, et que c'est de là que les évêques auraient été primitivement comtes et seigneurs de la ville et du pays. Tout cela appartient bien entendu à la tradition de la *Virgo Paritura,* et ne peut aucunement être pris en considération.

Cependant Thibaud le Tricheur a marqué le comté

de Chartres. Il était le fils d'un vicomte de Tours, fidèle vassal des Robertiens dans leurs luttes contre la dynastie carolingienne. Dès 955, Thibaud possédait à Chartres une tour, symbole de son autorité. Celle-ci s'étendait non seulement sur le pays chartrain, mais encore sur le Dunois, le Blésois, Tours et Saumur, avec quelques fiefs dispersés aux alentours. C'était un personnage aux ambitions démesurées, qui tenta vainement d'implanter son pouvoir en Bretagne, et qui, ensuite, se retourna contre Richard de Normandie. Celui-ci, avec l'aide de Danois païens, le lui fit payer très cher, et les habitants de Chartres en subirent les conséquences en 962, au point, dit la Chronique, « qu'on n'entendait plus un chien aboyer dans le comté ». Thibaud le Tricheur mourut vers 977. Son fils puîné, Eudes, lui succéda, puis le fils de celui-ci, Thibaud, qui mourut en pèlerinage et laissa le comté à son frère Eudes II, déjà comte de Blois, Tours et Châteaudun.

Les problèmes posés n'en étaient pas résolus pour autant. En effet, la mère d'Eudes et de Thibaud avait épousé en secondes noces Robert le Pieux, fils d'Hugues Capet, et avait été répudiée pour cause de consanguinité. Cette reine Berthe s'était retirée près de ses fils, mais avait su leur inspirer une certaine amertume. Voulant venger sa mère, Eudes II s'attaqua au domaine royal et s'empara de Melun. Puis, sa femme Mahaut, sœur du duc de Normandie, étant morte sans enfant, il refusa de rendre Dreux, qui constituait sa dot. Richard de Normandie, soutenu par Robert le Pieux et aidé par des Danois, attaqua les domaines d'Eudes. Mais les Danois ravagèrent aussi bien les possessions royales que les terres du comte de Chartres. Il fallut bien trouver un compromis. Et Eudes, s'il rendit Melun, conserva Dreux. Eudes, décidément très remuant, s'attaqua également au comte d'Anjou, Foulques Nerra. Mais il fut vaincu et perdit Saumur. Cependant, par le jeu des héritages, en 1019, Eudes de Chartres entra en possession du puissant comté de Champagne. Désormais, il résida à Troyes et laissa la ville de Chartres aux soins du vicomte Gilduin.

A cette époque, l'évêque était Fulbert, qui avait été l'élève de Gerbert d'Aurillac, le pape de l'an 1000, lorsque celui-ci était écolâtre à Reims. Fulbert était un savant remarquable et un professeur célèbre que l'on osait comparer à Socrate. Sous son impulsion, les écoles de Chartres devinrent célèbres, et elles jouèrent un rôle très important dans la diffusion de la philosophie scolastique pendant au moins deux siècles, jusqu'à la fondation de l'Université de Paris, en 1215, qui entraîna leur déclin. C'est sous l'épiscopat de Fulbert que brûla la cathédrale carolingienne, et ce fut Fulbert qui dirigea les travaux de reconstruction, lesquels aboutirent à la construction de la crypte et de la cathédrale romane. Fulbert, grâce aux amitiés et à l'intérêt qu'il avait suscités partout en Europe, obtint des fonds importants de nombreux souverains, en particulier le roi de France Robert, le roi d'Angleterre Canut, le duc d'Aquitaine Guillaume IV, le duc de Normandie Richard, sans compter le comte de Chartres et de Champagne. Cette nouvelle cathédrale était presque achevée à la mort de Fulbert en 1028, mais un autre incendie en retarda la consécration qui ne put avoir lieu qu'en 1037. Mais il est incontestable que Fulbert, par sa sagesse, par son influence, et par ses talents d'organisateur, a laissé un souvenir impérissable sur Chartres et son sanctuaire cathédrale.

Les successeurs de Fulbert furent tous d'éminents intellectuels, comme Bernard de Chartres et son frère Yves (mort en 1117), dit « saint Yves de Chartres », ou encore Gilbert de la Porrée, mort en 1141. Mais le plus illustre, qui n'occupa pourtant le siège que quatre années, fut Jean de Salisbury, né en 1110 et mort en 1180, qui fut un brillant théoricien, un grand mystique et le fidèle secrétaire de saint Thomas Becket, assassiné sur ordre du roi Henry II. On peut se demander pourquoi Chartres s'était donné un évêque « anglais » (encore que l'Angleterre de l'époque, sous la tutelle des Plantagenêts, fût plus française qu'anglaise), d'autant plus que les sièges épiscopaux britanniques étaient souvent occupés par des prélats d'origine française. On a prétendu que, dans sa jeunesse, Jean de Salisbury avait accompli une partie de ses études en France et qu'il avait passé trois ans à Chartres, y laissant les meilleurs souvenirs. Il est de fait que, lors de son arrivée sur le continent, Jean de Salisbury se mit à l'école de Pierre Abélard qui enseignait à Paris, et auprès duquel il apprit les rudiments de la « dialectique ». Mais Abélard, comme on le sait, dut s'exiler, et Jean de Salisbury changea de discipline, apprenant la « grammaire » auprès de Guillaume de Conches, lequel était un authentique philologue. Et il est possible que Guillaume de Conches ait enseigné à Chartres. C'est là que Jean de Salisbury l'aurait rencontré et qu'il aurait profité de ses leçons. Quoi qu'il en soit, Jean de Salisbury avait acquis une culture très étendue et multiforme, et on ne peut que le comparer à un humaniste du XVIe siècle très en avance sur son temps. Il n'a jamais été enseignant. Il a vécu dans le voisinage des grands de ce monde, le pape, les rois d'Angleterre et les archevêques de Canterbury. C'est ainsi qu'il fut servant, puis secrétaire de Thomas Becket. Il voyagea beaucoup et écrivit plusieurs ouvrages dont l'*Historia Pontificalis*, le *Metalogicon*, où il aborde le problème de la « dialectique », et surtout le célèbre *Policraticus*, véritable traité de politique d'une audace et d'une portée jamais atteintes jusqu'alors.

Jean de Salisbury ne conçoit pas la philosophie comme un savoir abstrait, mais comme une sagesse et une discipline de vie. Les problèmes purement spéculatifs ne lui semblent pas mériter qu'on y épuise ses forces. Il leur préfère la maxime delphique du « Connais-toi toi-même ». C'est un homme de *sagesse* en ce sens qu'il veut décrire des structures réelles et concrètes en fonction d'un plan divin auquel il croit fermement. Pour lui, la vraie philosophie est « amour de Dieu », et pour connaître le plan divin, « la mesure prescrite à la charité est qu'il faut aimer Dieu d'un amour sans mesure ». Certes, Jean de Salisbury a été l'ami de saint Bernard de Clairvaux, et ses ouvrages ont un certain parfum monastique. S'il fallait définir sa pensée d'une seule expression, on pourrait dire que son œuvre reflète un ascétisme intellectuel. Mais les vues qu'il étale dans son *Policraticus* sont tout à fait étonnantes : bien qu'elles relèvent de l'orthodoxie la plus pure, elles n'en sont pas moins novatrices.

Cet ouvrage se présente comme une méditation à base théologique sur les institutions du haut Moyen Âge qu'il couronne et dont il tire les conclusions. C'est dire que le *Policraticus* est totalement indépendant du courant de pensée des écoles continentales qui allaient donner naissance au thomisme. Il y a là un retour aux sources pures, la Bible et les Pères de l'Église, mais aussi une résurgence de ce qui se disait et de ce qui se pensait au temps de l'Église chrétienne celtique, fortement influencée par la philosophie druidique [1]. C'est une approche *féodale* du problème, ce qui est normal, vu l'époque. Il définit les relations qui doivent exister entre le prince et ses sujets : il ne s'agit pas d'un serment de pure forme, mais d'un engagement intégral de part et d'autre. La préférence de Jean de Salisbury va à une forme de gouvernement comparable à celui qu'avaient connu les Hébreux, sous la conduite des Juges, avant l'établissement de la royauté en Israël.

Le postulat de base est l'existence d'une loi supérieure transcendantale et préexistante. La première conséquence de ce postulat est logique : un roi n'est pas nécessaire pour un peuple qui suivrait cette Loi et se soumettrait à ses exigences. On peut être surpris de retrouver ici l'état d'esprit qui anime les théories libertaires de la fin du XIXe siècle, mais c'est ainsi. D'où d'ailleurs une parenté avec le *Contrat social* de Rousseau, puisque Jean de Salisbury affirme que si les hommes sont bons fondamentalement, ils ne peuvent qu'obéir à la Loi supérieure. « Les premiers patriarches suivaient la nature, le meilleur guide de vie. Ils eurent comme successeurs des chefs, à commencer par Moïse, qui suivaient la Loi, puis des Juges qui régissaient le peuple par l'autorité de la Loi. Et nous voyons que les plus récents étaient des prêtres. A la fin, à cause de la colère du Seigneur, ils eurent

1. Voir J. Markale, *Le Christianisme primitif et ses survivances populaires.* Voir aussi une analyse des thèses de Jean de Salisbury dans le chapitre « Le contexte politique » de J. Markale, *Le roi Arthur*, Paris, Payot, 1976, pp. 107-126.

des rois, quelques-uns bons, la plupart méchants. » Si l'on comprend bien, la royauté serait plutôt un châtiment. Et il rejoint ainsi la pensée de saint Augustin (*De civitate Dei,* XIX, 15) : « Les justes primitifs étaient plutôt les bergers de leurs troupeaux que les rois des hommes. » Jean de Salisbury n'est pas non plus très éloigné de Diderot quand il affirme qu'il n'y a aucune nécessité de subordination d'un être humain à un autre être humain *seulement humain :* « Les hommes ne pourront trouver l'harmonie et le contact avec les autres que s'ils sont formés ou s'ils se forment eux-mêmes selon la raison sans passion de la Loi divine. Et il est meilleur d'être formé par soi-même que d'être formé par l'autorité d'un gouvernement. » Ce n'est sans doute pas un hasard si Jean de Salisbury est devenu évêque de Chartres : Chartres n'est-elle pas la glorification de la Vierge *Trône de la Sagesse,* c'est-à-dire dépositaire absolue de la connaissance de la Loi divine ?

Mais tout cela n'est que théorie. Les faits sont là : il y a des rois. Jean de Salisbury se doit de définir le rôle du roi. Avant tout, il n'est que le *princeps,* au sens latin de « première tête ». Comme tel, il est le représentant de la Communauté, le ministre de l'intérêt commun. Il apporte la « Personne publique » et doit se regarder comme le serviteur du peuple. Le roi est un *officier,* c'est-à-dire qu'il est là pour agir, mais ses actes ne sont jamais les siens propres : ils sont ceux de l'*Universitas,* la communauté organisée à la tête de laquelle il se trouve. « Le prince est le serviteur du Seigneur, mais il accomplit son office en servant fidèlement *ses camarades serviteurs* (de Dieu ou de la Loi), c'est-à-dire ceux qu'on appelle ses sujets » (*Policraticus,* IV, 7). Mais comment choisir le roi ? Jean de Salisbury rejette en fait la notion de pouvoir héréditaire, et chez lui se dessine déjà la formule thomiste *a Deo per populum* (de Dieu à travers le peuple), ce qui suppose l'acceptation, sinon le choix, du roi par ses sujets. « Tandis que les offices publics ordinaires vont aux héritiers du tenancier, le gouvernement du peuple ne descend pas de la même façon qu'une matière de droit : il est accordé à un individu qui a en lui l'Esprit de Dieu et la connaissance de la Loi » (*Policraticus*, V, 6). Donc le roi se trouve placé devant une série d'obligations qu'il doit respecter parce qu'elles représentent une force supérieure à la sienne. Et s'il n'obéit plus à ses devoirs, il devient un « tyran ». Alors, « mieux vaut ôter le diadème de la tête d'un prince que laisser détruire à son bon plaisir l'ordre et la meilleure part de la communauté » (VII, 30). Certes, les papes se sont toujours réservé le droit de déposer les rois, mais, dans la pensée de Jean de Salisbury, cela débouche sur une justification de la révolution et même du tyrannicide : « C'est légal de tuer un tyran au même titre qu'un ennemi déclaré » (VIII, 20). Mais le tyrannicide ne doit pas être considéré comme une vengeance privée. C'est un acte de responsabilité collective. On comprend alors l'attitude de Jean de Salisbury au lendemain du meurtre de Thomas Becket. Il a dénoncé sans relâche la « tyrannie » d'Henry Plantagenêt, et il a tout fait pour magnifier la mémoire du saint archevêque de Canterbury. A Chartres même, il y a introduit le culte de saint Thomas, présentant celui-ci comme un modèle non seulement de sainteté, mais aussi de *civisme* dans la mesure où il s'était élevé contre tous les abus du roi d'Angleterre. La sagesse, l'honnêteté et la clairvoyance de Jean de Salisbury en font un des personnages les plus attachants du XIIe siècle, et c'est tout à l'honneur de Chartres de l'avoir choisi comme évêque. Plus que jamais, c'était rendre hommage à l'Esprit saint descendu dans le sein de la Vierge Marie ; c'était reconnaître que si la Sagesse n'est rien sans l'Amour, l'Amour n'est rien sans la Sagesse. Qui peut encore prétendre que le Moyen Âge a été une période d'obscurantisme ? En tout cas, l'École de Chartres a brillé d'un éclat tout particulier. Et ce n'est pas sans raison si la cathédrale est remplie de figurations de philosophes et de prophètes inspirés.

Ainsi, pendant les XIe et XIIe siècles, tant par la puissance et la renommée de ses comtes que par la suprématie de ses écoles, la ville de Chartres connaît une expansion considérable. Vers 1060, la ville haute est entourée par une enceinte fortifiée très importante, qu'on ne peut franchir, du côté de la plaine, c'est-à-dire du côté le plus vulnérable, que par la porte Percheronne. Sur le rebord du plateau qui fait face au nord et à l'est, il y a la porte Évière, qui, comme son nom l'indique, permet l'accès à la rivière, la porte Cendreuse et la poterne Foucher-Nivelon, poterne protégée elle-même par la tour comtale. Il devait également exister, sous la cathédrale, une porte dite Saint-Jean-de-la-Vallée, et, sur la rive droite de l'Eure, les portes Morard et Aimbaud, et la poterne Tireveau. La défense de la ville semble donc fort bien organisée. De plus, on constate une extension prodigieuse des biens d'église en cette période : les différentes abbayes s'accroissent et s'enrichissent. Et bien sûr, comme partout où il y a des établissements monastiques au Moyen Âge, les vignes sont nombreuses, notamment sur les coteaux ensoleillés de Champhol et de Saint-Chéron, et autour de Saint-Lubin : la superficie des vignes atteint parfois quatre hectares d'un seul tenant, ce qui est considérable et atteste la demande quant au vin, aussi bien pour l'exercice du culte que pour la consommation courante.

A l'intérieur de la ville, de nombreux commerçants et artisans s'étaient installés et travaillaient, semble-t-il, dans les meilleures conditions possibles. De grandes foires avaient lieu, notamment pendant les quatre fêtes mariales, la Nativité, l'Annonciation, la Purification et l'Assomption. Certains marchands jouissaient des privilèges et de la protection de l'enceinte de la cathédrale, ce qu'on appellera plus tard le Cloître Notre-Dame, qui, véritable ville dans la ville, échappait à la juridiction du comte pour ne relever que de celle de l'évêque. Or, l'autorité ecclésiastique était généralement moins contraignante que le pouvoir civil. Les « avoués » du Cloître Notre-Dame étaient largement bénéficiaires de cet état juridique et le prestige du chapitre s'en accroissait du même coup. Certes, en cas de conflit ou de querelle, les avoués du chapitre devaient aller chercher refuge dans les demeures des chanoines, mais ceux-ci les accueillaient volontiers, et si les officiers du comte forçaient l'entrée du chapitre, on avait recours au procédé de l'excommunication pour faire reculer le pouvoir comtal. Il arriva cependant que des querelles de ce genre pussent dégénérer en batailles, voire en sièges en règle. La cohabitation n'était pas toujours facile, même en cette période où l'Église et l'État semblent s'entendre pour le meilleur et pour le pire.

C'est au milieu de cette prospérité qu'éclata le grand incendie de 1194, pendant la nuit du 10 au 11 juin. La cathédrale de Fulbert fut très gravement endommagée. Seuls le Portail Royal, les cryptes et les tours de l'Ouest récemment construites furent préservés. Les Chroniques de l'époque racontent que la population se laissa d'abord aller au désespoir, voyant le magnifique sanctuaire à peu près détruit et croyant que la précieuse relique de la Chemise de Marie avait été brûlée. Le troisième jour après l'incendie, le légat du pape, le cardinal Melchior de Pise, rassembla tout le monde devant les restes de la cathédrale et exhorta le peuple à tout faire pour reconstruire le sanctuaire. C'est alors qu'apparut une procession avec la relique intacte : des clercs l'avaient emportée avec eux à l'intérieur de la crypte et avaient pu attendre la fin de l'incendie à l'intérieur des souterrains. Le légat proclama aussitôt que c'était là un signe de Marie pour qu'on reconstruisît une église encore plus magnifique que l'ancienne. On sait que ce souhait fut suivi d'effet. Avec un enthousiasme délirant, les hommes du peuple se rassemblèrent dans les carrières de Berchères-les-Pierres, à quelque dix kilomètres de là, aidèrent les carriers à extraire des blocs et les transportèrent sur des chariots jusqu'au chantier qui venait de s'ouvrir en plein cœur de la ville. Les dons affluèrent de partout, des différents barons du royaume, du roi de France Philippe Auguste et ensuite de Louis VIII. Même Richard Cœur de Lion, pourtant prisonnier en Allemagne, autorisa les prêtres de ses domaines à rassembler les offrandes destinées à Chartres. Et parmi les généreux donateurs, on peut encore signaler Blanche de Castille, Pierre Mauclerc et Alix de Bretagne, le roi de Castille Ferdinand III et le comte de Champagne Thibaud VI, qui offrit une partie des vitraux du chœur. En 1220, la cathédrale, telle que nous la connaissons aujourd'hui, était virtuellement achevée. Mais la fête de la Dédicace n'eut lieu qu'en 1260.

Cependant, le comté de Chartres venait de vivre ses derniers jours d'indépendance. En 1234, Thibaud de Champagne, le prince-trouvère, céda son droit de suzeraineté au roi de France. Par héritage, le comté arriva en possession de Jeanne de Châtillon, épouse de Pierre de France, troisième fils de saint Louis. Après son veuvage, elle vendit tous ses droits à son beau-frère Philippe le Hardi, en 1286. Sept ans plus tard, Philippe le Bel donna le comté de Chartres à son frère Charles de Valois, mais quand le fils de celui-ci, Philippe, devint roi de France, le comté fut possession effective du domaine royal.

La guerre de Cent ans allait ruiner la splendeur de Chartres. La Beauce était en effet située en un endroit stratégique, aux avant-postes de Paris, du côté de l'ouest, et sur le chemin menant de la Normandie aux rives de la Loire. C'était même le chemin le plus direct pour relier les territoires anglais de la Manche à ceux du sud-ouest. Tout le pays chartrain eut à souffrir de cette situation.

En 1358, Chartres fut pratiquement bloquée pendant six mois par une grande compagnie cantonnée à Épernon. Le 8 mai 1360, à Brétigny, hameau aux portes de Chartres, fut signé le célèbre traité franco-anglais qui sanctionnait la défaite de Jean le Bon à Poitiers, et tentait du même coup de mettre fin à la guerre de Succession de Bretagne. En 1367, on prit la décision de créer à Chartres une compagnie d'archers au service du roi de France et sous les ordres directs du vidame, lequel était, à l'origine, le chef des hommes d'armes de l'évêque. En 1392, c'est à Chartres que le roi Charles VI réunit une armée pour aller envahir la Bretagne : on sait que c'est au cours de cette expédition qu'il devint fou, dans la forêt du Mans. En 1409, la cathédrale fut le théâtre (c'est le cas de le dire !) de la réconciliation entre le duc d'Orléans, Louis, et le duc de Bourgogne, Jean sans Peur. Ce ne fut qu'une « paix fourrée », et la guerre civile reprit l'année suivante entre Armagnacs et Bourguignons. Les notables de Chartres avaient opté pour le duc d'Orléans, mais en 1417, ils se livrèrent au chef bourguignon Hélion de Jacqueville. Et, lors du traité de Troyes, en 1420, la ville de Chartres reconnut le roi d'Angleterre comme héritier de la couronne de France. Mais le dauphin Charles, après avoir vainement tenté de s'emparer de Chartres, finit par la récupérer grâce à Dunois, le Bâtard d'Orléans. L'économie chartraine, qui avait beaucoup souffert des guerres, fut rapidement restaurée grâce à Charles VII et à Louis XI qui virent, dans ce centre de la Beauce, à la fois une place stratégique et un carrefour commercial de première importance.

Une charte avait été octroyée en 1296 à Chartres, mais ce n'est pas pour autant que la ville était devenue une commune. Au contraire, tout était mis en place pour que l'administration municipale relevât étroitement du pouvoir royal : rien ne pouvait être fait sans l'assentiment du bailli, représentant du comte, puis du roi. Et, en 1562, fut mis en place un gouverneur qui cumula bientôt ses fonctions avec celles du bailli. Il faut dire que cet ancien comté de Chartres, depuis deux siècles rattaché à la Couronne, fut érigé en duché, donné à Hercule d'Este, duc de Ferrare, fils de Lucrèce Borgia et époux de la seconde fille de Louis XII et d'Anne de Bretagne (et en fait héritière de la Bretagne), Renée de France. Mais le titre était surtout honorifique, car les revenus étaient fort médiocres. De toute façon, le duc et la duchesse de Chartres ne résidèrent jamais dans la cité beauceronne. Alors commença le déclin de la riche bourgeoisie des marchands et des artisans. Cette bourgeoisie se dirigea vers les carrières de robe et les professions libérales, mais elle n'oublia pas les Belles-Lettres, ni les Beaux-Arts. La vieille mentalité chartraine n'était pas morte, et l'on se souvenait encore de la période où les écoles de la cathédrale attiraient les intellectuels de toute l'Europe.

De nouveaux remous se firent sentir, cette fois pour des questions religieuses. En 1523, un hérétique fut brûlé vif à Chartres pour avoir renversé une statue de la Vierge dans la cathédrale. L'évêque était alors le redoutable Louis Guillard, celui qui retint en prison le poète Clément Marot, coupable d'avoir écrit — et publié — des poèmes peu orthodoxes. La Réforme fit des progrès considérables dans le milieu des bourgeois chartrains, mais malgré tout, la population restait divisée entre les deux camps alors qu'Orléans et Rouen étaient tenues par les Protestants. Condé battait la campagne aux alentours, mais ne réussit pas à prendre Chartres. Il se heurta d'ailleurs, près de Dreux, au duc de Guise, et fut capturé. Une paix fragile s'établit, tandis que Catherine de Médicis et Charles IX, séjournant à Chartres, s'efforçaient de trouver un compromis avec Condé, lequel fut un moment détenu à l'abbaye de Saint-Père. Mais les Huguenots reprirent l'avantage en 1567, et l'année suivante, Condé mettait le siège devant la ville avec des troupes considérables. La ville ne fut pas prise, et Condé dut lever le siège, mais l'agglomération, surtout les faubourgs, eut à souffrir de ces circonstances. Ce fut la ruine totale pour l'abbaye Saint-Jean, le couvent des Cordeliers et l'hôpital des Six-Vingt aveugles. Tous les alentours de Chartres avaient été incendiés soit par les Catholiques, soit par les Protestants. Cela n'empêcha pas les Catholiques de chanter victoire, attribuant d'ailleurs cette victoire contre les hérétiques à l'intercession de la Vierge Marie, protectrice de la cité.

Rien n'était terminé pour autant, et Chartres eut à souffrir pareillement des troubles provoqués par la Ligue et de la lutte de celle-ci contre les troupes royales et contre Henri de Bourbon, ce mécréant pourtant seul et légitime héritier de la Couronne de France. En 1688, Henri III avait rencontré à Chartres Henri de Guise qu'il soupçonnait à juste titre de briguer le trône. Henri de Valois, la rage au cœur, avait dû, sous la menace, inviter les Chartrains à se déclarer pour le duc de Guise et la Ligue. Mais, ulcérés par la nouvelle de l'assassinat d'Henri de Guise sur l'ordre du roi, les Chartrains se donnèrent corps et biens au duc de Mayenne, nouveau chef des Ligueurs. L'année 1590 vit le pays chartrain transformé en champ de bataille permanent. Henri de Navarre assiégea Dreux et battit l'armée de Mayenne à Ivry, tandis que les Ligueurs chartrains prenaient Nogent-le-Roi, perdaient puis reprenaient Courville et Illiers. Mais en 1591, le 10 février, Biron, qui commandait les troupes du Navarrais, vint mettre le siège devant Chartres. Ce fut une longue suite d'escarmouches, de tentatives diverses et de destructions. Henri de Navarre rejoignit Biron et organisa lui-même le siège. Et le 10 avril, Chartres capitula, l'armée royale occupant la ville neuf jours plus tard. Henri de Navarre fit son entrée solennelle le 20 avril, accueilli à la porte Saint-Michel par les communautés et le clergé qui le conduisirent jusqu'à la cathédrale. Mais Henri n'y pénétra pas. Au contraire, le lendemain, il assista à un prêche calviniste, tandis que quarante mille personnes suivaient une procession à Saint-Père, en action de grâces pour la paix retrouvée. La ville fut taxée de trente-six mille écus pour avoir résisté au roi de France. Mais bientôt, pour calmer les esprits, le Navarrais pardonna aux plus compromis des Chartrains et fit en sorte que les habitants ne souffrissent pas trop de la situation.

Chartres devint alors une sorte de capitale d'un royaume de France déchiré, où le roi légitime s'efforçait de conquérir le cœur de ses sujets. Les visites des plus grands princes se succédaient, les négociations se poursuivaient, plus ou moins ouvertement, surtout entre Henri de Navarre et les représentants de l'Église catholique. Le 25 juillet 1593, Henri finit par abjurer le calvinisme, et le 25 février 1594, il se fit sacrer roi de France dans la cathédrale de Chartres par l'évêque Nicolas de Thou, Reims étant encore aux mains des Ligueurs et donc inaccessible. On sait que ce sacre et l'engagement que prit Henri IV de soutenir la religion catholique, lui ouvrirent les portes de Paris trois semaines plus tard. La guerre civile était enfin terminée.

Cela ne veut pas dire qu'il n'y eut plus de troubles. En dépit de l'Édit de Nantes, la cohabitation entre Protestants et Catholiques était délicate. Les Huguenots firent plusieurs tentatives pour s'emparer de Chartres, mais la ville demeurait catholique dans sa grande majorité. En 1607, Henri de Savoie avait hérité de sa mère le duché de Chartres, mais en 1623, il le vendit 250 000 écus d'or au roi Louis XIII. Celui-ci le donna en apanage à son frère Gaston d'Orléans. Et, bien entendu, la rébellion de Gaston entraîna des répercussions sur le pays chartrain. Il en fut de même au moment de la Fronde, où le même Gaston d'Orléans joua un rôle de premier plan. En 1651, se produisit une grave émeute à Chartres. Puis l'armée des Frondeurs tenta de s'emparer de la ville. Ils ne renoncèrent à leur projet que contre une indemnité de 16 000 livres. La paix fut enfin rétablie, mais Chartres tomba entre les mains du pouvoir central et ne put prétendre à aucune liberté municipale. Gaston d'Orléans étant mort sans héritier mâle en 1660, le duché de Chartres revint à la Couronne. Mais Louis XIV en disposa en faveur de son frère Philippe, et il demeura dans le lignage des Orléans jusqu'à la Révolution.

Si l'autonomie civile fut à peu près inexistante à Chartres pendant la fin de l'Ancien Régime, il n'en fut pas de même pour l'Église, qui se développa constamment, même si cela amenait des conflits avec le pouvoir civil. Les évêques de Chartres eurent le souci de préserver les fidèles de leur diocèse à la fois de la pauvreté et aussi de l'ignorance, renouant ainsi avec la vieille tradition des écoles médiévales de Chartres. En 1643, furent établies les Filles de la Providence, dans l'intention première d'empêcher les filles pauvres de se livrer à la prostitution. En 1692, ce furent les Filles de Saint-Paul qui se dévouèrent à l'instruction des filles et à leur enseignement ménager. En 1659, un grand séminaire fut installé à l'emplacement de l'antique maladrerie de la Madeleine du Grand-Beaulieu. Mais, en 1695, le diocèse de Chartres, héritier de l'ancienne cité des Carnutes, perdit une grande partie de son territoire par la création du nouveau diocèse de Blois.

Au XVIIIe siècle, Chartres se dépeuple. De 20 000 habitants à la fin du XVIe siècle, la population est tombée à 15 000 et même 13 000 habitants, surtout en raison de l'attrait de la capitale toute proche et aussi par suite de la chute de l'activité économique. Les grandes propriétés sont celles des ordres monastiques et de l'évêché, constituant de grands espaces verts à l'intérieur des murs de la ville. La place des Halles, où se tient un important marché aux grains, est le centre de l'activité urbaine. Il y a onze paroisses, dont sept se trouvent intra-muros. Et plus que jamais, le Cloître Notre-Dame constitue une ville dans la ville. Quant aux faubourgs, ils se regroupent en petits villages, avec un habitat médiocre et de pauvres chaumières. Même les classes aisées ne disposent pas de maisons luxueuses, en dehors de quelques familles privilégiées. La noblesse de la Beauce n'a pas la réputation d'être riche et l'on dit volontiers que « gentilhomme de Beauce reste au lit quand on ravaude ses chausses ». Bien que la population soit inégalement répartie entre les paroisses, on s'aperçoit que celles de la haute ville sont les plus nombreuses et les plus riches. La cathédrale, pour sa part, a résisté à toutes les tourmentes. Elle demeure le symbole même de cette cité profondément catholique. Et pourtant, le 11 septembre 1788, dans une maison discrète de la rue de Beauvais, se tient la première réunion de la Loge maçonnique dite « la Franchise », et qui perdurera jusqu'en 1840.

La Révolution se déroule à Chartres comme partout ailleurs, avec cependant moins d'exactions et moins de troubles que dans certaines autres villes. Quelques mises à sac, quelques bagarres, quelques retournements de situation, quelques exécutions, mais surtout des difficultés de ravitaillement et la cherté de la vie, le chômage et le brigandage (en particulier, les méfaits de la sinistre bande d'Orgères), Chartres sort de la tourmente très appauvrie. Quant à ses mouvements religieux, ils ont connu un triste sort... L'église Sainte-Foy et l'église Saint-Aignan sont vendues à un particulier qui s'engage à les démolir. Mais le propriétaire veut faire de Saint-Aignan une salle de spectacle, ce qui lui vaut d'échapper à la destruction. Finalement, c'est Sainte-Foy qui deviendra théâtre. Par contre, on démolit l'église Saint-Saturnin et on utilise l'espace pour créer la place dédiée au souvenir du héros chartrain, le général Marceau. Les églises Saint-Maurice, Saint-Michel, Saint-Barthélemy,

Saint-Chéron et Saint-Brice, sont démolies, et à leurs emplacements, on construit des maisons d'habitation. La disparition de Saint-Martin-le-Viandier permet l'aménagement d'une place. Saint-Hilaire servira de local à la Société populaire avant d'être également démolie. Mais Saint-André, devenue magasin à fourrage, sera préservée en dépit de dégradations diverses. Le couvent des Carmélites devient une prison, ainsi que celui des Jacobins. L'abbatiale Saint-Père est transformée en atelier de fabrication de salpêtre, tandis que les bâtiments conventuels sont affectés à divers usages. Saint-Martin-au-Val est reconvertie en hospice, et le palais épiscopal devient préfecture jusqu'en 1821.

Quant à la cathédrale, elle échappe de peu à la démolition. La raison pour laquelle on l'épargna vaut la peine d'être citée : on estima que l'encombrement que provoqueraient la manipulation et le transport des matériaux à travers la ville causerait plus de dommages que de bienfaits. On se contenta de prélever le plomb de la couverture et les grilles des chapelles pour fabriquer des balles et des piques. Ainsi sortit de ces années noires, sinon indemne, du moins sauvegardée dans son ensemble, cette magnifique cathédrale que nous voyons encore aujourd'hui.

Pendant le Consulat et l'Empire, mais aussi pendant la Restauration, Chartres tomba aux mains d'une de ces familles qui avaient acquis fortune et influence par l'achat des biens nationaux, la famille Billard de Saint-Laumer. Cette classe bourgeoise tirait profit de tout, n'hésitant pas à prêter serment de fidélité à tous les régimes, aussi bien l'Empire que la Royauté, quand il ne s'agissait pas de l'occupant étranger, comme en 1814. Les désordres causés par la Révolution dans la hiérarchie traditionnelle avaient profité à certains, mais non pas à l'ensemble de la population chartraine. D'une façon générale, l'Empire fut une période de stagnation pour Chartres. L'industrie locale du textile et de la tannerie ne se développa guère. Chartres demeurait certes l'un des marchés les plus actifs des blés de la Beauce, mais c'était tout. Il n'y avait plus aucune dynamique, plus aucune ouverture vers la révolution industrielle qui s'annonçait. Le changement de régime de 1830 accentua seulement les composantes anticléricales de la vie municipale. Le maire de 1830, Adolphe Chasles, était le neveu de l'ancien curé de la cathédrale. Il était orléaniste, très modéré dans ses convictions. Et on le vit, une fois élu député d'Eure-et-Loir, en 1841, présider la cérémonie d'inauguration de la chapelle de l'asile d'Aligre, à Lèves, remplaçant l'abbatiale Sainte-Marie de Josaphat, achetée et démolie par son père et son grand-père qui en avaient tiré des bénéfices substantiels. Et pourtant, pour être élu, Chasles avait fait une campagne résolument anticléricale.

De l'autre côté, l'Église redressait la tête. Le Concordat de 1802 avait rattaché le département d'Eure-et-Loir au diocèse de Versailles, créé tout spécialement à cette occasion. Le gouvernement avait alors décidé que Chartres serait divisée en deux paroisses, la cathédrale et l'ancienne abbatiale Saint-Père, devenue Saint-Pierre, ce qui suffisait amplement aux besoins de la population en voie de lente déchristianisation. Le rétablissement du siège épiscopal de Chartres fut décidé en 1817, mais ne devint effectif qu'en 1821. A cette date, c'est Mgr de Latil, ancien aumônier du comte d'Artois, qui devint évêque de Chartres et s'efforça de réorganiser le clergé local, souvent avec beaucoup de maladresse et des partis pris regrettables. Son successeur, Clausel de Montals, homme de l'Ancien Régime, mais de tendances nettement gallicanes, se maintint trente ans en place, mais il passa son temps à batailler dans toutes les directions sans aucun profit pour la vie religieuse de son diocèse. En 1833, il devra même faire face à une grave émeute provoquée par son refus d'autoriser un prêtre, l'abbé Ledru, à célébrer, à Lèves, la messe en français en accord avec tous ses paroissiens. Le Concile de Vatican II était encore loin à l'horizon, et l'évêque n'eut que le temps de se réfugier dans la cathédrale tandis que son évêché était pillé par la populace. En 1836, un incendie détruit la charpente de la cathédrale, ce qu'on appelle la « Forêt ». On reconstruit cette charpente en fer, ce qui est assez contraire non seulement aux usages, mais également à la valeur énergétique d'un sanctuaire [1]. Des querelles scolaires viennent envenimer la vie chartraine, et l'on voyait en fait se dessiner le fossé qui allait séparer plus tard les tenants de l'école dite « du diable » et ceux de l'école dite « du Bon Dieu ». Pendant ce temps, la ville continue à vivre, ou plutôt à survivre, grâce à son marché aux grains, et le 9 avril 1848, ce sont les premières élections au suffrage universel. Le maire élu et confirmé par le préfet, Charles Rémond, s'affirme républicain, comme le futur cardinal Pie qui représente l'évêque lors de la plantation de l'Arbre de la Liberté, le 11 avril de la même année.

Le Second Empire, malgré une assez forte proportion d'opposants au plébiscite, provoque le ralliement de la bourgeoisie locale légitimiste ou orléaniste. C'est seulement en 1865 que les Républicains reviendront en force à l'hôtel de ville de Chartres. Cela dit, cette période a vu le pays chartrain redevenir prospère. On construit un théâtre en 1861 et un hôpital quelques années plus tard. On fait disparaître des maisons vétustes et on applique, sur le plan de l'urbanisation, les grandes lignes de ce qu'Haussmann avait prévu pour Paris. En 1869, a lieu une exposition qui est un véritable panorama de l'activité locale, exposition que l'Empereur vient d'ailleurs visiter. Le patron de la fonderie, Alexandre Brault, et le maire, Billard de Saint-Laumer (toujours la même famille), se voient décerner la Légion d'Honneur. Une tannerie traditionnelle subsiste, mais l'imprimerie et la fabrication des vitraux prennent un nouvel essor. Quant au vignoble, curieusement, il sera encore très prospère jusqu'à l'épidémie du phylloxéra en 1881.

Pendant la guerre de 1870, les Prussiens occuperont la ville, et y resteront jusqu'au 18 mars 1871. Les débuts de la IIIe République se passeront sans trop de heurts, mais bientôt la querelle scolaire va ranimer la fougue des partis en présence. Au début, il y avait un

1. On sait que les premières églises bâties par les Celtes chrétiens ne devaient comporter ni clous, ni ferrures, le fer ayant la propriété de dévier les courants dits telluriques.

semblant d'équilibre entre les écoles laïques et les écoles confessionnelles, mais les lois Jules Ferry mettront beaucoup de temps à être appliquées. En 1880, on ouvre une école laïque de filles, rue Sainte-Même, pour décharger l'annexe de l'école normale d'institutrices. Mais ce n'est qu'en 1891 que seront laïcisées les écoles Saint-André et Saint-Ferdinand. La discussion sur la transformation du collège en lycée est interminable, et ce nouveau lycée sera inauguré en 1887, tandis qu'on discute de l'ouverture d'un collège secondaire de jeunes filles. Celui-ci sera installé en 1885 dans l'ancienne école normale. L'abbaye Saint-Père est devenue un casernement militaire. La ville de Chartres constitue un centre de garnison. On s'occupe activement de l'adduction d'eau, et le procédé de l'ozonisation est appliqué dès 1906. On reconstruit la gare centrale des chemins de fer à l'emplacement de l'ancien cimetière Notre-Dame. On procède à différentes opérations d'urbanisme. Mais Chartres stagne dans un conservatisme béat que seuls quelques journaux comme *La Dépêche*, fondée en 1899 par Georges Fessard, parviendront à secouer. En fait, le pays chartrain deviendra radical-socialiste, franmaçon et quelque peu anticlérical.

Mais à l'approche de la guerre de 14-18, et dans un esprit nettement « revanchard », on développe l'implantation militaire à Chartres. La garnison comprend alors un régiment de cavalerie, un bataillon d'infanterie, un escadron du Train des Équipages et enfin un régiment d'artillerie. Et surtout, entre les routes de Sours et de Nogent-le-Phaye, un vaste champ de manœuvres est réservé aux essais des « aéroplanes ». Ce sera l'origine de la Base aérienne de Chartres. Épargnée par la Première Guerre mondiale, la capitale beauceronne a eu tendance à s'enfoncer dans sa torpeur entre 1918 et 1939. Chartres n'est plus qu'une petite ville de province, un marché agricole dont l'activité est en baisse. Les foires aux bestiaux périclitent. On n'élève plus de moutons dans les plaines. Cependant, les riches propriétaires beaucerons abandonnent de plus en plus la campagne pour venir s'installer en ville, ce qui provoque la construction d'immeubles et de pavillons nouveaux. Des quartiers autrefois délaissés se repeuplent. On modernise la gare à l'occasion de l'électrification de la ligne Paris-Le Mans, ce qui coïncide avec la disparition du vieux réseau de l'Ouest-État et la création de la S.N.C.F. La gare de Chartres, avec ses embranchements et son triage, devient très importante, et l'on commence à construire une nouvelle ligne partant de Montparnasse, par Limours et Gallardon. Cette ligne ne sera jamais achevée. C'est alors que les bruits de guerre inquiètent les responsables locaux : on envisage des mesures de protection pour la population, surtout à cause du voisinage de la Base aérienne. Et, ce qui est capital, on démonte les vitraux de la cathédrale afin de les mettre en sûreté. C'est à ces précautions qu'on doit de pouvoir les admirer aujourd'hui.

Car la Seconde Guerre mondiale a laissé des traces dans la ville de Chartres, plusieurs fois bombardée, aussi bien par les Américains que par les Allemands. La cathédrale a heureusement très peu souffert de ces péripéties, malgré le voisinage encombrant de la gare, important nœud de communication à l'époque. Les principaux dommages subis l'ont été en juin 1940, dans le quartier de l'Aviation, puis entre septembre 1943 et août 1944. Les 16, 17 et 18 août de cette année 1944, une poignée de résistants réussit à s'emparer de Chartres et à contenir les efforts de l'armée allemande pour l'investir de nouveau, jusqu'à ce que les troupes américaines pussent mettre un terme aux combats de libération.

Depuis la fin de la guerre, Chartres n'a pas cessé de s'agrandir. La première tâche, au lendemain de la Libération, avait été de reconstruire ce qui était détruit, mais les exigences de la société industrielle ont fait éclater les limites traditionnelles de la ville. La population qui était de 26 000 habitants en 1946 est passée à 42 000 en 1951. De nouveaux quartiers ont été aménagés, d'abord à Bel-Air et à Rechèvres, puis à Beaulieu, à Saint-Chéron et au Puits-Drouet, enfin à la Madeleine. Trois nouvelles paroisses ont été créées : Saint-Jean-Baptiste de Rechèvres, Saint-Paul de Beaulieu et la Madeleine. Les problèmes urbains de Chartres sont ceux de toutes les anciennes villes. Il faut rénover, régulariser le trafic automobile et aménager des secteurs d'activité commerciale ou artisanale. Une zone industrielle a donc été établie vers le sud, le long de l'autoroute de Paris à Rennes, regroupant des activités non polluantes (parfumerie, électronique, imprimerie, petite mécanique). Mais Chartres offre peu de débouchés réels, et les habitants, profitant des liaisons ferroviaires et autoroutières directes, vont la plupart du temps travailler dans la région parisienne, ce qui n'est pas sans faire de la vieille cité beauceronne une sorte de ville-dortoir.

Cependant, Chartres n'a rien perdu de sa valeur artistique et touristique. Dès 1964, dans le cadre de la loi Malraux, on élabora un plan de sauvegarde de la vieille ville, plan officialisé en 1971. Il concerne un secteur sauvegardé de 64 hectares, soit les trois quarts de l'espace intra-muros. L'État, la région et la commune participent en commun à la rénovation et à l'aménagement des vieilles demeures, ainsi qu'à la mise en valeur de l'environnement. A cet égard, les efforts entrepris ont été une assez belle réussite, et les vieux quartiers sont actuellement restaurés avec un goût très sûr. De plus, on y a remis à l'honneur les vieux métiers d'art, comme celui du vitrail. En effet, c'est à Chartres, dans les locaux médiévaux de Loëns, anciens greniers à blé, que se trouve le Centre international du Vitrail, inauguré en 1980, et qui fait rayonner très loin le prestige de l'art français du Moyen Âge.

Le choix de Chartres pour l'établissement de ce Centre du Vitrail est dans la logique des choses. La cathédrale de Chartres constitue incontestablement le plus riche ensemble de vitraux des XIIe et XIIIe siècles. Et ces vitraux, pour la plupart, même s'ils ont été soigneusement restaurés, sont intacts. Ils ont franchi les siècles sans avoir été altérés ou détruits par les guerres, les révolutions ou même les intempéries. Il ne faut pas négliger le fait que la cathédrale de Chartres figure parmi les cinquante-sept sites ou monuments choisis dans la première liste du patrimoine mondial publiée en 1980 par l'UNESCO. C'est un merveilleux titre de gloire pour Chartres. Amateurs d'art, simples touristes, historiens du Moyen Âge, musiciens et mélomanes attirés par la rénovation des Grandes Orgues, tous rejoignent la foule des pèlerins qui viennent méditer dans la crypte, près du Puits des Saints Forts, devant la statue de Notre-Dame de Sous-Terre, ou dans la cathédrale elle-même, devant la Vierge Noire sur son pilier. Plus que jamais, à Chartres, la Beauté et la Foi sont indissolublement liées pour la plus grande exaltation de l'Esprit. La cathédrale Notre-Dame de Chartres, pareille à un phare immuable, au milieu des tempêtes qui surgissent de partout, demeure ce qu'elle était autrefois et ce à quoi elle était destinée : le Trône de la Sagesse.

DEUXIÈME PARTIE

La grande ombre de la Vierge

I

LA MÈRE DE DIEU

C'est au Concile d'Éphèse, en 431, que fut proclamé de façon définitive, dans la doctrine chrétienne, le concept de *Théotokos,* c'est-à-dire de « mère », ou plutôt « génitrice de Dieu », appliqué à la Marie des Évangiles, celle qui donna naissance à Jésus. Avant cette date, de nombreuses controverses s'étaient élevées à propos de ce personnage de Marie entre différents théoriciens du Christianisme, ceux qu'on appelle maintenant les Pères de l'Église. Car il est évident qu'on ne peut admettre l'incarnation d'un Dieu sans se référer à une naissance physique. En ce domaine, les traditions religieuses préchrétiennes ont toujours hésité entre l'incarnation proprement dite et l'*épiphanie* (ou la *théophanie*), c'est-à-dire la « manifestation » d'une entité supérieure sous forme humaine, par sa propre puissance, en une matérialisation pure et simple. Ainsi voit-on, dans *L'Iliade* et *L'Odyssée,* des personnages divins apparaître aux humains de façon presque naturelle, même si, parfois, ils utilisent des déguisements pour mieux éprouver ceux qu'ils veulent guider ou provoquer. Athéna, Aphrodite ou Circé sont des divinités personnalisées qu'il est pour ainsi dire normal de rencontrer au détour d'un chemin, mais qui, une fois leur intervention achevée, disparaîtront dans le monde invisible. Il en est de même dans la tradition celtique, du moins dans ce qu'on peut en connaître : les divinités participent, en certaines occasions, à la vie des humains et ont exactement l'aspect de ceux-ci (avec en plus des caractéristiques indiquant leur état supérieur, même sous forme de tare physique), et elles disparaissent lorsque leur mission est accomplie. Mais il s'agit là — comme chez les Germains d'ailleurs — beaucoup plus d'une concrétisation d'un aspect fonctionnel d'une unique divinité que d'une stricte « matérialisation » d'une entité divine personnalisée.

La pensée indienne fait intervenir une autre notion, celle de l'*avatar*. L'avatar n'est pas une matérialisation, mais une véritable incarnation : mais ici, étant donné la doctrine des vies successives, il est normal de considérer qu'une divinité puisse, de temps à autre, s'incarner sous diverses identités tout en conservant sa qualité divine, cachée sous l'aspect humain naturel qu'elle a revêtu. C'est ce qu'en histoire des religions on appellera une *hypostase,* c'est-à-dire l'état inférieur provisoire d'une entité divine supérieure. Dans la logique indienne, l'avatar ne pose aucun problème particulier, à tel point que de nombreux hindous sont prêts à admettre la divinité de Jésus en tant qu'hypostase d'un dieu supérieur, pourquoi pas Jéhovah. Mais la mentalité est légèrement différente dans la pensée du Moyen-Orient, à propos de la religion mithraïque : Mithra, ancienne divinité héritée de l'Iran — et de l'Inde en dernière analyse — s'incarne véritablement en tant qu'être humain, mais sa naissance est irrégulière, car il est engendré de façon mystérieuse par la Terre, c'est-à-dire par la Déesse-Mère primitive, ce qui rejoint les antiques théogonies grecques où Gaïa s'unit à Ouranos pour engendrer la race des dieux. Mais quand on sait que la naissance de Mithra était fêtée le 25 décembre, d'une part, et que, d'autre part, la religion mithraïque a connu d'importants développements dans les premiers siècles de l'ère chrétienne, risquant même de supplanter le Christianisme, on peut se poser certaines questions. Et l'on constate que le concept d'un dieu incarné, ou manifesté, a toujours été présent dans l'esprit humain, ne serait-ce que pour permettre à cet esprit humain d'avoir communication et dialogue avec une divinité supérieure, créatrice et maîtresse de tout, mais inaccessible, ineffable, innommable et incompréhensible puisqu'infinie et absolue.

Mais le Christianisme, sur ce point, présente quelque chose de totalement différent et de totalement nouveau. Certes, Jésus peut être considéré comme une hypostase, mais non pas comme un avatar : il est l'envoyé, l'*oint*, c'est-à-dire le Christ, le *fils unique* d'un Dieu père dont il n'est au fond qu'une émanation intégrale incarnée dans l'humanité. Jésus n'est pas une divinité qui abandonne le monde invisible pour venir s'incarner, en tant qu'avatar, sur la terre : il est toujours dans le monde invisible, *mais il est aussi dans le monde visible* par le processus de son incarnation pleine et entière, par son humanité totale. C'est sans doute la première fois qu'une telle notion apparaît dans l'histoire de la pensée humaine, et c'est ce qui fait la profonde originalité du Christianisme par rapport aux autres religions. Mais il est évident qu'une telle notion pose davantage de problèmes qu'elle ne paraît en résoudre si l'on s'en tient à une explication historicisante des faits.

C'est cette historicisation qui a provoqué les controverses les plus vives quant à ce qu'on appelle le « mystère de l'Incarnation » et quant au concept de *Théotokos*. Il ne faut pas oublier en effet que le message christique, d'origine hébraïque (et même araméenne), a transité par le monde hellénistique (saint Paul) avant d'aboutir en plein cœur du monde romain. Or cette « récupération » du message christique par la mentalité romaine n'a pas été sans conséquences. La mentalité romaine a une particularité sinon bien connue, du moins bien établie : elle est *historicisante*. Cela signifie que l'esprit romain — contrairement à l'esprit grec qui *philosophe* — fait de l'histoire partout, même où il n'y en a pas. L'esprit romain veut du concret avant tout. C'est d'ailleurs ce qui a fait la force de la Rome antique, tant sur le plan politique que sur les plans militaire, économique et juridique. Mais, comme l'a démontré Georges Dumézil, si les

Indiens et les Celtes pensent *mythiquement*, les Romains sont incapables de comprendre autrement les mythes que sous forme d'histoires vécues réellement et replacées arbitrairement dans un temps déterminé. L'exemple le plus fameux est celui d'Horatius Coclès (Horatius le Borgne) défendant, selon Tite-Live, le pont Sublicius contre l'assaut des Étrusques. Horatius est donc présenté comme un personnage historique, un héros du patriotisme romain : or, il s'agit tout simplement d'un récit concret du mythe de Wotan-Odin, le dieu borgne de la mythologie germanique. Il en est de même pour un autre héros « historique », Mucius Scaevola, qui n'est ni plus ni moins que le dieu germanique — et indo-européen — Tyrr, le manchot, celui qui n'hésite pas à faire un faux serment et ainsi à perdre son bras pour sauver sa communauté. Quant aux trois Curiaces, devenus si célèbres grâce à Corneille, il n'est guère difficile d'y retrouver l'Hydre de Lerne aux multiples têtes que combat le non moins célèbre Hercule-Héraklès. On pourrait multiplier les exemples, en particulier à propos du roi soi-disant historique Numa Pompilius qui avait des entretiens secrets avec la déesse Égéria (d'où le nom commun d'*égérie*), laquelle lui soufflait à l'oreille les meilleurs conseils pour qu'il pût édicter des lois à l'usage du peuple tout en donnant — comme le fit Moïse — une valeur divine et donc indiscutable à des institutions humaines, procédé qui a toujours été utilisé pour légaliser une forme de gouvernement.

Cela dit, cette mentalité historicisante des Romains n'a pas manqué d'influencer l'interprétation, voire la rédaction des Écritures lorsque l'Église romaine s'est imposee comme la pierre angulaire de tout l'édifice religieux de l'Occident. Comment savoir si les Évangiles n'ont pas été victimes du même processus d'historicisation ? Il serait quand même étonnant que le même peuple, doté des mêmes structures mentales, ait pu agir différemment à propos de textes mythologiques païens et de textes religieux chrétiens. Et à partir du moment où l'Église est devenue une institution humaine, avec une hiérarchie et des ébauches de dogmes, le message christique devenait nécessairement une page de l'histoire du monde : on pouvait admettre à la rigueur l'existence historique de Jésus, sa mission divine, le fait qu'il soit à la fois Dieu et homme, mais on se trouvait pris au piège de l'Histoire. Il fallait donc expliquer ou tenter d'expliquer d'une façon ou d'une autre son incarnation. D'où l'importance accordée à la mère de Jésus, qui ne pouvait pas être n'importe qui puisqu'elle était le réceptacle du divin, donc un être humain certes, mais exceptionnel, d'autant plus qu'il était bien précisé que Jésus était le *fils unique*, et que, par conséquent, l'événement ne se répéterait jamais, contrairement à la croyance indienne des avatars.

Il semble qu'au tout début du Christianisme, l'image de la mère de Jésus n'a eu qu'une importance toute relative. Le peu de cas que font d'elle les Évangélistes, Luc mis à part, porterait plutôt témoignage dans ce sens. Quant à saint Paul, véritable fondateur de la religion chrétienne, le problème de Marie ne l'intéresse guère. Il faut bien dire que c'est essentiellement dans les milieux gnostiques que le concept de la Théotokos s'est développé. On sait que les sectes gnostiques, qui ont fleuri dans tout l'Orient méditerranéen, se proposaient d'établir un lien entre les traditions mystico-philosophiques les plus anciennes et le message donné par les Évangiles. Ce lien se présentait parfois sous forme d'un vague syncrétisme, mais le plus souvent comme une tentative de synthèse approfondie. Il permettait de retrouver une image très difficile à extirper sinon de la mémoire populaire du moins de l'inconscient collectif, celle d'une divinité féminine primordiale, celle que tout l'Orient vénérait, particulièrement à Éphèse. Et ce n'est pas par hasard si c'est à Éphèse que fut proclamé le concept de la Théotokos, puisqu'Éphèse était réellement, depuis la plus haute antiquité, le sanctuaire central et essentiel de tous les cultes rendus à la Déesse-Mère.

Pour les divers théoriciens gnostiques, cette image de la Déesse-Mère universelle, sous quelque nom qu'on l'invoquât, était capable de cristalliser toutes les pulsions de l'être humain vers la connaissance suprême. L'Esprit saint fut alors considéré comme un symbole représentant la mère de la Sainte Trinité. Le mot par lequel on désignait le Saint-Esprit était neutre en grec, mais féminin en hébreu et en araméen. Les Gnostiques eurent tôt fait de remplacer le neutre grec *pneuma* (littéralement le « souffle ») par le féminin *sophia* (la « sagesse »), le terme s'employant d'ailleurs indifféremment au féminin ou au masculin dans les textes de l'époque, mais qui désignait nettement l'aspect et le caractère féminin de la divinité. Ainsi s'explique d'ailleurs le célèbre vocable de la basilique Sainte-Sophie de Constantinople : la *sophia,* c'est la sagesse divine créatrice et moule absolu de tout ce qui est, le souffle essentiel par lequel tout être doit passer avant d'acquérir sa forme.

Certes, « Sainte-Sophie » n'est qu'un vocable, au même titre qu'une quelconque « Notre-Dame de Bonne Nouvelle », et cela ne tire guère à conséquences sur d'autres plans que celui de la liturgie populaire. Mais les Gnostiques ne l'entendaient pas tout à fait de la même façon que les Chrétiens orthodoxes : pour eux, non seulement Sophie était la mère réelle de Jésus, le Christ, mais elle était la Déesse-Mère que tout croyant devait adorer à égalité avec Dieu, le Père, et Jésus, le Fils. Et la Trinité se trouvait ainsi exprimée : Dieu-Père, Jésus-Fils et Marie-Mère. Le seul problème était de concilier cette brillante démonstration (parfaitement logique, puisqu'ainsi était proclamée une famille divine avec deux parents et un enfant) avec l'Évangile de Luc où il apparaît nettement que l'Esprit saint est le géniteur de Jésus et ne peut en aucun cas être considéré comme un élément féminin. Mais certains théoriciens s'en tiraient en faisant de Marie-Esprit saint une sorte d'entité androgyne se dédoublant provisoirement pour accomplir sa mission procréatrice.

Au reste, ce n'est pas cette contradiction pourtant essentielle qui provoqua la réaction et l'indignation des Pères de l'Église ; c'est beaucoup plus le fait qu'on aboutissait à un concept de divinité féminine à égalité avec Dieu le Père, alors que, selon les Évangiles, et leur caractère historicisant, Marie n'était qu'un être humain choisi par Dieu. Il eût fallu, pour accepter la divinité de Marie, supposer qu'elle était elle-même une hypostase féminine de Dieu, ce qui, vu le caractère antiféministe du judéo-christianisme, était proprement inadmissible, et vu l'absence de toute référence, fût-elle canonique, absolument impensable. C'est ainsi qu'Épiphane, un de ces distingués Pères de l'Église, qui vécut de 315 à 403, condamne sans équivoque tous ceux qui seraient tentés de rendre un culte particulier à Marie : « Le corps de Marie est saint, mais il n'est pas divin ; elle est vierge et digne de grands honneurs, mais elle ne doit pas être pour nous un objet d'adoration. » Et dans cette protestation commence à se magnifier la virginité de Marie, sans qu'on sache très bien quelle signification précise Épiphane, comme tous ses contemporains, attachait au terme « vierge ». Ceci est d'ailleurs un autre problème : l'essentiel était de démontrer que Marie était une femme, et uniquement une femme, même si elle pouvait être reconnue comme une sainte.

Un autre Père de l'Église, saint Ambroise, le célèbre évêque de Milan qui eut tant d'influence sur saint Augustin, affirmait d'ailleurs que « Marie était le temple de Dieu et non le Dieu du Temple. C'est pourquoi seul doit être adoré Celui dont la présence anime le Temple ». Il s'agit, comme dans tout commentaire théologique, d'une affirmation qui ne s'appuie sur rien. On peut l'admettre comme article de foi, mais non comme une démonstration. Mais si on va au-delà des apparences, cette affirmation se charge d'une certaine ambiguïté. Si Marie est le *Temple* de Dieu, ce que personne ne songerait à contester puisque Jésus-Dieu prend corps en Marie, cela signifie que Marie est considérée comme un *contenant*. Or, comme Jésus-Dieu est dans ce cas-là le *contenu*, est-on en droit de considérer le *contenant* comme inférieur au *contenu ?* Autrement dit, si l'on suit l'opinion de saint Ambroise, on est amené à prétendre logiquement que le Parfait (Jésus-Dieu) naît de l'imparfait (Marie-femme). On se doute qu'une telle constatation puisse déboucher sur des horizons très hétérodoxes, et en tout cas peu compatibles avec ce qu'on affirmait au départ. C'était donc la porte ouverte aux pires hérésies. Et cela provoqua de toute façon un long processus de spéculations théologiques à propos de Marie, mère de Dieu, qui allait aboutir, seulement au XIXᵉ siècle, à la proclamation du dogme de l'Immaculée Conception, lequel était finalement un moindre mal puisqu'il empêchait qu'on considérât Marie comme l'égale de Dieu, c'est-à-dire une « déesse », tout en reconnaissant sa singularité parmi le genre humain.

Les Gnostiques ne se seraient pas contentés de l'Immaculée Conception de Marie. D'ailleurs, les Gnostiques ne s'exprimaient pas en termes théologiques, mais bien plutôt en termes philosophiques, accumulant pour ce faire des éléments mystiques, des fables mythologiques et des spéculations cosmologiques. Leur idée était de faire coïncider les traditions dites païennes et les enseignements judéo-chrétiens. Or, ce qu'ils retrouvaient le plus aisément dans les traditions dites païennes, c'était le culte universel de la Grande Déesse aux multiples visages, aux multiples noms, aux multiples fonctions, mais de toute façon, la Déesse des Commencements, celle que la Genèse hébraïque ose à peine suggérer par les « Eaux » primordiales sur lesquelles soufflent les mystérieux « Élohim ».

Ce premier « raccordement » conduit à d'autres rencontres. Les apports judéo-chrétiens, dans la pensée gnostique, c'était d'abord la notion de la « Jérusalem céleste », image symbolisant l'humanité future, puis l'*assemblée* elle-même des participants à cette Jérusalem céleste, autrement dit l'*Ecclesia,* l'Église (« assemblée » au sens étymologique). C'est Jésus lui-même qui fait allusion à cette Jérusalem céleste, et l'on doit remarquer qu'il en parle toujours en termes qui insistent sur la *féminité* de cette assemblée d'élus. Saint Paul en reprend l'image et l'appellation, et il la définit comme « notre mère ». On voit là où est l'origine de l'expression bien connue : « notre sainte mère l'Église ». C'est la *nouvelle Ève,* celle qui vient écraser la tête du Serpent (et qu'on va représenter de cette façon dans la statuaire médiévale), c'est la véritable mère des vivants, à travers laquelle nous est communiquée la vie spirituelle du Christ, lui-même le *nouvel Adam*. On s'aperçoit aisément que Marie, mère de Jésus, est totalement absente de cette spéculation. On en vient davantage à considérer l'Église, la fiancée (la Sulamite du *Cantique des Cantiques,* celle qui est « noire mais qui est belle »), puis l'épouse du Christ, à peu près comme la nation israélite était considérée, selon la pensée juive, comme l'épouse de Jéhovah. Et si l'on comprend bien le rituel de la messe catholique, le prêtre (quand il officiait le dos tourné aux fidèles !), symbole et sublimation de l'assemblée qu'est l'Église, donc principe féminin, provoque, par la consécration de l'hostie et la communion qui s'ensuit, de véritables *épousailles* entre cette assemblée et Jésus-Dieu qui descend sur l'autel. Mais tout cela est très abstrait et relève d'une connaissance approfondie du problème des rapports entre Dieu et son peuple. On comprend alors pourquoi ce concept d'*assemblée* épouse du Christ s'est lentement amalgamé au personnage concret de Marie, mère du Christ, mais aussi *mère de tous les hommes,* si l'on en croit les Évangiles. Et si Marie est la Mère de tous les hommes, personnage *historicisé* parfaitement compréhensible et qu'on peut atteindre de façon sensible, elle acquiert de ce fait toutes les caractéristiques dévolues autrefois à la Grande Déesse universelle, mère de tous les dieux et de tous les hommes.

Mais ce ne sont pas les Gnostiques qui ont provoqué l'irruption du personnage de Marie dans la théologie orthodoxe. Curieusement, c'est une authentique hérésie, celle qu'on connaît sous le nom d'arianisme, qui en est, en grande partie, responsable. On sait qu'Arius, fondateur de cette doctrine, qui était prêtre d'Alexandrie (creuset dans lequel se fondaient les influences orientales et occidentales), refusait de reconnaître la nature divine de Jésus, faisant de celui-ci un simple prophète inspiré. Partant de cette négation, il ne pouvait faire autrement que de refuser le rôle de l'Esprit saint dans la conception de Jésus en Marie, et par conséquent il en arrivait à nier absolument le rôle ou la spécificité de Marie, rejetant du même coup tout élément féminin dans la problématique chrétienne. Or, Arius (à l'époque, on ne brûlait pas encore les hérétiques !) se heurta violemment, par de longues discussions théologiques, à saint Athanase, qui fut évêque d'Alexandrie en 328, sur cette question de l'Incarnation. Par réaction contre Arius et sa négation du rôle de Marie, principe féminin, saint Athanase se vit dans l'obligation non seulement de défendre l'incarnation de Jésus-Dieu dans le sein de Marie, mais d'accroître le rôle et la spécificité de celle-ci. Selon lui, si Marie n'était pas la mère du Verbe, ce Verbe ne pouvait pas avoir été consubstantiel *(homoousios)* au genre humain, et par conséquent, le concept de Rédemption n'avait plus aucun sens. Donc il fallait admettre que Marie était la mère réelle du Christ, avec toutes les conséquences que cela impliquait, si l'on voulait prouver le caractère divin de Jésus, parallèlement à son caractère humain. Et Marie surgissait alors de ce raisonnement comme étant le creuset dans lequel s'était réalisée de façon parfaite encore que mystérieuse la fusion entre le divin et l'humain.

C'est cette conception qui a prévalu. En 533, un décret de l'empereur byzantin Justinien déclare très explicitement à propos de Jésus qu'il est « consubstantiel au Père selon la divinité et consubstantiel à nous-mêmes selon l'humanité ». C'est dans cette mesure qu'il est le Médiateur entre Dieu et l'humanité puisqu'il permet à Dieu de s'exprimer par des paroles humaines et aux humains et de s'adresser à Dieu l'incommunicable par des paroles humaines qui dépassent parfois le sens étroit des mots. Mais on retombait alors sur le même problème : quelle femme terrestre, affligée de toutes les tares de l'humanité, pouvait être digne d'être le *Temple* de Dieu ? Cela entraînait d'ailleurs un autre problème, presque métaphysique celui-ci : quelle femme terrestre, faible et imparfaite, serait *capable* de supporter une telle hiérogamie, une telle union avec le Parfait ?

Les traditions dites païennes nous ont pourtant rendues familières ces unions sacrées entre une « mortelle » et un dieu, ou entre un « mortel » et une déesse. Ces unions sont généralement génératrices de héros, tels Héraklès ou Énée. Mais ces unions sont souvent dangereuses pour l'homme et la femme qui en sont les protagonistes. Anchise, le père d'Énée, est devenu boiteux après s'être uni à Vénus, et, la plupart du temps, une malédiction est attachée au mortel qui a eu l'audace de participer, ne fût-ce qu'un instant, à la puissance divine. On remarquera d'ailleurs qu'il ne s'agit jamais d'une déchéance pour le dieu ou la déesse : il arrive seulement que celui-ci ou celle-ci ait la crainte de perdre quelque peu de son pouvoir divin. A la limite, les tares physiques et les déchéances qui peuvent s'abattre sur le mortel ne sont pas non plus des déchéances, *mais des marques laissées par la divinité* et qui, désormais, différencient le personnage humain du reste de ses semblables.

Les comparaisons que l'on peut faire entre certaines conceptions chrétiennes et des traditions païennes n'ont rien de choquant, et de toute façon, elles ne sont jamais fortuites. Dans le cas des tares physiques subséquentes au contact d'un humain avec une divinité, on constate une même croyance chez les Juifs et chez les Chrétiens : l'exemple de Moïse qui ne discerne Jéhovah qu'à travers le Buisson ardent est significatif. Celui du héros Galaad se penchant au-dessus du Saint-Graal et mourant de la vision transcendantale qui s'opère en est un autre. Comme le dit Moïse lui-même (*Exode,* XXXIII, 20) : « Nul ne peut voir Dieu et vivre. » Il s'agit toujours du même rapport entre le Parfait et l'Imparfait, et ce n'est qu'au terme d'une lente initiation (en fait, la Vie terrestre) que l'être humain est capable de supporter la vision d'un Dieu infini et absolu.

Ces mêmes comparaisons sont encore plus significatives à propos de Marie, mère de Dieu, quand on les établit d'une façon concrète, en examinant les croyances et les cultes dits païens qui coexistaient avec le Christianisme primitif dans tout l'Empire romain. Le culte de Mithra, et la valeur symbolique du dieu phrygien, comme sa signification ésotérique héritée du lointain passé indo-européen, sortaient en fait du même moule de pensée qui présida à l'élaboration de la religion chrétienne, à tel point, répétons-le, que

Mithra a réellement failli, du moins au IIe siècle de notre ère, supplanter Jésus, en particulier chez les légionnaires romains — qui appartenaient à toutes les ethnies, sauf l'ethnie latine — occupant de vastes territoires vers les limites de l'Empire, sur le *limes*. Sur ce point, l'archéologie nous fournit des certitudes : le culte de Mithra a été apporté dans les mêmes bagages que le message christique. Mais ces deux conceptions religieuses, à la limite très proches l'une de l'autre, n'étaient pas seules : elles étaient fortement concurrencées par un autre système, lui-même originaire d'Asie Mineure, le culte de Cybèle.

C'est là que tout devient déterminant quant à l'élaboration du culte marial. Non pas que le culte marial soit dérivé en droite ligne du culte de Cybèle, mais bien plutôt parce que les deux systèmes, en dépit d'un certain parallélisme de base, ont été des antagonistes acharnés. On sait en effet que si la condamnation de la secte des Chrétiens par les autorités romaines était due au fait que les Chrétiens, en refusant de sacrifier aux dieux de Rome, se plaçaient hors la loi, les pires ennemis de ces Chrétiens furent les sectateurs de Cybèle, lesquels ne manquèrent jamais une occasion de jeter de l'huile sur le feu lors des persécutions. Un simple exemple suffit : en Gaule romaine, les persécutions furent féroces dans deux villes, Vienne et Lyon ; or, ces deux villes étaient celles qui comprenaient le plus de Chrétiens et de sectateurs de Cybèle. On peut affirmer à bon droit que les deux systèmes occupaient le même terrain.

La religion de Cybèle avait en effet envahi Rome et les vastes territoires dominés par elle au moment où le discrédit des cultes latins ancestraux s'était confirmé. Plus personne ne croyait sérieusement à la religion officielle romaine, et surtout plus personne n'acceptait l'*agnosticisme* d'une telle religion qui ne prônait nullement la survie de l'âme après la mort. On oublie trop souvent que la religion grecque classique et la religion officielle romaine n'étaient que des rituels formels destinés à se concilier les dieux pour mener une existence temporaire la meilleure possible. Il en était de même d'ailleurs chez les Hébreux avant l'introduction des doctrines orientales, et même à l'époque de Jésus, certains Juifs n'admettaient pas l'immortalité de l'âme. On sait aussi que les auteurs grecs et latins s'offusquaient de la doctrine druidique qui affirmait cette immortalité : ils l'auraient jugée comme barbare et puérile, nous disent-ils en maintes occasions, si elle n'avait pas offert certaines similitudes avec l'enseignement de Pythagore. C'est dire la profondeur de cet *agnosticisme* qui ne satisfaisait guère la tendance naturelle qu'on découvre chez les humains à se raccrocher à une transcendance. La religion officielle romaine devint donc purement et simplement un rituel patriotique, une sorte de ciment qui scellait les membres d'une *civitas,* autrement dit les citoyens appartenant à un même groupe ethnique. Mais pour ceux qui dépassaient l'attitude agnostique, il fallait bien trouver ailleurs des doctrines qui pussent les satisfaire. Ce fut le cas des religions à mystères, du type de l'Orphisme, ou encore de type élusinien, puis de type isiaque, et enfin des cultes de Mithra et de Cybèle, précédant immédiatement, mais se prolongeant, le message christique qui avait l'avantage de proposer une version historicisée de la survie de l'âme après la mort.

Comme le mithraïsme, le culte de Cybèle s'est propagé à partir de l'Asie Mineure, notamment de la Phrygie. Cette région doit être considérée comme une véritable matrice de religions, et elle a sa part dans l'élaboration de l'Église chrétienne : n'est-ce pas en Phrygie que les premiers Chrétiens, groupés autour de Jean et de Paul, s'étaient réfugiés ? N'est-ce pas dans ce pays qu'ils commencèrent la véritable « évangélisation » du monde de ceux qu'on appelait les « Gentils » ? Mais sur cette terre de contrastes et de violences, les disciples de Jésus n'avaient pas pour autant trouvé la paix : ils furent en butte aux zélateurs de nombreuses autres religions, principalement aux sectateurs de la Déesse-Mère, en l'occurrence la fameuse Cybèle, souvent représentée comme la Grande Prostituée — c'est-à-dire celle qui se donne à tous —, couronnée de tours — symbole de puissance —, mère de tous les dieux et assise en grande triomphatrice sur le monstre qu'elle dompte, image qui deviendra la Vierge écrasant le Serpent, ou même la Dame à la Licorne, apaisant l'ardeur belliqueuse de cet animal fantastique, en recueillant sa tête sur son sein. Cybèle, héritière de la Déesse-Mère primitive, n'est autre que le visage rénové de l'antique Artémis grecque, de l'Ishtar babylonienne, de la Déesse-Soleil des anciens Scythes. Elle est l'aboutissement, dans un milieu hellénistique raffiné, d'une lente maturation du concept de la Divinité féminine des origines.

Quel est donc ce personnage mystérieux issu de la nuit des temps ? Cybèle, telle qu'elle apparaît aux premiers siècles de l'ère chrétienne, est encore chargée d'un substrat qui remonte à la Préhistoire. On peut oser affirmer que c'est elle qui figure, de façon étonnante, soit sous forme réaliste dans les statuettes stéatopyges du sud de la France, qui datent du Paléolithique, soit sous forme abstraite, ou tout au moins schématique, dans les grands monuments mégalithiques de l'Occident, en Bretagne et en Irlande notamment, et qui datent du Néolithique. Cybèle dérive donc de la déesse néolithique de la Vie et de la Mort, de la Fécondité et de la Guerre, qui est à l'origine de toute créature, humaine ou animale. C'est la représentation concrète de l'énergie créatrice, l'expression la plus populaire du principe générateur qui meut et transforme le monde, ce que certains philosophes appelleront plus tard, avec une teinte de matérialisme athée, la *Natura naturans*, c'est-à-dire la « Nature en train de naturer », image de la création permanente qui s'opère à travers le monde pour aller de la Matière première vers la Pierre philosophale, de l'Imparfait au Parfait. Et, bien entendu, des missionnaires se répandent à travers l'Empire pour raconter l'*histoire* de la Déesse, qui n'est qu'un récit enrichi de détails nécessaires à la mentalité romaine du mythe essentiel de la *Mater Deum*, la « Mère des Dieux ». La connaissance de ce mythe nous prouve non seulement le parallélisme entre Cybèle et Marie, mais surtout que ce schéma, qu'on pourrait qualifier d'initiatique, répondait à un besoin fondamental de la part des populations de l'Empire romain à cette époque précise.

Ce schéma est le suivant : la Déesse primordiale, qui n'est pas la créatrice de l'univers, a reçu mission de l'entité divine créatrice inconnue et mystérieuse de mettre en œuvre l'énergie de cet univers et d'en assurer l'harmonie. Elle est donc *démiurge*. Mais des puissances obscures et adverses (l'*Ennemi* de la tradition hébraïque sous quelque nom qu'il porte, ou encore les Géants de la tradition germano-scandinave) s'acharnent contre l'univers, et l'œuvre tout entière est compromise (thème de la Chute). Le monde terrestre eût été anéanti sans l'intervention d'un autre dieu, *fils de la Déesse, mais aussi du Dieu inconnu,* qui eut pour mission de rendre au monde son harmonie en *renouvelant annuellement l'action initiale du créateur*. Car le rôle du dieu-fils limitait ses effets à la durée du cycle de l'année, d'une année *solaire,* il faut le préciser, car l'origine de tout ce mythe se situe au niveau d'une divinité solaire féminine qui détient chaleur et rayonnement, mais qui a besoin d'une autre divinité, en l'occurrence la Lune, pour les répercuter sur le monde. En un sens, la Mère contient la *potentialité,* et le Fils, chargé de cette potentialité, la met en œuvre, en tant qu'agent d'exécution. C'est pourquoi, pour bien marquer ce rôle, le Fils était à la fois *fils et amant* de la Mère. Et au bout du cycle annuel, il devait mourir, *puis renaître* avec la nature tout entière. La passion annuelle et la renaissance annuelle du Fils constituaient donc la base essentielle de la liturgie de ce système religieux que l'on peut appeler *métroaque,* consistant en somptueuses commemorations de cet événement peut-être mythique sur le plan du récit, mais bien réel sur le plan concret : la mort de la nature au seuil de l'hiver, et sa renaissance au début du printemps. Il y avait la même idée dans le schéma initiatique d'Éleusis à propos de la déesse Déméter, qui partait dans les Enfers, à la recherche de sa fille Korê-Perséphone, prisonnière d'Hadès-Pluton. C'est également le thème primitif de la *Quête du Graal,* puisque le territoire du Roi-Pêcheur, blessé et impuissant, *mais qui a déjà une fille,* est devenu stérile dans l'attente de celui qui viendra *redécouvrir* le Graal. Et les schémas mythologiques de même nature ne manquent pas dans la tradition celtique.

Les épisodes du récit mythique concernant Cybèle sont nombreux et variés, mais se réfèrent tous aux mêmes données. Le fils, auquel on donne ici le nom d'Attys, est associé à un arbre, le cèdre en Orient, le pin en Occident. Il meurt au terme d'une véritable tragédie qui est l'équivalent de la Passion christique. Au bout de quelques jours de deuil, sa mère-amante le ranime, et elle l'épouse en une sanglante hiérogamie dont bénéficie toute la création. Mais, en Phrygie, puis bientôt dans tous les pays soumis à l'influence du culte de Cybèle, la tragédie au cours de laquelle meurt Attys prit une coloration étrange qu'on peut classer comme fanatique et qui a eu des équivalents dans la pensée chrétienne médiévale. En effet, pendant les fêtes de commémoration de l'événement, les prêtres phrygiens, renchérissant sur leurs prédécesseurs, se livrent à des danses frénétiques, probablement dopés par l'absorption de certaines substances hallucinogènes, et en arrivent à se châtrer volontairement (bien que sous l'emprise d'un délire mystique) afin de s'identifier pleinement au fils ensanglanté de leur déesse. Il en subsiste quelques souvenirs à l'intérieur du Christianisme : d'une part, le phénomène mystérieux et insondable qui provoque chez certains individus en état d'hypnose mystique l'apparition des stigmates de la Passion de Jésus-Christ ; d'autre part, le célibat et la chasteté requis pour les moines et les prêtres catholiques, cette chasteté étant évidemment, sur un plan symbolique, la réplique exacte de la castration des prêtres de Cybèle.

Au départ, la religion métroaque, avec ses rites cruels mais conformes à la nature, se présentait comme une pratique plus cosmogonique que théologique. En accomplissant les rites annuels, il s'agissait surtout d'aider la nature à bien fonctionner ; donc cela visait à un profit matériel, l'espoir d'avoir de beaux troupeaux et de belles récoltes. Mais peu à peu, ce naturalisme primitif s'était chargé d'une série de réflexions métaphysiques sur le sens de la vie et le destin de l'homme. Les influences d'Éleusis et des différentes « religions à mystères » se firent sentir. Si les mystères d'Attys illustraient toujours la mort et la résurrection du dieu-fils, celui-ci devenait un modèle et un exemple pour toute l'humanité : à travers Attys, c'était l'être humain qui, par son évolution personnelle aussi bien que par l'aide de sa divine mère, pouvait espérer renaître après la mort dans un état supérieur. La mort n'était plus une *fin*, mais un *passage*. D'où d'ailleurs la notion de « trépas » qui indique un passage vers un « ailleurs », un dépassement du monde des réalités visibles pour parvenir à un monde suprahumain. La religion de Cybèle devint ainsi une religion de salut, susceptible de transférer le bénéfice de la résurrection, autrefois réservé à Attys, à tous les hommes, même aux étrangers, ce qui était très important et explique assez le succès foudroyant du nouveau système.

On pense que c'est au cours du second siècle de notre ère que le culte de Cybèle s'enrichit d'un élément hétérogène, le taurobole, sacrifice du taureau, qui appartenait auparavant au mithraïsme (ainsi d'ailleurs qu'à d'antiques rituels religieux occidentaux dont nous n'avons plus que quelques traces [1]). Symboliquement, à la mort du dieu-fils répondait celle du soleil-taureau. La pratique qui consistait à faire recevoir aux fidèles le sang du taureau, équivalent d'un baptême par l'eau, offrait une signification exemplaire, manifestant ainsi la part que prenaient les humains à la mort du dieu, puis à sa résurrection. C'est ainsi que lorsque la religion métroaque se fut complètement libérée de ses attaches naturalistes et eut abandonne ses buts matériels temporaires, le sacrifice du taureau et le bap-

1. Ainsi, d'après Pline l'Ancien, la cueillette du gui, rituel célèbre mais généralement présenté de façon incomplète, était suivie du sacrifice d'un taureau, ce qui indique clairement que les Druides pratiquaient le taurobole. Cela nous est confirmé par de nombreux récits irlandais du haut Moyen Âge, notamment ceux du « Cycle d'Ulster » où des guerres inexpiables sont engagées pour s'assurer la possession d'un taureau divin, lequel finalement est sacrifié au cours des combats. Tout ce cycle fait d'ailleurs penser à une civilisation de type pastoral où le sacrifice d'un taureau est essentiel pour assurer la prospérité de l'ensemble du troupeau. Il faut aussi remarquer que l'idée de taurobole se retrouve à travers la pratique de la tauromachie.

tême par le sang prirent une valeur initiatique : une fois sorti de la fosse dans laquelle il avait reçu le sang, le *myste* était, selon la formule consacrée, *in aeternum renatus,* c'est-à-dire « re-né » pour l'éternité. Il n'est pas utile de s'étendre sur les analogies entre ces pratiques et celles du Christianisme. Non pas qu'il y ait nécessairement influences réciproques, mais cela correspondait à une demande, à une interrogation angoissée des hommes, alors que les systèmes religieux traditionnels ne leur offraient que la perspective d'une vie heureuse mais limitée dans le temps.

Le sacrifice du taureau s'accrocha donc étroitement à la liturgie métroaque. Mais les sectateurs de Cybèle y ajoutèrent autre chose. On ne se contenta pas de répandre le sang du taureau sur les fidèles, on prit l'habitude d'arracher les *vires,* c'est-à-dire les testicules de l'animal. Ces *vires* étaient transportés solennellement avec les cornes dans le temple de la déesse et déposés sous un autel commémoratif. La pratique de la vénération des reliques, si commune dans le Christianisme, n'est pas non plus sans rapport avec ce rite.

De plus, pour assurer le triomphe de leur religion, les prêtres de Cybèle eurent l'idée de génie d'associer leur culte au culte de Rome et de l'empereur. On sait que, dans la religion officielle romaine, l'empereur défunt était divinisé (cérémonie de l'apothéose) et qu'on le vénérait au même titre que les autres dieux. Loin de mépriser cette vénération de l'empereur, les prêtres de Cybèle allèrent encore plus loin et présentèrent leur déesse comme la protectrice de l'empereur, assimilant de fait le personnage historique au Dieu-Fils, ce qui n'était pas pour déplaire à la mentalité latine. Bientôt, la déesse adopte le nom de Cybèle Auguste, et les prêtres prirent une place importante dans le culte municipal de l'empereur. C'est dire l'importance que revêtit la cérémonie du taurobole. En 160, un taurobole officiel, le premier en date, fut offert pour le « salut de l'empereur ». Il faut savoir que l'empereur Antonin était un dévot de la Mère des Dieux, et qu'à cette époque, on put croire que le culte de Cybèle allait devenir la religion de tout l'Empire romain : en toute logique, l'empereur devenait le fils de la Déesse, et il était promu « sauveur » du monde, régénérateur de la nature, modèle de vie, comme l'Attys de la tradition mythologique. Et ainsi se renforçait le concept d'un médiateur humain d'origine divine, concept qui était précisément celui que révélait, dans un tout autre contexte, le message christique. Encore une fois, c'était une réponse à une demande profonde des populations hantées par l'idée d'un salut qui pouvait être à la fois individuel et collectif.

Tout cela débordait d'ailleurs largement du cadre étroit des spéculations métaphysiques. Cette nouvelle attitude religieuse imprégnait la vie quotidienne et se marquait par un calendrier précis, à base solaire, privilégiant le printemps, saison du renouveau et donc de la résurrection. Les grandes fêtes métroaques commençaient aux ides de mars. Pendant une semaine, on devait observer une période de deuil marquée essentiellement par une continence sexuelle absolue. Il en est resté quelque chose dans le Carême chrétien. Puis, le jour de l'équinoxe de printemps, le 21 ou le 22 mars, avait lieu la « Procession du Pin ». L'arbre était coupé par les prêtres, les *dendrophores* (porteurs de feuilles) ; il était orné de bandelettes, comme une momie, et orné d'une figuration d'Attys, sculpté sur une branche. Ainsi l'arbre était donc Attys lui-même, préparé pour la cérémonie funèbre. Ces rites, il faut le préciser, étaient accomplis avant le lever du soleil. Une fois préparé, l'arbre était conduit en procession dans le temple de Cybèle, et il y était dressé : pendant trois jours et deux nuits, il restait exposé, gardé par des fidèles qui exprimaient leur désespoir par des mélopées funèbres et des chants plaintifs.

Le 24 mars, avait lieu la Fête du Sang. Les plus exaltés des fidèles se tailladaient les épaules et les bras pour arroser le Pin de leur sang et donc participer eux-mêmes à la Passion du dieu. Le Pin était alors descendu dans un caveau du temple, et commençait une grande veillée où les fidèles parachevaient leur purification. Il en reste quelque chose dans les rites maçonniques, en particulier le séjour que font les néophytes dans la « Tombe ». Le lendemain matin, aux premières lueurs de l'aurore, quand les rayons du soleil commençaient à pénétrer dans le fond du sanctuaire [1], on pouvait alors voir, étendu sur un lit de parade disposé aux pieds de la statue de Cybèle, le jeune dieu ressuscité : un fidèle qui jouait ce rôle envié. Ainsi débutait la journée des *Hilaria,* celui de la joie universelle. On disposait sur un char tiré par quatre chevaux l'image de Cybèle et d'Attys, en bonnet phrygien, portant le bâton pastoral de la crosse, symbole de commandement [2]. Suivait une procession étonnante composée de joueurs de flûte et de tambourin, de cymbaliers, de chanteurs, de porteurs de torches, de prêtres et de prêtresses vêtus de blanc, couronnés d'or, qui encadraient le grand prêtre, l'Archigalle, au pallium de pourpre. La procession s'engageait dans les rues de la ville et s'arrêtait dans les temples de tous les autres dieux, manifestant ainsi que Cybèle et Attys étaient *supérieurs* à ceux-ci, en toute logique, puisque Cybèle était la *Mater Deum.* Et la journée s'achevait par de somptueux banquets où les boissons alcoolisées coulaient généralement à flots, ce qui n'était pas sans effet sur le comportement « orgiaque » des participants, tout au long de la nuit qui suivait [3].

Ces fêtes constituaient le sommet de la liturgie métroaque, tant par leur durée que par leur solennité. Mais il ne faudrait pas oublier la partie *secrète* du

---

1. On peut se souvenir que, dans certains monuments mégalithiques (tumulus de Newgrange en Irlande, Stonehenge en Grande-Bretagne, Dissignac-Saint-Nazaire en France), le lever du soleil solsticiel d'hiver ou d'été jouait un rôle considérable : ces monuments sont bâtis de telle sorte que le premier rayon du soleil levant atteigne le fond de la chambre centrale. Il y a des équivalents dans certaines églises chrétiennes où le soleil, passant à travers les verrières, atteint la pierre d'autel ou telle ou telle statue à un moment donné de la journée. Tout se passe comme si on voulait « capter » l'énergie solaire dans ce qu'elle a de plus pur et de plus jeune.

2. On retrouve le bâton pastoral chez les prêtres et les moines du Christianisme. Quant à la crosse (déjà visible en tant que symbole de puissance et de commandement sur les gravures mégalithiques), elle deviendra le signe distinctif de l'évêque chrétien et de l'abbé d'un monastère.

3. Les fêtes carnavalesques appartiennent au même souci de fêter le renouveau de la vie par la manifestation de la joie et de toutes les pulsions vitales de l'être. Mais, une fois débarrassées de leur aspect « orgiaque », les processions métroaques se reconnaissent assez facilement dans les processions chrétiennes qui vont de « reposoir » en « reposoir », de chapelle en chapelle, tant au moment du Samedi saint que lors de la Fête-Dieu.

culte de Cybèle. Le 28 mars, avaient lieu les « mystères », c'est-à-dire les cérémonies d'initiation réservées aux néophytes. Ceux-ci subissaient des épreuves, sur lesquelles nous ne possédons guère de renseignements, puisqu'elles étaient secrètes, mais qui comportaient nécessairement des sacrifices et une période d'abstinence rigoureuse. On a supposé une effusion de sang sacrificiel sur les jeunes néophytes, un baptême en quelque sorte, ou encore un repas pris en commun qui les agrégeait à la famille divine, comme cela se pratiquait à Éleusis, avec partage du pain et du vin, ou encore un mariage mystique du nouvel initié avec la Mère des Dieux (et des hommes), dans la chambre nuptiale de Cybèle, une cave vraisemblablement, dans laquelle on ne pénétrait qu'au bout d'un long cheminement [1]. De toute façon, au cours de ces cérémonies, le néophyte devait s'identifier formellement au dieu Attys : c'était pour lui la certitude de partager la résurrection de celui-ci.

Cet extraordinaire développement du culte de Cybèle, avec intégration du taurobole mithraïque, ne faisait que perpétuer, d'une façon concrète et adaptée à la civilisation impériale romaine, les rites anciens en l'honneur d'Ishtar et de son fils-amant Tammuz, ceux en l'honneur d'Aphrodite et d'Adonis, ceux d'Isis et d'Osiris, ou encore ceux de la mystérieuse Artémis et de son non moins mystérieux prêtre-amant, voué à la chasteté, Hippolyte, dont la tragédie de Racine conserve encore de nombreux traits du caractère primitif. Mais ce culte sous-tend bien évidemment un schéma mythologique qui n'est autre qu'une structure métaphysique représentant l'évolution de la pensée humaine au cours des âges.

La déesse-mère primitive, la Grande Déesse des Commencements, a d'abord été représentée seule. Par-

---

1. Le mariage mystique du néophyte avec Cybèle a bien des équivalents (même des équivalents de nature sexuelle) dans de nombreux cultes païens de la Déesse-Mère universelle : à Babylone, c'était l'union du fidèle avec une femme inconnue incarnant la déesse Ishtar, la Grande Prostituée, au sens noble du terme. Mais il existe également dans le Christianisme, une fois vidé — théoriquement — de toute sexualité. Qu'on songe à saint Bernard de Clairvaux et à d'autres saints illustres qui ont sublimé leurs rapports avec la Vierge Marie.

fois, elle s'est dédoublée en deux personnages féminins dont on a fait la mère et la fille, du temps où la notion de féminité n'était pas encore entachée de réprobation ou de méfiance. C'est ainsi qu'est apparu le mythe de Déméter et de Korê, c'est-à-dire la dyade formée par une déesse âgée et une déesse plus jeune symbolisant le renouvellement de la première. Cette dyade est commune aux mythologies des Grecs, des Latins et des Étrusques, mais on peut la retrouver au Japon, à propos de la déesse Amaterasu, laquelle est souvent accompagnée de son double : comme Amaterasu est une divinité solaire, il s'agit de l'image du soleil couchant (Amaterasu elle-même) prolongée par le soleil levant. Mais à partir du moment où se fait sentir le renversement des tendances (passage de la gynécocratie primitive au patriarcat), la fille devient un fils. C'est ainsi que s'organisent les mythes d'Isis et d'Osiris, de Vénus et d'Adonis, d'Ishtar et de Tammuz, enfin celui de Cybèle et d'Attys. Ces mythes sont en réalité parfaitement identiques. Ils comprennent « une descente aux enfers qui suggère une mort suivie de résurrection, et une dyade formée par deux divinités d'un âge différent. Mais tandis que Déméter et Korê sont deux déesses, Astarté et Adonis sont de sexe différent. On passe ainsi de la dyade féminine au couple bisexué. C'est l'application de ce principe que la fécondité exige l'union des deux sexes [1] », alors qu'autrefois la fécondité se trouvait être du domaine exclusif du sexe féminin [2].

Il y a donc, dans les tout premiers siècles du Christianisme, une constante qu'il est impossible de passer sous silence quand on examine le problème de la Vierge Marie : l'image largement répandue d'une divinité féminine ayant un fils salvateur qui meurt tragiquement et qui renaît, entraînant dans sa résurrection l'humanité entière. On pourrait affirmer que cette image de la Déesse-Mère et du Dieu-Fils appartient de droit à l'inconscient collectif, à la structure mentale

1. J. Przyluski, *La Grande Déesse*, Paris, Payot, 1950, p. 163.

2. Je me suis expliqué longuement sur ce renversement de tendance lors de la découverte par le mâle de son rôle exact dans la procréation, dans mon ouvrage *La Femme celte*, Paris, Payot, 1972.

des peuples. Le succès du culte de Cybèle dans l'Empire romain témoigne de cette constante.

Or, le message christique insistait sur le personnage de Jésus, fils de Dieu, entouré au cours de son existence par des apôtres, c'est-à-dire par des hommes. Le caractère de ce message était plutôt androcratique et laissait peu de place à la femme, surtout après l'élimination quasi complète de la mystérieuse Marie de Magdala et de ce que les Évangiles appellent le groupe des Saintes Femmes. Pourtant, à la lecture des textes canoniques, on ne peut douter de l'importance de l'élément féminin dans le groupe de ceux qui suivaient Jésus. Et puis surtout, le Fils de Dieu avait dû naître dans le sein d'une femme. Quelle que soit celle-ci, elle acquérait, aux yeux des fidèles, une importance considérable, peu en rapport avec les rares renseignements que les mêmes textes canoniques pouvaient en donner. C'est dire suffisamment que l'Église devait, d'une façon ou d'une autre, trouver une solution au problème posé par la mère de Jésus. Ce fut donc accompli au Concile d'Éphèse, en 431, et Marie fut déclarée Théotokos, c'est-à-dire Mère de Dieu.

Cet acte, l'un des plus importants peut-être de la vie religieuse de l'Occident, a eu des prolongements immédiats dans le culte populaire, donc sur un plan pratique et concret, et cela répondait à ce désir inconscient des fidèles, hantés par l'image de la *Mater Deum*. « On vit apparaître de prétendus portraits de la Vierge. L'un d'eux, l'Hodegetria, attribué à saint Luc, fut envoyé, dit-on, par l'impératrice Eudoxie en 438 ap. J.-C., et destiné à sa belle-sœur Pulchérie, qui la plaça dans l'église de Constantinople. L'icône fut l'objet d'une vénération toute particulière pendant des siècles, au point que l'armée la transportait sur un char lorsqu'elle partait en campagne contre l'ennemi, comme on l'avait fait auparavant avec l'effigie de Cybèle [1]. Au début du ve siècle, on se mit à lui consa-

1. D'après les *Annales Cambriae,* document qui date du xe siècle, le fabuleux roi Arthur, qui recoupe un personnage historique des environs de l'an 500, aurait gagné contre les Saxons la bataille du Mont-Badon, qui dura trois jours et trois nuits, parce qu'il avait fait porter en avant de ses troupes une effigie de la Vierge Marie.

crer des églises, et au VIe siècle, les Madones à l'Enfant Jésus étaient devenues l'un des sujets favoris de l'iconographie chrétienne. On utilisait les mêmes couleurs symboliques qui avaient servi à la représentation des icônes de la déesse ; même l'accoutrement semblait familier : Marie porte une couronne d'étoiles et un manteau étoilé ; elle a les pieds posés sur la lune et rappelle étrangement les effigies d'Aphrodite ; elle porte parfois un épi de maïs comme la Vierge aux Épis *(Spica Virgo)*, ou s'accompagne de la colombe chère à Ishtar, piétinant le serpent qu'on avait jusque-là invariablement associé aux représentations de la déesse ; son histoire fourmille de légendes qui avaient été autrefois celles d'Ishtar ou de Junon [1]. » Et par là, la haute figure de la Vierge Marie, mère de Jésus, donc de Dieu lui-même, s'imposait dans la dévotion chrétienne.

Il est certain qu'on ne peut pas parler au peuple dans un langage qu'il ne comprend pas. Dans sa structure interne, l'inconscient collectif a besoin d'images concrètes, et il apparaît nécessaire de les lui fournir quand il les demande, quitte parfois à en modifier le sens originel. « Bien que dirigée de l'intérieur même du Christianisme, cette dévotion résume en elle un triple courant : juif (la fille de Sion), chrétien primitif (l'Église notre mère) et païen (la déesse). En effet, la nostalgie de la divinité féminine, de l'adoration de la maternité, est si profondément enracinée dans le cœur humain qu'il est impossible de l'extirper totalement. Conformément à la loi du cœur humain et contre le dogme, le culte de la Mère de Dieu a fini par s'imposer... L'Artémis des Éphésiens devient ainsi la " grande, sublime, glorieuse Mère de Dieu ". La plus belle fleur de la religion de la nature comble la lacune la plus sensible de la religion du salut. Isis revient, avec Horus dans ses bras. Marie devient la déesse de la fécondité, de l'amour et de la beauté, la plus noble de toutes celles que l'histoire ait jamait connues [2]. »

---

1. W. Lederer, *Gynophobia, ou la peur des femmes*, Paris, Payot, 1970, pp. 159-160.
2. A. de Smet, *La Grande Déesse n'est pas morte*, Paris, 1983. L'auteur de cet ouvrage est un prêtre catholique belge.

Mais il s'agit de l'image *populaire* de la Déesse, celle qui rôde dans l'inconscient humain et dont les fonctions, sur un plan primaire et concret, sont avant tout des fonctions de sexualité, de reproduction et de fécondité. Le problème qui se posait aux Pères de l'Église était d'accepter cette image tout en la dépassant : Jésus, en tant que Dieu incarné, et surtout en tant que Fils unique, né une fois pour toutes, ne pouvait quand même pas être identifié pleinement à Tammuz, à Adonis ou à Attys. A la suite d'une certaine philosophie grecque, le Christianisme s'est donné pour tâche de répandre l'idée de transcendance. Aussi, cette image de la Déesse, nécessaire mais ambiguë, devait-elle être épurée, pour ne pas dire sublimée. « Tout ce que Marie n'a pas pu reprendre de la figure sombre et destructrice de la déesse, et principalement son culte sexuel, les Pères de l'Église, puis les conciles, les théologiens et les prédicateurs l'ont repris en lui donnant l'aspect d'une figure vivante, spirituelle, qui s'oppose à la Vierge et à Dieu : Satan [1]. » D'où l'insistance à reprendre et à étendre la représentation si commune de la Vierge qui écrase la tête du serpent ou du dragon. D'où la mise en valeur de la parabole des Vierges sages et des Vierges folles, avec tous les commentaires qui s'imposent sur leur opposition fondamentale. D'où même, en astrologie, les curieux rapports entre le signe de la Vierge et celui du Scorpion, la Vierge prenant une signification ambivalente (Vierge pure et Vierge-Scorpion) qui démontre la difficulté qu'on a eue à la considérer autrement que dans sa totalité de Grande Déesse des Commencements.

On assiste donc à la création d'une certaine forme de dualisme : ce qui semble incompatible avec la notion de la Mère de Dieu est rejeté dans l'ombre et prend l'aspect sulfureux de l'Ennemi à qui on donne l'aspect inquiétant d'une divinité cornue ou monstrueuse, de façon à en faire une sorte de « repoussoir », une sorte d'objet de médiation destiné à extérioriser et à concentrer les basses pulsions de l'inconscient : une fois celles-ci sorties de cet inconscient et objecti-

1. A. de Smet, *La Grande Déesse n'est pas morte*, p. 178.

vées, elles se révèlent moins virulentes, moins dangereuses. Mais ce côté *noir* n'en est pas pour autant anéanti. En fait, il reviendra en force, bien que très marginalisé. « Les procès de sorcellerie du Moyen Âge nous révèlent un curieux ensemble de croyances et de pratiques où des réminiscences païennes se mêlent à des éléments chrétiens. Le sabbat des sorcières avait lieu dans des endroits déserts sous l'invocation de Diane et de Lucifer, qui joue le rôle d'un dieu de la lumière et du soleil. Le dualisme est ici astral et sexuel : la connexion est sensible entre Diane, les sorcières, la lune et la nuit. Le sabbat rappelle les anciens mystères et l'orgie qui le termine l'apparente aux anciennes cérémonies du culte de la Grande Mère [1]. » De cette façon, la place était nette pour faire de Marie la grande Déesse transcendantale.

1. J. Przyluski, *La Grande Déesse*, p. 167.

II

LE CULTE DE LA VIERGE

L'une des caractéristiques essentielles du Christianisme, du moins sous sa formulation catholique et orthodoxe, est incontestablement le culte rendu par les fidèles à des personnages qui ne sont pas divins mais qui occupent une place privilégiée dans une hiérarchie supposée, les saints en général, la Vierge Marie en particulier. C'est d'ailleurs là la principale pomme de discorde entre les Protestants et les Catholiques lorsqu'ils veulent, dans un louable souci d'œcuménisme, revenir à l'unité primitive. Il est en effet difficile de concilier deux positions extrêmes, l'une consistant à vouloir maintenir le contact direct entre la créature et le divin créateur sans l'aide d'aucun intermédiaire, pas même le pasteur (Calvinisme et Luthéranisme), l'autre défendant le rôle que peuvent jouer certains intermédiaires entre l'être humain et Dieu, les prêtres dans la vie terrestre, les saints, ces privilégiés du Sacré, dans le monde des réalités supranaturelles. D'une part, l'être humain est responsable de ses actes devant Dieu seul et il n'a pas de temps à perdre à prier ou à supplier des personnages déclarés saints de façon arbitraire et toute relative ; d'autre part, ce même être doit trouver sur la longue route qui mène à Dieu des médiateurs obligatoires qui lui servent d'exemples, d'intercesseurs, d'avocats en quelque sorte, et qui, le cas échéant, sont capables de lui indiquer la direction à prendre. Tout cela relève d'un débat plus métaphysique que théologique dans la mesure où ce qui est en question, c'est la possibilité pour l'être humain de pouvoir appréhender Dieu seul ou par l'intermédiaire de puissances — ou supposées telles — qui bénéficient déjà d'une expérience transcendantale. Ce débat est d'ailleurs faussé dès le départ puisque les Protestants, plus *augustiniens* que les Catholiques (c'est-à-dire affirmant que l'être humain ne peut se sauver que par l'intervention d'une grâce surnaturelle), refusent pratiquement cette aide tandis que les Catholiques l'attendent et la suscitent volontiers par les *œuvres,* c'est-à-dire par les exercices de piété, autrement dit le culte. On est alors en plein brouillard, en plein flou artistique, comme on dit couramment.

Le problème est loin d'être résolu. Il faut se borner à des constatations pour en mieux comprendre l'étendue et non pas pour y apporter une solution. Il est un fait que personne ne peut nier, c'est que dans toutes les religions, y compris dans les différentes communautés protestantes, le salut et la transcendance ne sont envisagés que par l'exercice d'un culte, le plus dépouillé soit-il chez les Protestants, le plus somptueux possible chez les Orthodoxes, le plus traditionnel soit-il chez les Catholiques d'obédience romaine. Le culte, sous quelque forme qu'il paraisse, est une condition sinon essentielle, du moins importante, dans le rapport transcendantal qu'entretient — ou que devrait entretenir — la créature avec le Créateur. Le *culte* est en effet le moyen le plus pratique et le plus commun pour établir un rapport, un dialogue entre le monde visible et le monde invisible. L'esprit humain a besoin d'éléments concrets pour appuyer ses convictions et affirmer ce qu'il croit être des vérités : autrement ce sont paroles abstraites de métaphysiciens qui passent leur vie à jongler avec des concepts, et jusqu'à présent, personne n'a pu se satisfaire de concepts, hormis de brillants intellectuels coupés du monde quotidien et qui finissent par tourner en rond dans les hautes sphères de la spéculation...

Le culte se présente donc comme un acte — ou une

série d'actes — destiné à établir une relation durable et permanente entre le visible et l'invisible, le parfait et l'imparfait. C'est la matérialisation d'une pensée abstraite qui peut ainsi s'incarner non seulement dans les paroles — très importantes, mais non exclusives — mais dans un comportement, c'est-à-dire dans une série d'actes de nature religieuse ou de nature magique, magie et religion se recoupant la plupart du temps, notamment dans la religion chrétienne, même si les prêtres horrifiés se défendent d'utiliser la magie. La frontière entre magie et religion étant très délicate à définir, il vaut mieux s'en tenir à une prudente réserve : la magie consiste, nous dit-on, à faire appel aux puissances surnaturelles et à les obliger à nous obéir, tandis que la religion consiste à connaître les desseins des puissances surnaturelles et à s'y conformer. Soit. Mais que dire de cet *ordre magique* du prêtre catholique ou orthodoxe qui *oblige* Jésus-Dieu à venir sur l'autel sous l'apparence du pain et du vin ?

A quoi bon faire simple quand on peut faire compliqué ? Cette boutade est la constatation de l'aspect *tordu* de l'esprit humain : il veut nier le surnaturel, mais il le sous-tend chaque fois qu'il en a l'occasion. Dans ces conditions, le culte *de n'importe quelle religion* apparaît comme une tentative désespérée de retrouver l'unité primordiale perdue (on ne sait pourquoi, d'où la valeur symbolique de la faute originelle) à travers la multiplicité de ce qui constitue le monde. De la même façon que les pratiques chamaniques (Mircéa Éliade l'a bien démontré) ont pour but de restituer à l'humanité son état antérieur, primitif, absolu de l'aube des Temps, le culte de n'importe quelle religion a pour premier objectif de redonner à la créature son ouverture, sa *disponibilité,* sa « virginité » en quelque sorte, pour lui permettre, grâce à des moyens de substitution, d'opérer son retour vers la pureté qui est supposée celle des origines, autrement dit le Paradis et toutes les notions confuses qui s'attachent à ce concept de Paradis.

Le culte est donc avant tout un *moyen de substitution.* Les religions le garantissent généralement comme étant efficace. Il oblige l'homme à prendre conscience de sa nature, de sa faiblesse, mais aussi, comme disait Pascal, de sa *grandeur*. Car on ne peut savoir qu'on est grand que lorsqu'on est passé par les étapes de la « petitesse ». Il n'y a guère que les Protestants qui l'aient sérieusement mis en doute : pour eux, le salut se mérite par la Foi et non par les Œuvres, et s'ils se réunissent pour la célébration de ce qu'ils appellent le « culte », c'est surtout pour réaliser une « communion » entre eux plutôt que pour établir un lien *magique* avec Dieu. C'est d'ailleurs pourquoi ils reprochent aux Catholiques leurs folles superstitions et leur véritable idolâtrie. L'Œcuménisme, dans sa réalisation pleine et entière, ne peut guère être pour demain, même si le désir d'entente reste sincère. Il est vrai que l'esprit de la Réforme, qui prédomine toujours chez les différentes confessions protestantes, était d'épurer un rituel qui s'était chargé de trop d'élément hétéroclites, voire franchement ridicules. A la fin du Moyen Âge, les œuvres prenaient le pas sur la foi et apparaissaient souvent comme vidées de toute signification. Or, c'est une règle générale, toute tentative de changement débouche sur une radicalisation qui n'avait peut-être pas été prévue. L'abandon des cérémonies et du culte des saints par les Protestants fait partie de cette démarche. Mais cela n'infirme en rien la justification du culte des saints telle qu'elle a été présentée dès le haut Moyen Âge.

Le Christianisme primitif s'attachait avant tout à maintenir le souvenir de la présence terrestre de Jésus au cours d'*assemblées* fraternelles. *Ecclesia,* c'est l'assemblée, et c'est tout. Peu importe alors que cette assemblée se tienne dans un endroit plutôt que dans un autre : Dieu est présent partout, et le message est répandu par les voix humaines qui rendent témoignage de la Tradition. On cite toujours l'exemple des Catacombes de Rome où se tenaient les réunions chrétiennes, à l'abri des regards indiscrets plutôt que pour échapper aux persécutions. On sentait le besoin d'être à l'écart du monde, d'être dans une zone de silence et de méditation pour pouvoir établir plus facilement le contact avec le divin. Mais par là, l'idée d'un endroit privilégié, d'un *sanctuaire,* revenait en force en dépit de la méfiance instinctive de ces Chrétiens vis-à-vis des « temples » peuplés de ce qu'ils appelaient des faux dieux.

Depuis la plus lointaine Préhistoire, il apparaît que les humains ont toujours manifesté leur croyance que certains lieux possédaient mieux que d'autres la capacité de réunir le « Ciel et la Terre », d'opérer dans les meilleures conditions les subtiles et délicats échanges entre le visible et l'invisible. Le *nemeton* gaulois, clairière sacrée au milieu de la forêt, en est un exemple. Mais dans le monde méditerranéen, les « bois sacrés », les grottes, les sommets de colline et de montagne, les îles, puis ensuite les édifices dressés dans ces endroits ont constitué des endroits propices tant à toutes sortes de *théophanies* (manifestations visibles d'une divinité) qu'à des élans de la créature vers le divin. Et quel qu'ait été le désir des premiers Chrétiens de rompre cette habitude, notamment par l'affirmation que Dieu était présent partout, ils n'ont pas échappé à cette tentation de privilégier certains lieux plutôt que d'autres. Puisqu'ils affirmaient l'existence historique de Jésus-Christ et qu'ils la situaient dans un pays bien déterminé, ils ne pouvaient pas sous-estimer la valeur exemplaire et la « sainteté » de villes comme Bethléem, Nazareth ou Jérusalem, car elles étaient naturellement et obligatoirement chargées des empreintes de la présence divine. De plus, par extension, tous ceux qui avaient approché le Christ, particulièrement les Apôtres, revêtus eux-mêmes de la charge sacrée de leur maître, devenaient eux-mêmes des « saints » et les lieux de leur résidence ou de leur passage, l'endroit où ils avaient été martyrisés ou enterrés, bénéficiaient bien évidemment de cette *aura* mystique pour ne pas dire magique. Enfin, les premiers martyrs, c'est-à-dire ceux qui avaient choisi de mourir plutôt que de renier le Christ et qui affirmaient hautement leur appartenance au « corps mystique » de Jésus, et plus tard des personnages d'une vie exemplaire, devinrent à leur tour dépositaire de cette *aura* qui, bien entendu, allait se transmettre aux lieux qu'ils avaient habités, qu'ils avaient fréquentés d'une façon ou d'une autre, et où ils avaient été enterrés. On peut dire à ce sujet que le culte des Saint découle du souci de conserver des *reliques* au strict sens étymologique de ce terme : on tenait à garder les *restes* physiques (corps, vêtements, objets) ou spirituels (*aura* mystique) de Jésus-Christ, de tous ceux qui l'avaient approché et de tous ceux qui confessaient leur union avec lui. Ce qui a touché le divin devient presque divin, du moins le suppose-t-on. Ainsi s'explique l'origine de la plupart des grands sanctuaires du Christianisme et surtout de leurs vocables, la plupart du temps concernant les Saints et la Vierge Marie.

Mais, en fait, le problème apparaît plus complexe. Car s'il était normal et naturel pour les Chrétiens de fonder des sanctuaires dédiés à la Vierge et aux Saints, il n'était pas moins normal et naturel de se trouver, dans ce cas, face à la concurrence, dans un premier temps, des sanctuaires du Paganisme, au souvenir tenace, dans un deuxième temps (c'est-à-dire après l'édit de Théodose qui faisait du Christianisme la seule religion de l'Empire), de ces mêmes sanctuaires fréquentés assidûment par les populations avant leur conversion. Deux solutions se sont alors offertes : la première consistait à détruire purement et simplement les édifices païens en jetant une sorte d'interdit sur leur emplacement ; la seconde consistait à opérer la substitution du culte ancien par le culte nouveau. Mais la première solution s'est révélée la plupart du temps parfaitement irréalisable : les lieux considérés comme « sacrés » le sont depuis toujours, et il est quasiment impossible de les désacraliser, à moins de les déprécier, de les « noircir », particulièrement en les plaçant sous le patronage des puissances diaboliques. C'est finalement la seconde solution qui l'a emporté sur tout le territoire impérial d'abord, dans les pays nouvellement christianisés par la suite. On connaît à ce sujet des exemples célèbres ou significatifs : le sanctuaire chrétien du Mont-Saint-Michel se trouve à l'emplacement d'un ancien temple mithraïque, lui-même situé à l'emplacement d'un sanctuaire gaulois consacré au dieu brillant Bélénos [1] ; à Carnac (Morbihan), l'église dédiée à saint Korneli remplace un sanctuaire du dieu gaulois cornu Kernunnos [2] ; Notre-Dame de Paris est située au-dessus d'un ancien temple païen dédié à une divinité mère ; à Langon (Ille-et-Vilaine), la chapelle actuelle de sainte Agathe (patronne des nourrices) est l'édifice même construit à l'époque romaine en l'honneur de Vénus (culte prouvé par la magnifique fresque gallo-romaine représentant Vénus nue sortant des flots), après avoir été un sanctuaire dédié à un mystérieux « saint » Véner ou Vénérand. Quant à Notre-Dame de Chartres, c'est la tradition cléricale locale elle-même qui affirme hautement qu'à son emplacement s'élevait un sanctuaire où les Druides honoraient une *Virgo Paritura*. Une liste de cas semblables serait impossible à établir tant elle serait longue.

Ces « substitutions », quelles que soient les circonstances qui les ont provoquées, quelles que soient les dates qu'on peut leur attribuer, sont difficilement contestables. Le Christianisme a hérité des religions qui l'ont précédé non seulement des lieux de culte, mais des pratiques cultuelles : on sait que la communion, c'est-à-dire le partage fraternel du pain et du vin, se pratiquait au cours des mystères d'Éleusis et pendant les cérémonies du culte de Cybèle, et ce n'est qu'un élément parmi bien d'autres, ce qui ne diminue en rien la force et la valeur symbolique essentielle du nouveau culte. Mais tout cela ne s'est pas passé sans heurts, d'autant plus que le culte de la Vierge et des Saints s'adressait à une population illettrée dans sa très grande majorité qui avait besoin d'*images* pour soutenir sa dévotion. Le propre des religions est de se faire comprendre du plus grand nombre, et pour ce faire, il fallait donner satisfaction à l'esprit humain qui ne peut vraiment cerner un problème et parvenir à la transcendance sans recourir à des intermédiaires *concrets*. Ce concret est apparu tout de suite sous

1. Voir dans la même collection, chez le même éditeur, J. Markale, *Le Mont-Saint-Michel et l'énigme du dragon*, Paris, 1987.
2. Voir également, dans la même collection, J. Markale, *Carnac et l'énigme de l'Atlantide*, Paris, 1987.

forme d'images, de statues notamment, qui étaient censées représenter les divinités ou les pieux personnages consacrés.

On a souvent considéré cette attitude comme de l'idolâtrie : c'est vite dit, et de plus il faudrait savoir ce qu'on entend par « idolâtrie » : est-ce la croyance magique que le dieu est présent dans la statue ou dans l'image et, dans ce cas, la présence réelle dans l'Eucharistie appartient-elle à ce domaine ? Est-ce seulement un objet symbolique, un « médium » destiné à faciliter la méditation et la prière qu'on charge d'une signification toute morale ? On s'est souvent mépris sur le polythéisme à cause de l'ambiguïté du terme « idole », lequel, en lui-même, veut dire « image » et rien d'autre, faisant de ce polythéisme la croyance en de multiples dieux ayant chacun leur individualité propre, alors qu'en réalité, les multiples divinités ne sont que les représentations concrètes des fonctions sociales prêtées à la divinité une, indivisible et inconnaissable dans son absolu. On sait que toutes les religions ont pratiqué le culte des images. Seul le Protestantisme calviniste a rejeté en bloc cette attitude considérée comme superstitieuse et même sacrilège. L'Islam a une position plus nuancée puisque, tout en bannissant la figuration humaine, il admet l'ornementation symbolique des motifs géométriques. Quant au Druidisme, avant qu'il ne fût contaminé par les religions méditerranéennes, les témoignages s'accordent pour affirmer que s'il rejetait l'idée d'enfermer les divinités sous forme humaine ou animale, il autorisait sinon encourageait les fameux *simulacra* dont parle César à propos du Mercure gaulois, et qui sont de simples blocs de pierre ou des piliers de bois non figuratifs.

Il y a aussi autre chose dans ce débat : le fait que pendant les premiers siècles de la christianisation, et même longtemps après, des images païennes sont devenues chrétiennes à cause d'une analogie de forme ou de fonction. On sait, par exemple, que la représentation médiévale du diable cornu emprunte ses grandes lignes à des représentations gallo-romaines de Kernunnos. On sait aussi que des groupes de Cybèle et d'Attys, de Vénus et Adonis, ont pu facilement devenir les Vierges à l'Enfant. On peut facilement comprendre que des figurations de Déméter et Korê aient pu être confondues avec des groupes de sainte Anne et Marie. Quant aux innombrables statues de *matronae*, c'est-à-dire des déesses-mères gauloises ayant un enfant sur leur genou, elles ont facilement pu passer pour être des Vierges à l'Enfant Jésus. De plus, dans les temps anciens, on ne découvrait jamais une statue sans qu'il y eût autour de la découverte des éléments merveilleux qui prédisposaient à croire en une intervention divine. Ces éléments merveilleux peuvent être rangés en deux catégories.

La première catégorie concerne la découverte d'une statue grâce à l'intervention d'un animal, un bovidé dans la plupart des cas. Le scénario est précis : un bœuf s'écarte pour brouter toujours au même endroit, ou bien il s'arrête sur un sillon du champ, refuse de bouger, mais s'agenouille quand le laboureur veut le faire continuer ; ou bien encore, une vache ou un taureau va toujours meugler au pied du même arbre, ce qui excite la curiosité des humains. Alors, on découvre sous la couche d'herbe, sous le sillon ou dans l'arbre une statue généralement informe ou abîmée que l'on déclare être une Notre-Dame. « Pareilles légendes rappellent inévitablement que nous avons adoré Isis aux cornes de vache, Cybèle associée au taureau mithriaque, et le dieu cornu Kernunnos. Il est vrai qu'un mythe peut naître plusieurs fois spontanement, mais il est vrai aussi que le bovidé, dans les mythologies où il figure, est toujours associé au culte de la Terre. Il tenait déjà ce rôle chez les Néolithiques. Or une tradition peut se maintenir alors qu'elle n'est plus comprise. Les corridas en sont une preuve, et aussi le cortège du bœuf gras [1]. »

La deuxième catégorie est celle du « retour », et elle est répandue sur presque tout l'ensemble de l'Europe. « L'image ayant été découverte dans quelque lieu désert, parfois inhabitable, voire à peine accessible, l'inventeur, qui n'est jamais un prêtre, l'a emportée

1. E. Saillens, *Nos Vierges noires*, Paris, 1945, p. 57.

chez lui. Dans la nuit, elle retourne au lieu de l'invention. Le paysan s'adresse alors au curé, qui la porte à la paroisse, mais le lendemain elle a repris sa place primitive. Le curé revient alors la quérir avec la croix et la bannière, mais elle s'enfuit de nouveau. Il faut donc lui bâtir une chapelle exactement là où elle s'est révélée [1]. » C'est là l'origine d'une énorme quantité de sanctuaires — notamment voués à la Vierge — plus ou moins célèbres ou importants. Et, bien sûr, quelle que soit la réalité des événements merveilleux qui entourent l'invention de l'image, cette image, *magique,* est nécessairement miraculeuse, et l'on peut toujours citer des cas de guérison de maladies ou de simples souhaits exaucés lorsqu'on y vient pieusement en pèlerinage. Mais, à y réfléchir, combien de ces images « miraculeuses » ne sont autres que des figurations païennes, notamment de déesses-mères, abandonnées ou enfouies là au gré des circonstances et redécouvertes le plus souvent par désir de maintenir le lien entre les anciennes et les nouvelles croyances. Le peuple n'aime guère les innovations absolues et a toujours besoin de s'accrocher à une tradition antique, celle-ci portant témoignage d'une permanence et donc apportant une certaine sécurisation.

Il va sans dire que ces « inventions » et le recours aux images, fussent-elles de la plus pure conformité avec le Christianisme officiel, n'ont pas toujours été très bien acceptés par les responsables sacerdotaux. Pendant longtemps, il y a eu, sur ce point, antagonisme entre les villes et les campagnes, ces dernières considérées comme peuplées de *pagani* et témoignant de leur nostalgie des cultes préchrétiens. De fait, dans la plupart des régions soumises à l'Empire romain, sauf sur les limites nord-occidentales les plus extrêmes (Bretagne armoricaine du nord, nord et ouest de la Grande-Bretagne), la religion chrétienne s'est répandue et installée essentiellement dans les villes. De nombreuses raisons y ont présidé, en particulier la révélation du message évangélique par le biais des commerçants venus du sud et le caractère « munici-

1. E. Saillens, *Nos Vierges noires,* p. 58.

pal » de la vie urbaine [1]. Même aux alentours des villes gallo-romaines, le terrain était encore vierge et les séquelles du paganisme toujours vivaces parce qu'intégrées à la vie rurale elle-même dont on connaît bien les tendances conservatrices. De plus, en tant qu'organisation temporelle, l'Église catholique romaine avait emprunté tous les rouages de l'administration impériale romaine : c'est d'ailleurs pourquoi, après la disparition totale du pouvoir romain, seule l'Église a pu présenter un aspect cohérent, voire monolithique, face aux « Barbares » germaniques, traiter avec eux (alliance de Clovis avec les évêques contre les autres Barbares convertis à l'arianisme) et finalement les intégrer dans le cadre gallo-romain. Mais cette situation n'allait pas sans privilégier Rome, capitale de la Chrétienté comme elle avait été la capitale de l'Empire temporel, ni sans privilégier l'aspect urbain que prenait la religion chrétienne. En dépit des missions, comme celle de saint Martin de Tours, les campagnes étaient abandonnées à elles-mêmes et c'est là que s'opéraient les plus subtiles fusions entre les rituels d'autrefois et les nouvelles pratiques.

Cependant, sous la pression des masses, et tout particulièrement des populations orientales très marquées par les cultes archaïques de la Déesse-Mère et des différentes divinités qui renaissaient après leur mort physique, la Papauté avait dû se résoudre à admettre le culte rendu aux images en tant que représentations symboliques du divin ou du sacré. L'idée était que, ne pouvant extirper de la croyance populaire ce comportement ancestral, il valait mieux le récupérer et le canaliser plutôt que de le voir maintenu clandestinement ou de façon marginale. Après tout, il n'y avait

1. Le domaine resté purement celtique est avant tout rural, et l'on n'y rencontre pas d'agglomérations importantes avant les invasions des Vikings. La société celtique traditionnelle a toujours répugné à l'urbanisation, et c'est donc dans les zones les plus éloignées de Rome — ou de Lyon, capitale des Gaules romaines — que ce phénomène de non-urbanisation est observable. Parallèlement et curieusement, c'est dans ces mêmes zones que s'est développé un autre Christianisme, qu'on peut classer comme celtique, et qui, n'ayant aucune caractéristique urbaine, s'est imprégné de traditions ancestrales, notamment des vestiges du Druidisme. Voir J. Markale, *Le Christianisme celtique et ses survivances populaires*, Paris, Imago, 1984.

aucun inconvénient à ce que des gens qui avaient honoré Cybèle et Attys en toute bonne foi, et dans l'espérance de leur salut, ne manifestassent point le même zèle en faveur de la Vierge Marie et de Jésus-Christ, le nouveau message recouvrant l'ancien et en modifiant certains détails, mais gardant précieusement ce qui en faisait la force, c'est-à-dire la signification métaphysique (un Sauveur nous est né qui nous permettra, par son exemple, de prétendre à la Résurrection de la Chair). Le culte rendu aux images, primitivement exempt de toute forme d'idolâtrie, au mauvais sens du terme, constitua donc un support exemplaire pour la diffusion de la nouvelle religion, opérant en douceur ce qu'on appelle la substitution des cultes.

Mais les nouveaux convertis des villes, dont la ferveur religieuse était plus intellectualisée, restèrent longtemps hostiles, non seulement à toute récupération d'images païennes, mais à la diffusion des images purement chrétiennes, celles-ci étant réputées dangereuses par ce qu'elles évoquaient d'un passé encore trop vivant dans les esprits. En l'an 835, un concile convoqué à Paris par l'empereur Louis le Pieux, fils de Charlemagne, s'est permis de blâmer le pape Adrien qui avait recommandé le culte des images. D'ailleurs, Louis le Pieux, comme Charlemagne, avait fort à faire avec les résurgences du paganisme, et ils furent responsables tous deux de plusieurs édits interdisant de rendre un culte aux pierres, aux fontaines et aux arbres, ce qui dénote assez clairement un retour en force des pratiques préchrétiennes. On sait aussi que Charlemagne ordonna la destruction d'un grand nombre de pierres sacrées, autrement dit des menhirs et des dolmens, dispersés à travers le territoire, et qui commençaient à porter ombrage au culte officiel de l'Église dont l'Empereur était le plus fidèle propagateur et le plus zélé défenseur. Le Concile de Paris n'eut pas raison des décisions pontificales, et le clergé franc dut admettre à son tour, bien que de mauvais gré, l'extension du culte des images. Il est bien certain qu'à ce moment-là, très nombreuses furent les « inventions » de statues enfouies dans la terre ou cachées dans des arbres et qu'on s'empressa de reconnaître comme des représentations de la Vierge Marie.

Ces confusions bien naturelles ont toujours eu lieu et persistent même à notre époque, où pourtant il est possible de dater scientifiquement et avec une assez grande précision les trouvailles archéologiques. Dans un ouvrage sur le *Culte de la Sainte Vierge en Afrique*, le père Delattre donne deux exemples caractéristiques de ces confusions. Une Maltaise lui avait apporté une statuette représentant une femme assise tenant un enfant sur ses genoux : il ne douta pas un seul instant que ce fût une Vierge à l'Enfant, jusqu'au jour où l'un de ses amis archéologues lui démontra qu'il s'agissait d'un groupe Isis-Horus de la période alexandrine. Chez une autre Maltaise, dans un quartier populaire de Tunis, le même père Delattre avait remarqué une lampe perpétuellement allumée devant une statuette. Là, il reconnut tout de suite une Tanit carthaginoise du IIIe siècle avant notre ère et crut bon d'en avertir la Maltaise. Mais celle-ci de lui répondre : « Après tout, je l'ai fait bénir à l'église, elle est bien chrétienne maintenant ! » Cela en dit assez long sur la permanence des images et des cultes et surtout sur la sérénité avec laquelle les populations passent d'une religion à une autre. Et que penser de cette réflexion de Grégoire de Tours, au VIe siècle, dans une lettre adressée à la reine Brunehaut, à propos de plusieurs chrétiens qui « accouraient aux églises et continuaient cependant, chose abominable, à rendre un culte aux démons » ? Tout ce qui n'est pas reconnu par l'orthodoxie officielle est ravalé au rang du démoniaque, ce qui n'est d'ailleurs pas la meilleure façon de s'en débarrasser, les survivances païennes sous forme de sorcellerie en donnant une preuve décisive. On sait qu'un Pyrénéen du nom de Vigilance, qui mourut en 410, s'était indigné d'avoir vu, en Terre sainte où il avait effectué un pèlerinage, les fidèles rendre hommage à des images. Il s'en était plaint à saint Jérôme, et celui-ci avait essayé en vain de lui faire entendre raison. Comme quoi, à l'intérieur même de l'Église, il pouvait y avoir désaccord sur le culte des Saints et de la Vierge en particulier. Et sans aller jusqu'à accuser les zélateurs d'images d'idolâtrie, il faut bien reconnaître que le fait de représenter trop fidèlement — ou plutôt d'accentuer le réalisme des représentations — conduit à un amoindrissement du pouvoir sacré de ces images. Le Sacré a besoin d'être entouré de mystère. C'est ce que disait Lucain, dans *La Pharsale,* à propos de l'absence de représentations anthropomorphiques dans les clairières sacrées des Druides : « Tant ajoute aux terreurs de ne pas connaître les dieux que l'on doit redouter. » Cette idée a été celle de nombreux Pères de l'Église, et ce n'est vraiment que sous la pression populaire qu'ils ont dû se résoudre à admettre les représentations de la Vierge et des Saints, puis à encourager le culte qui leur était rendu. Car la Christianisme, tout au moins le Catholicisme romain et l'Orthodoxie grecque, sont avant tout des religions qui se prétendent à la portée de tout le monde, quitte à réserver pour les théologiens et les intellectuels un certain nombre de notions qu'il est bien difficile de ne pas classer comme constituant un véritable « ésotérisme », même si l'Église s'est toujours refusée officiellement à l'admettre.

Il s'agissait donc *de se servir des images pour répandre des idées,* parce que les images, on s'en rendait compte, étaient susceptibles, mieux que tel ou tel développement théologique, mieux que n'importe quelle homélie, de faire comprendre aux masses le plus souvent incultes les lignes de force de la religion chrétienne. C'est dans ce sens qu'on a pu dire que la cathédrale était le Livre du Moyen âge. Et de plus, ce langage simple n'a pas besoin d'être traduit. Seulement, il nécessite parfois des commentaires et des interprétations, car les images, si elles ne perdent jamais de leur puissance originelle, risquent de ne plus être bien comprises lorsque les mentalités ou les modes se transforment selon la société et le contexte culturel.

C'est dans cette complexe problématique que se situent l'histoire et la signification du culte de la Vierge Marie. Trois dates essentielles jalonnent ce parcours historique : 431, concile d'Éphèse et définition de la *Théotokos ;* 1854, proclamation du dogme de l'Immaculée Conception ; 1950, proclamation du dogme de l'Assomption. Mais il est bien certain qu'entre ces événements marquants, il y a eu bien des réflexions, bien des tâtonnements, bien des hésitations.

Les premiers Pères de l'Église, tant grecs que latins, n'ont jamais abordé de front le problème de Marie et sa spécificité absolue au milieu du genre humain. Il n'est pas question, dans leurs écrits, de l'Immaculée Conception. Au contraire, tout en reconnaissant la sainteté de la « femme » Marie, ils s'efforcent de la diminuer en la rendant seulement *la servante du Seigneur,* ce qui est une position subalterne bien commode pour esquiver la question ontologique fondamentale. Marie n'a fait qu'obéir à Dieu, et comme toutes les créatures doivent obéir à Dieu, nous devons prendre Marie comme exemple d'obéissance, d'humilité et de soumission afin de nous conformer, dans les meilleures conditions possibles, au mystérieux plan que Dieu a tracé pour nous et pour l'univers. Et c'est pour cette raison qu'on doit honorer Marie, Mère de Dieu, et lui rendre un culte justifié. On insiste alors sur les deux idées. La première est celle de la pureté de la Vierge Marie (la question de la Virginité viendra ensuite), en rapport évident avec les tendances gynophobiques de la Chrétienté primitive, attitude parfaitement compréhensive puisqu'il fallait battre en brèche *l'érotisme de certains cultes orientaux rendus à la Déesse-Mère.* Si, dans la mentalité populaire, Marie pouvait se confondre avec l'Ishtar babylonienne et ses substituts successifs, il fallait bien évidemment amputer cette nouvelle Ishtar de tous les éléments sexuels qui la caractérisaient. On ne pouvait admettre que Dieu ait pu s'incarner dans le ventre d'une femme *légère,* et cela d'autant plus que le texte de base, celui de l'Évangile de Luc, insiste lourdement sur le fait que Marie était seulement *fiancée* à Joseph quand elle se trouva enceinte, les doutes et même la colère de Joseph étant à cet égard très révélateurs. La position des Pères de l'Église était donc parfaitement claire : pour qu'on pût accepter que « Marie eût été recouverte par l'ombre de Dieu », c'est-à-dire par l'Esprit saint, il fallait absolument qu'elle fût écartée du cortège des déesses de l'Antiquité, toutes plus ou moins érotiques et toutes plus ou moins suspectes de nombreuses copulations, ce qui était d'ailleurs logique puisqu'elles étaient avant tout des divinités de la fécondation. « Toi et Ta mère, dit saint Éphrem dans une de ses prières, vous êtes les seuls à être totalement beaux, sous tous les rapports : car en Toi, ô Seigneur, il n'y a pas de tache et il n'y a pas de souillure en Ta mère. » Ce n'est qu'une prière, et somme toute une affirmation gratuite, mais c'est d'une cohérence absolue si l'on veut marquer que l'Incarnation de Jésus-Dieu est un événement unique dans l'Histoire du monde : Jésus-Dieu, même s'il est né dans des conditions étranges et exceptionnelles, ne pouvait avoir la naissance des autres dieux de l'Antiquité païenne, puisqu'il devait se démarquer complètement de la tradition antérieure.

Donc, à l'image de la Vierge Marie, mère de Dieu, est attachée de façon indélébile l'idée de pureté, ce qui conduit à une autre notion, celle de la chasteté. Et si la Vierge Marie est le modèle de l'humanité, sa chasteté devient exemplaire et doit être encouragée. D'où les interdits sexuels prononcés par le Christianisme officiel, d'où la chasteté demandée aux prêtres, puisque ceux-ci, à la différence des laïcs qui doivent quand même perpétuer la race humaine et participer à la création d'autres élus de Dieu, *ont choisi* le service de Dieu et de la Vierge Marie et s'identifient ainsi à leur modèle. Ce n'est pas une nouveauté : les prêtres de Cybèle se châtraient — forme extrême de la chasteté — pour s'identifier au dieu Attys, et les prêtres de Diane-Artémis observaient le célibat et la chasteté parce qu'ils étaient les époux-fils théoriques de la Déesse, laquelle n'aurait jamais toléré un manquement de leur part [1].

---

1. C'est ce qu'a bien compris Racine dans *Phèdre,* avec le personnage d'Hippolyte. Celui-ci est voué au culte de Diane, et c'est pourquoi il refuse avec tant de hauteur les avances de sa marâtre. Mais (et là, Racine innove par rapport à son modèle, la tragédie d'Euripide), Hippolyte est amoureux d'Aricie (création racinienne) et se dispose même à l'épouser, *rompant ainsi le serment de chasteté* qu'il s'était imposé en fait en devenant un véritable prêtre de Diane-Artémis. C'est pourquoi il périt, victime de la vengeance

En tout cas, il faut le répéter avec force : le développement de la pureté de la Vierge Marie était nécessaire pour éviter toute confusion entre celle-ci et une quelconque Déesse orientale. Les conséquences en seront l'affirmation de sa virginité physique sans qu'on sache très bien à quoi elle correspond [1] sur le plan de la définition de la Théotokos, et d'autre part, sur le plan du culte, la provocation à la chasteté des fidèles, des prêtres notamment, par suite d'un processus bien compréhensible d'identification du prêtre à la divinité [2]. Et sur un plan social, et donc moral, ce fut l'interdit jeté sur le sexe, la culpabilisation des rapports sexuels en dehors du mariage considéré comme un pis-aller, et une mise à l'écart de la femme, celle-ci, depuis Ève, étant tenue comme responsable du péché de l'homme, ce qui a conduit à un antiféminisme parfois teinté de fanatisme.

Précisément, la deuxième idée importante qui prévaut lors de l'élaboration du culte de la Vierge, c'est le parallélisme qui a été opéré entre l'image de Marie et l'image d'Ève. Marie devient la *nouvelle Ève,* une Ève purifiée ou préservée (on n'en est pas encore à cette subtile distinction), qui vient rétablir l'harmonie du monde troublée par la faute originelle. « Une femme a perdu le monde, une femme sauvera le monde. » C'est l'affirmation solennelle d'une continuité en même temps que d'une transcendance. Marie, c'est *Ève rédimée* qui permet, par sa maternité consentie et exemplaire, la rédemption du monde par le Fils. Lorsqu'on y réfléchit, il n'y a là rien de nouveau,

---

de Neptune, en réalité des forces négatives déclenchées par Diane-Artémis pour le punir de sa faute.

1. J'ai longuement développé les sens possibles du mot « vierge » dans les différentes traditions, en particulier la tradition hébraïque, avec les commentaires qui s'imposaient, dans J. Markale, *La Femme celte,* p. 170 et suivantes. La constatation qui s'impose est que, en dehors de toute référence réellement physique, la Vierge est une femme *forte, libre* et *disponible,* ce qui est conforme à l'idée qu'on se fait de Marie, médiatrice entre Dieu et les hommes, toujours à l'écoute de *tous* ses enfants, autrement dit le genre humain, et ne pouvant négliger aucun être qui l'implore.

2. Tout cela sera accentué aux XIe et XIIe siècles dans le cadre des discussions théoriques et littéraires sur la *fine amor,* où la Dame, véritable image laïque de la Vierge Marie, sera investie dans une certaine mesure de l'*aura* miraculeuse. Voir à ce sujet J. Markale, *L'Amour courtois ou le couple infernal,* Paris, Imago. 1987.

puisque déjà Attys naissait de Cybèle pour régénérer un monde qui s'enfonçait non pas dans la perdition (ce mot est typiquement chrétien) mais dans la stérilité, préface à la mort et à la destruction. Il en était de même dans le mythe de Déméter et de Korê, la « jeune fille » enlevée par Pluton-Hadès étant le symbole naturiste de la germination annuelle. Dans le mythe païen, il y avait la notion de régénération cyclique au rythme du cosmos. Dans le mythe chrétien, encore une fois, l'Histoire s'inscrit de façon linéaire. En ce sens, on peut prétendre que le Christianisme est en dehors du temps et de l'espace parce qu'il propose une version abstraite du drame cosmique qui se joue à l'échelle planétaire comme à l'échelle des constellations.

Et tout cela est *historicisé,* c'est-à-dire replacé plus ou moins artificiellement dans un temps supposé réel, soi-disant pour fixer dans la mémoire un événement privilégié dont découlera toute l'histoire future. Dans l'état actuel des choses, il est impossible de dire si ce système mental appartient à l'enseignement christique originel ou s'il est dû à la transposition opérée lors du transfert des textes araméens en langues grecque et latine. Une hypothèse d'école consiste à supposer que le primitif message christique, *incompréhensible pour les Juifs qui l'ont rejeté,* la preuve n'est plus à faire, n'a pu se développer que *parce qu'il était adapté au monde gréco-latin fortement marqué par la philosophie, par les écoles socratiques en particulier.* Ainsi s'expliquerait l'historicisation du mythe fondamental, alors que celui-ci, comme tout mythe, pouvait s'intégrer d'une tout autre façon dans une mentalité différente. Un témoignage d'interprétation différente, d'une actualisation hétérodoxe, nous est fourni par l'exemple britto-irlandais [1], et ce n'est pas pour rien que ce Christianisme dit celtique a été combattu et anéanti par les tenants de l'idéologie romaine. Bien entendu, tout cela n'est qu'hypothèse d'école et, encore une fois, il est impossible de résoudre le problème.

Toujours est-il que sur cette échelle linéaire, deux

1. Voir J. Markale, *Le Christianisme celtique et ses survivances populaires.*

événements fondamentaux sont opposés. Écoutons encore saint Éphrem : « Deux innocentes, toutes deux simples, Marie et Ève, étaient en tout égales. Mais plus tard, l'une devint cause de notre mort, l'autre cause de notre vie. » Et Tertullien, dans son *De carne Christi,* dit à peu près la même chose. On ne peut mieux affirmer qu'Ève et Marie sont les deux aspects d'une même réalité, l'une n'existant pas sans l'autre, et inversement. On se croirait dans une discussion du plus pur dualisme et, à y regarder de près, ce sont presque les paroles de Pascal quand il affirme que, grâce au Christ, la grandeur de l'homme réside dans sa rédemption. Sans la Rédemption, semble dire Pascal, l'homme ne serait qu'un être insignifiant, sans aucune portée métaphysique. Il se serait contenté d'être, et non pas de devenir. Mais le Christ, Dieu fait homme, lui permet de franchir l'étape de la passivité pour parvenir à l'étage de l'activité. Redoutable privilège que celui-là, et qui donne donc à Marie tout son sens et toute sa plénitude. On ne peut parler de la Rédemption sans faire référence à celle qui a permis cette rédemption, c'est-à-dire Marie.

C'est ce qu'ont compris les Pères de l'Église en accordant tant d'importance au culte marial, à toutes ses manifestations visibles, en premier lieu ses images, et enfin à la définition de la Théotokos. Si Ève est en effet la « mère des hommes », Marie est la « mère de Dieu », mais étant donné que ce Dieu *est également homme,* on peut facilement mesurer toutes les conséquences qui en découlent quant à l'explication de l'existence terrestre, quant à son utilité et quant à son but.

Si Ève et Marie sont deux aspects d'une même réalité, il faut bien admettre qu'Ève se présente comme l'aspect négatif et Marie comme l'aspect positif. Cette distinction oppositionnelle est marquée par l'attitude que chacune d'elles emprunte au moment du choix fondamental (ce qui implique d'emblée l'existence du Libre Arbitre). Ève était sous le coup d'un interdit : ne pas manger du fruit de l'Arbre de la Connaissance. *La demande était donc déjà négative.* A cela, elle répond aux tentations du Serpent — qui n'est aucunement Satan, mais la personnification du Libre Arbitre qui est dans l'être humain, avec ses défauts, sa curiosité et ses interrogations —, et agit *positivement* envers le Serpent, mais *négativement* vis-à-vis de Dieu et de son interdit. Reste à savoir si cet interdit n'était pas un piège (*« et ne nos inducas in tentationem »*, précise le *Pater Noster*, prière primordiale de tout le Christianisme). Le Libre Arbitre a fonctionné, mais dans le mauvais sens, et cela a conduit à la dysharmonie du monde. Ève est-elle responsable de cette dysharmonie ? Oui, puisqu'elle était libre. Non parce que le plan divin prévoyait peut-être que l'humanité devait sombrer dans cette dysharmonie avant d'être rédimée par une autre femme, la Vierge des Vierges, première créature et perpétuelle gardienne des « infernaux paluds ». En un sens, Ève était nécessaire pour que Marie pût contribuer à sauver l'humanité, de la même façon que Judas l'Iscariote ne se justifie — dans le mythe, car la réalité a dû être tout autre — que parce qu'il permet le supplice de Jésus. Dans le monde des relativités, il existe toujours deux faces généralement contradictoires, car sans ces deux faces, la réalité ne serait pas discernable. Ce qui donne à Marie sa grandeur, c'est la « petitesse » d'Ève, laquelle n'a vu les événements qu'à court terme au lieu de les prévoir dans leur étendue intemporelle.

Il fallait donc opposer Marie à Ève, d'où la représentation classique : la Vierge écrase la tête du Serpent ou du Dragon des profondeurs. Ce qu'on oublie de dire, c'est que Marie, sans le Serpent qu'elle écrase, n'aurait aucun pouvoir, aucune signification, aucune grandeur. Il en est de même pour saint Michel qui équivaudrait au néant s'il n'était point figuré dans une lutte perpétuelle contre le Dragon [1]. Les antagonismes, même s'ils sont mythologiques, sont toujours révélateurs d'une réalité concrète échappant de ce fait à la non-existence du Parfait. C'est plus qu'une évidence, c'est une règle d'or : Marie, mère de Jésus, ne serait rien sans son action. A la demande de l'Archange Gabriel, voix de Dieu et manifestation de l'Es-

1. Voir J. Markale, *Le Mont-Saint-Michel et l'énigme du dragon.*

prit saint, elle répond : « Je suis la servante du Seigneur. » Elle répond donc positivement à la demande. Mais ce qu'il faut bien souligner, c'est que cette demande n'était pas un interdit négatif, comme dans le Paradis terrestre, c'était une demande positive s'adressant au Libre Arbitre d'une femme. Après tout, Marie aurait pu répondre *non*. Et la Rédemption, c'est-à-dire la grandeur de l'homme, n'aurait pas eu lieu.

A partir de cette notion d'une Nouvelle Ève, ou plutôt d'une *anti-Ève*, il n'était plus possible de faire de Marie une femme ordinaire. D'abord, il fallait la vider de toutes les colorations douteuses héritées du culte païen des Déesses-Mères, donc en faire un modèle de pureté. Et puis, pour accentuer cette pureté fondamentale, il fallait évidemment noircir Ève en lui donnant les aspects habituellement conférés à ces Déesses-Mères, à la fois cruelles, sanguinaires, érotiques, et pourtant maternelles elles aussi, comme l'avait pu être Ève pour tout le genre humain. Le parallélisme entre Ève et Marie était indispensable à la fois pour contrer la rhétorique des divinités maternelles du paganisme et pour accentuer la singularité de la Vierge Marie, unique mère d'un unique Dieu et d'une unique humanité, celle dont Jésus espérait qu'elle fût fraternelle, celle qu'ont souhaitée les Cathares quand ils affirmaient que le monde ne pourrait être sauvé que lorsque la dernière âme serait sauvée. Ainsi, au lieu d'être un épiphénomène dans la doctrine chrétienne, la Vierge Marie occupe une place qu'on peut considérer comme primordiale, car, sans elle, rien ne tiendrait.

Mais tout cela était matière à discussion théologique. Pour que ces notions parfois ardues pussent être comprises, il fallait les présenter sous une forme simplifiée et surtout les faire entrer dans le cadre du dogme, c'est-à-dire dans le cadre des vérités incompréhensibles que tout fidèle doit croire obligatoirement et, en fait, aveuglément. Aussi, il était indispensable de greffer l'énoncé du dogme sur des usages, des pratiques et sur des sentiments, ceux relatifs à la maternité étant les plus communément répandus et les plus accessibles au plus grand nombre. Et, bien entendu, le rituel donna l'occasion de préciser certaines formulations du dogme.

Dès le VIIe siècle, dans les églises grecques d'Orient, fut instituée une fête de la « Conception de sainte Anne », c'est-à-dire de la conception passive de Marie. Cette fête passa bientôt dans l'Italie méridionale et aboutit très tôt en Irlande et en Grande-Bretagne sous le titre de *Conceptio Beatae Virginis*. Mais cela n'avait pu se faire que par le biais d'un personnage dont les Évangiles canoniques ne disent rien, la mère de Marie, autrement dit sainte Anne, dont le *Protévangile* de Jacques, considéré comme apocryphe par le concile de Nicée et rejeté comme tel, raconte l'histoire avec une extraordinaire abondance de détails.

Ce qui est important, c'est la référence à cette mystérieuse sainte Anne. Elle n'est ni plus ni moins que l'*image de la Déesse-Mère primitive*, celle que tous les peuples ont honorée sous différents noms, et que l'on a voulu écarter définitivement de l'image de Marie pour éviter toute confusion. Or cette image revenait en force parce qu'on ne pouvait se passer d'elle. Mais il était moins périlleux d'en faire la mère de la Vierge Marie que la Vierge Marie elle-même.

L'Orient et l'Extrême-Orient ont bien connu cette « Déesse des Commencements ». En Inde, c'est *Anna Pourna*, c'est-à-dire Anna la Pourvoyeuse. On la retrouve à Rome sous le nom d'*Anna Parenna*. Mais entre-temps, elle avait transité par le Moyen-Orient sous différentes appellations, dont celle de Danaé et de Tanit, et elle avait donné son nom au fleuve Don et au fleuve Danube. Et à l'autre bout de l'ancien monde, en extrême Occident, elle est la *Dana* irlandaise, mère des dieux des Gaëls, les Tuatha Dé Danann, celle qu'on reconnaît dans la tradition galloise sous le nom de Dôn, également mère des principaux dieux, et dans la tradition bretonne armoricaine dans le terme *Anaon*, les « Trépassés », c'est-à-dire le « peuple d'Ana », cette Ana se fondant bientôt sous les traits de l'Anna du *Protévangile*, mais en quelque sorte celtisée puisque présentée sous l'aspect d'une Bretonne ayant épousé le Juif Joachim, qui, après la mort de son mari, était censée être revenue mourir au pays.

Le personnage est à la fois simple et complexe. Le *Protévangile* nous la décrit comme une femme vertueuse et déjà âgée, se lamentant sur sa stérilité. Son époux Joachim est un homme d'une richesse considérable (ce qui infirme d'ailleurs toutes les conceptions selon lesquelles Jésus était pauvre et Joseph un modeste charpentier ! Ces histoires sont tout juste bonnes à faire pleurer dans les chaumières !). Mais Joachim se fait mépriser par les douze tribus d'Israël parce qu'il n'a pas d'enfant. Il s'adresse donc au Seigneur et lui demande un miracle. De son côté, Anne en fait autant : « Vers la neuvième heure, elle descendit dans le jardin pour se promener. Et elle vit un laurier et s'assit à son ombre, et supplia le Maître tout-puissant, disant : " Dieu de nos pères, bénis-moi et exauce ma prière, de même que tu as béni le sein de Sara et que tu lui as donné un fils, Isaac. " Et ayant levé les yeux au ciel, elle vit un nid de passereaux dans le laurier, et elle poussa un gémissement, disant en elle-même : " Malheur à moi, qui donc m'a engendrée et quel sein m'a produite ? Car je suis née maudite en présence des fils d'Israël. On m'a outragée et l'on m'a chassée avec des railleries du temple du Seigneur. Malheur à moi, à qui suis-je devenue semblable ? Ce n'est point aux oiseaux du ciel, car les oiseaux du ciel, eux aussi, sont féconds devant toi, ô Seigneur. Malheur à moi, à qui suis-je devenue semblable ? Ce n'est pas aux bêtes de la terre. Car les bêtes de la terre sont fécondes, elles aussi, devant toi, ô Seigneur. Malheur à moi, à qui suis-je devenue semblable ? Ce n'est point à cette terre ? Car cette terre, elle aussi, porte ses fruits selon la saison et te bénit, ô Seigneur "[1]. » On remarquera l'invocation aux éléments, d'essence naturellement païenne. Mais, « voici qu'un ange du Seigneur se tint devant elle et lui dit : " Anne, Anne, le Seigneur a exaucé ta prière : tu concevras et tu enfanteras et on parlera de ta postérité dans toute la terre. " Et Anne dit : " Aussi vrai qu'est vivant le Seigneur mon Dieu, si je mets au monde un enfant, soit garçon, soit fille, je l'offrirai en présent au Seigneur mon Dieu, et il sera à son service tous les jours de sa vie ". » C'est ainsi qu'Anne et Joachim sont parents d'une petite fille qu'ils appellent Marie. « De jour en jour l'enfant se fortifiait. Et quand elle eut six mois, sa mère la mit par terre pour voir si elle tenait debout. Et ayant fait sept pas, elle revint vers le giron de sa mère qui la souleva en disant : " Vive le Seigneur mon Dieu, il ne faut pas que tu marches sur cette terre jusqu'à ce que je te conduise au temple du Seigneur. " Et elle fit un sanctuaire dans sa chambre à coucher, et tout ce qui était impur ou souillé, elle ne lui fit pas prendre. Et elle appela celles des filles des Hébreux qui étaient sans tache, et elles la divertissaient [1]. » Ainsi naît et grandit, en dehors de toute souillure, celle qui sera la Vierge Marie.

Voilà donc l'origine de la Tradition concernant sainte Anne, dont le culte est si important dans certains pays celtiques, en particulier la Bretagne armoricaine où il devance presque la dévotion à Marie. Il est quand même assez piquant de constater que ce culte et cette dévotion fondamentale à sainte Anne tirent leur origine non pas des textes canoniques, *mais de textes dits apocryphes et rejetés comme tels par l'Église romaine officielle*. C'est dire le manque de cohérence qui caractérise la doctrine chrétienne quand on veut bien se donner la peine de dépasser le sermon habituel pour faire référence aux textes fondamentaux. Mais cela est une autre histoire. Ce *Protévangile* permit donc d'instaurer un culte de sainte Anne, et par conséquent de mettre en valeur la conception miraculeuse de la Vierge Marie. C'est donc un élément important pour expliquer le culte marial. Car si la conception de Marie dans le sein d'Anne *(image de l'antique Déesse-Mère, répétons-le)* était admise ainsi, elle pouvait permettre des interprétations plus mystiques. Ainsi, au début du XIIe siècle, les moines saxons Eadbert, disciple de saint Anselme de Canterbury, et Osbert de Clare, tous deux influencés par le

1. *Protévangile de Jacques*, chap. II, III, IV, et VI, trad. Émile Amann, cité par Pierre Crépon, *Les Évangiles apocryphes*, Paris, Retz, 1983, pp. 30-32.

Gravure ancienne.

La cathédrale vue de l'Eure.

Façade nord.

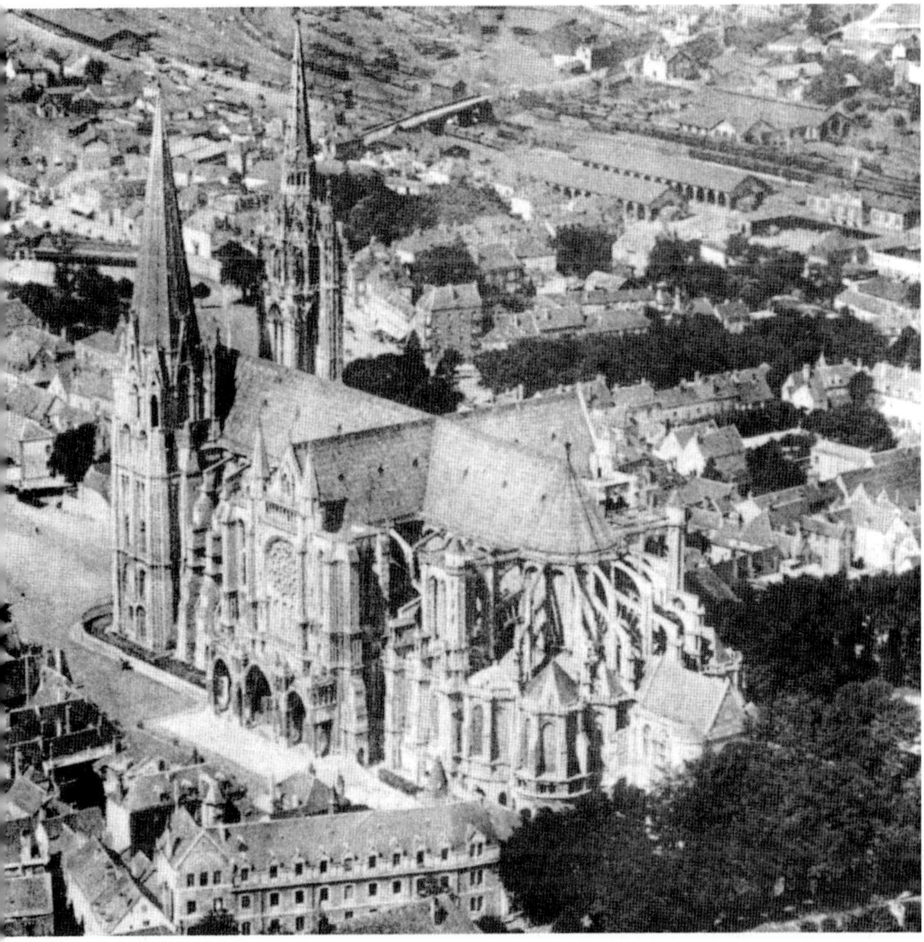

Façade sud.

Chartres. Portail Royal.

Frontispice de la *Parthénie* de Rouillard
La « Virgo Paritura » vénérée par les Druides.

Notre-Dame de Sous-Terre (*gravure de Leroux*)

Notre-Dame du Pilier ou Vierge noire (XVIe siècle).

Notre-Dame de la Belle-Verrière (vitrail du XIIe siècle).

monachisme celtique, se déclarèrent partisans d'une conception (passive) immaculée (c'est-à-dire exempte du péché originel) de la Vierge Marie. Cette position, très en avance pour l'époque, et manifestement très marquée par les conceptions celtiques héritées du Druidisme qui traînaient encore en Grande-Bretagne dans les milieux cléricaux, fut combattue, sur le continent, par les tenants de l'orthodoxie romaine, saint Bernard de Clairvaux en particulier. Celui-ci, que certains, au mépris de toute réalité, s'obstinent à présenter comme le « dernier Druide d'Occident », mais qui fut avant tout le maître temporel et spirituel de l'Europe au XIIe siècle, adressa une sévère mise en garde, en 1140, aux fidèles de Lyon qui avaient institué cette fête de la Conception de Marie. Bernard de Clairvaux fulminait contre cette « innovation injustifiée » (probablement parce qu'elle sortait d'un texte apocryphe) et développa la thèse que Marie avait été sanctifiée, certes dans le sein de sa mère, mais *après sa conception*. Pourtant, on ne peut pas dire que saint Bernard ait été un contempteur de Marie, lui qui, au contraire, contribua au développement du culte rendu à Notre-Dame ! Mais, néanmoins, il refusait de faire de Marie une personne *en dehors de la commune humanité*. Et sous la redoutable influence de Bernard de Clairvaux, la plupart des théologiens qui suivirent, dont saint Bonaventure, Albert le Grand et Thomas d'Aquin, se prononcèrent sans ambiguïté contre toute reconnaissance d'une quelconque Immaculée Conception de Marie.

Ce fut encore un théologien héritier de la tradition celtique qui osa s'opposer à la doctrine officielle. Jean Duns Scot, mort en 1308, enseigna en effet que l'animation ne devait pas précéder la sanctification dans le temps, mais seulement dans l'ordre de la nature. Il introduisait ainsi la notion toute nouvelle de *pré-rédemption*. Il était donc concevable que le Christ rachetât sa Mère de cette manière par la seule miséricorde. Et l'ordre franciscain adopta la thèse de Scot, s'opposant en cela très violemment à l'ordre dominicain, et manifesta sa volonté de faire de l'Immaculée

Conception un élément dogmatique de l'Église romaine.

Mais la discussion ne faisait que commencer entre les différentes tendances de l'Église. La trente-sixième session du concile de Bâle, en 1439, prit ouvertement parti en faveur de l'Immaculée Conception, et le pape Sixte IV, qui régna de 1471 à 1484, encouragea la célébration de la fête en l'honneur de Marie « conçue sans péché ». Mais il s'agissait seulement d'officialiser une fête. Tout d'ailleurs fut remis en cause par les thèses de la Réforme. On sait que Luther et Zwingle reconnaissaient en Marie un personnage tout à fait exceptionnel, allant même jusqu'à affirmer sa virginité *après* la naissance de Jésus. Mais Calvin rejeta catégoriquement toute idée de culte rendu à la Vierge, en même temps qu'il déniait à celle-ci une quelconque Immaculée Conception. Cela provoqua la réaction du concile de Trente qui, sans rien affirmer, se contenta de répéter qu'aucune créature ne pouvait être considérée comme exempte du péché originel, ajoutant cependant cette réflexion que « ce n'était pas dans l'intention de Dieu d'inclure dans ce décret la bienheureuse et immaculée Vierge Marie ». Ainsi en arrivait-on à proposer pour Marie une sorte de statut spécial parmi toutes les créatures, sans néanmoins aller plus loin que la reconnaissance d'une pureté absolue. En 1567, le pape Pie V condamna le théologien Baius qui soutenait que personne, en dehors du Christ, n'avait été exempt du péché originel, et que la mort et les tribulations de Marie avaient été une peine pour des péchés actuels ou pour le péché originel. Officiellement, donc, l'Église laissait la porte ouverte à l'affirmation de cette croyance que la Vierge Marie ne pouvait avoir été soumise au même sort que la plupart des humains.

Tout cela se termina donc le 8 décembre 1854 par la proclamation solennelle du dogme de l'Immaculée Conception de Marie, par la voix du pape Pie IX, après consultation de l'ensemble de l'épiscopat. Mais, en fait, cette décision, qui faisait de cette affirmation une matière de foi, n'était que la reconnaissance officielle de ce que pensaient depuis longtemps la très grande majorité des Catholiques et qu'ils exprimaient, parfois même avec beaucoup de naïveté ou de maladresse, dans le culte rendu à la Vierge Marie. Car, sans pour autant se poser d'épineuses questions métaphysiques ou théologiques, les fidèles avaient senti confusément la nécessité pour la Mère de Dieu d'être un être totalement en dehors du commun. Et ne pouvant en faire une « déesse », ce qui eût constitué un retour au paganisme et à la définition archaïque de la divinité féminine primordiale, on s'arrangeait ainsi pour en faire une humaine « pleine de grâces », ayant mérité par son acceptation d'être le « réceptacle » de Dieu, de transcender la condition humaine. C'était en quelque sorte une « apothéose » au sens strict — et païen — du terme.

Mais cette apothéose ne pouvait être complète sans que fût résolu le problème de la mort de Marie. En effet, à partir du moment où Marie apparaissait comme un être privilégié, ayant été exempte du péché originel, une contradiction naissait : si le péché originel avait eu comme conséquence, pour Adam et Ève, l'épreuve châtiment que constituait la mort, comment imaginer la Vierge Marie, exempte de ce péché originel, et pourtant soumise à la mort ?

Là encore, les croyances populaires et les pratiques cultuelles avaient, dans une certaine mesure, sinon esquivé, du moins dépassé le problème posé par les théologiens. Pendant tout le Moyen Âge, de nombreuses légendes avaient couru sur la Vierge, qui, sans affirmer que Marie était immortelle, la présentaient revêtue d'un corps glorieux analogue à celui de Jésus ressuscité, et pouvant apparaître en chair et en os chaque fois que son intervention était nécessaire pour qu'elle pût venir en aide à des fidèles dans l'angoisse ou l'embarras. Des thèmes comme celui du *Miracle de Théophile,* où la Vierge reprend au Diable le pacte qu'il avait signé avec le clerc, comme celui du *Jongleur de Notre-Dame,* où Marie joue en quelque sorte le rôle de la Dame de l'Amour courtois auprès d'un pauvre poète, sont des indications précieuses quant aux certitudes populaires concernant la Mère de Dieu, non seulement toujours vierge, non seulement de conception immaculée, mais également *intemporelle*, autrement dit douée d'une « permanence » sur la terre comme au ciel. Et cette idée se retrouve dans l'exercice du culte : Marie est invoquée non seulement par référence à la douleur qu'elle a éprouvée en tant que mère, au pied de la Croix, mais surtout parce qu'elle représente une *maternité perpétuelle :* elle est celle qui régénère, celle qui permet la transcendance et, dans ce cas, elle est, comme son fils, la Résurrection et la Vie. Elle ne peut donc mourir, puisqu'*elle est la Vie*. C'est une idée fondamentale héritée de la nuit des temps, et il est bien certain que cette idée recouvre très exactement le concept de Grande Déesse des Commencements. Ainsi verra-t-on sur certains calvaires bretons l'image de Marie tenant son fils mort sur ses genoux, après la descente de croix, mais pas tout à fait dans l'attitude de la « Pietà » classique : le corps de Jésus ne dépasse pas en effet les genoux de la Vierge, comme si les artistes avaient voulu signifier que *Marie réintégrait en elle le corps de son fils pour lui donner une nouvelle vie*. Et l'on peut citer des exemples de sanctuaires où Marie est vénérée en tant que triomphatrice, ce qui exclut d'emblée toute référence à la mort, non seulement à sa propre mort, mais aussi à celle des humains qui sont tous ses fils, depuis que le Christ en croix lui a donné Jean comme fils, Jean symbolisant l'ensemble du genre humain. C'est le cas pour la cathédrale de Chartres : ce sanctuaire n'est pas dédié à la *Mater Dolorosa*, mais à la Mère triomphante. *Et c'est pourquoi, contrairement aux habitudes de l'ancien temps, il n'y a aucun tombeau dans la cathédrale de Chartres*, même pas le tombeau d'un évêque ou d'un saint qui aurait illustré Chartres. C'est assez significatif d'un certain état d'esprit.

Mais tout cela ressort d'une part de la religion populaire (qui se distingue souvent de la religion officielle), d'autre part des spéculations marginales, disons même « ésotériques » (les bâtisseurs de cathédrales n'étaient point innocents) qui agitent et secouent parfois durement l'édifice dogmatique d'une religion solidement implantée dans son cadre socioculturel.

De telles pratiques cultuelles, de telles spéculations

n'ont pas manqué de provoquer les théologiens. Le tout était de trouver un consensus qui pût satisfaire tout le monde sans pour autant dévier de la trame essentielle : Marie n'est pas une divinité, elle n'est que la *première créature* de la Divinité unique, une sorte de *materia prima* que la présence de l'Esprit saint métamorphose, comme cela se produit dans le Magistère, c'est-à-dire le « Grand Œuvre », série d'opérations alchimiques qui, partant d'une matière première informe mais cependant *choisie et privilégiée*, aboutissent à l'élaboration de la Pierre philosophale, laquelle est la transcendance absolue non seulement de la matière, mais de l'esprit.

C'est d'ailleurs une comparaison évidente dans toute l'alchimie du Moyen Âge. Les « Philosophes », puisque c'est ainsi que l'on nomme les Alchimistes, décrivent souvent, à mots couverts, la « Sainte Matière » du corps de la Vierge où la Lumière s'est cachée, depuis l'aube des temps. Le Grand Œuvre consiste donc à retrouver cette lumière enfouie dans la matière informe et à l'exalter. En ce genre d'interprétation alchimique, si la Pierre philosophale est contenue implicitement dans la Matière première de l'Œuvre, Jésus-Dieu, qui est, sur un plan théologique, la Pierre philosophale dans toute sa splendeur et dans toute sa puissance, est contenu lui-même intrinsèquement dans le corps de Marie. Ce qui suffirait à justifier l'Immaculée Conception, à expliquer que Marie, en tant que Théotokos, existe depuis la création : elle est le *contenant*, elle est la Matière première d'où émanera la Lumière, elle est le Vase dans lequel s'accomplit la transubstantiation, elle est en quelque sorte le Graal, ce mystérieux objet qui contient on ne sait trop quoi (le Sang du Christ ou une quelconque force divine, ce qui revient au même) mais qui est nécessairement quelque chose d'absolu et de parfait. Le problème, c'est que le Graal, qui est un contenant (le sens de *gradal* est « récipient »), s'imprègne de la qualité du contenu et, de ce fait, en acquiert lui-même un caractère sacré. Même s'il n'y a plus rien dans le Graal, l'objet lui-même est divin. C'est en des termes analogues que se pose le problème de la Vierge, et si l'on donne à celle-ci le même caractère sacré ou divin qu'au Graal, on est bien obligé de prétendre que Marie, en tant qu'être coporel, n'a pas pu subir le même sort que les autres êtres humains. En un mot, Marie, mère de Jésus-Christ, a-t-elle subi la mort ?

Une réponse hâtive pourrait être celle-ci : oui, puisque son propre fils, qui est pourtant Dieu, a subi cette mort, et dans des conditions d'ailleurs douloureuses et ignominieuses. Alors, pourquoi sa propre mère, en dépit de sa spécificité, aurait-elle échappé au sort commun ? L'argument est logique. Mais ce n'est pas la Vierge Marie qui accomplit la rédemption, c'est Jésus lui-même. Marie ne fait que participer à cette rédemption, mais elle n'en est pas le pivot, de la même façon que dans le mythe métroaque, c'est Attys et non Cybèle qui est à la fois le modèle et l'artisan de la régénération. Mais, justement, Cybèle ne meurt pas, pas plus qu'Ishtar, Artémis ou Isis. Ces images de la permanence et de l'intemporalité de la Mère divine ont tellement rôdé dans l'inconscient collectif qu'elles ont fini par s'y incruster de façon indélébile. Il fallait donc trouver une solution théologique qui satisfasse la foi populaire tout en évitant le retour en force de la représentation païenne archaïque. Opération délicate, qui ne s'est pas déroulée sans controverses, et qui n'a trouvé son achèvement qu'en 1950, c'est-à-dire très tardivement, dans la proclamation du dogme de l'Assomption.

La difficulté réside dans le fait qu'aucun texte canonique ne fournit le moindre renseignement sur la « fin » de Marie. Au reste, en dehors de Luc qui s'étend longuement sur la Vierge, les Évangélistes ne sont guère prolixes à son égard, la présentant deux fois seulement au cours de la vie active de Jésus, la première aux noces de Cana, la seconde au moment de la Crucifixion, Jean ajoutant là le célèbre détail concernant la « mère universelle », dans un épisode qui peut faire penser que l'apôtre prit avec lui la mère de son maître. Pure conjecture. Les *Actes* ne nous renseignent guère davantage. Et pourtant, dans l'Église, depuis les premiers temps, il existe une Tradition tenace au sujet de la « mort » de Marie à Éphèse, où elle se trouvait en compagnie de saint Jean, et où, bien entendu, on a soi-disant retrouvé l'emplacement de la maison qu'elle habitait. Il convient de rappeler que la ville d'Éphèse a été, pendant toute l'Antiquité, une véritable capitale de la Déesse-Mère, en particulier d'Artémis : dans ces conditions, il était normal que la Tradition plaçât à Éphèse la résidence de Marie, et aussi que ce soit à Éphèse même qu'un concile ait proclamé Marie « mère de Dieu ». Ce fait n'infirme en rien la possible réalité d'une présence de Marie à Éphèse, mais explique la portée universelle que prit le culte de la Vierge à partir d'Éphèse.

Cette tradition a cependant un support scripturaire, mais non canonique. Il s'agit d'un texte apocryphe, *donc rejeté officiellement par l'Église,* connu sous le titre de *Transitus Mariae,* et qui est rigoureusement *le seul* à présenter un récit de la mort et de l'assomption de la Vierge Marie. On connaît de ce texte une recension grecque et deux latines, la plus ancienne étant probablement le texte grec qui remonterait au IVe siècle. Bien sûr, la date tardive de ce texte ne doit pas faire oublier qu'il n'est que la mise par écrit d'un récit plus ancien transmis oralement. La même remarque serait à faire pour les Évangiles dits canoniques, ou pour la plupart des livres de l'Ancien Testament, ou pour n'importe quel récit mythologique de n'importe quelle tradition [1]. Rien n'empêche de penser que le *Transitus Mariae* ne soit pas le reflet d'une authentique réalité. En tout cas, ces trois versions primitives ont donné lieu, par la suite, à de nombreux remaniements, en particulier à un très intéressant *Livre du Passage de la Très Sainte Vierge, Mère de Dieu,* qui fut attribué —

1. On peut ne peut nier que *L'Iliade* et *L'Odyssée* ne soient des remaniements ou des mises par écrit de récits oraux antérieurs. Il en est de même pour toutes les épopées mythologiques païennes de l'ancienne Irlande : ce sont des traditions orales qui ont été mises par écrit, à partir du VIIe siècle, par les moines chrétiens irlandais. Cela ne diminue en rien leur valeur, et tout au plus peut-on craindre certaines altérations, certaines incompréhensions bien légitimes, et parfois des modifications volontaires par souci d'harmoniser la pensée druidique archaïque avec la pensée chrétienne. Que dire aussi du *Kalevala* finlandais qui est une mise par écrit, opérée au XIXe siècle, de contes oraux remontant aux périodes les plus archaïques de la civilisation finnoise ? La notion d'*apocryphe* reste bien délicate à définir.

faussement — à un certain Méliton, évêque de Sardes, en Lydie, à la fin du second siècle.

Le *Livre du Passage* insiste tout d'abord sur l'épisode évangélique où Jésus confie sa mère à l'apôtre Jean : « Et depuis cette heure, la sainte Mère de Dieu resta spécialement confiée au soin de Jean pendant tout le temps qu'elle vécut. Et les apôtres ayant tiré au sort quelles régions ils devaient aller instruire, elle resta dans la maison de ses parents, auprès du Mont des Oliviers. » Il n'y a guère d'autres références à cette maison familiale que possédait la famille de Marie à Jérusalem. D'autres traditions font mention d'Éphèse où il semble que Jean soit allé porter le message christique. Alors le *Livre du Passage,* muet sur les activités de Marie, passe d'un seul coup à « la vingt-deuxième année après que Jésus-Christ, ayant vaincu la mort, fut monté au ciel ». Un ange apparaît à Marie et lui annonce sa mort prochaine, en précisant que, trois jours plus tard, elle sera « enlevée au ciel avec son corps ». Marie demande une faveur à l'ange : que tous les disciples de son fils soient réunis autour d'elle. L'ange lui répond : « Tous les apôtres seront amenés ici aujourd'hui par la puissance de Jésus-Christ. » Marie se prépare donc. « Or, voici que tandis que le binheureux Jean prêchait à Éphèse le jour du Seigneur, à la troisième heure, il se fit un grand tremblement de terre, et une nuée l'enleva aux yeux de tous et le porta devant la porte de la maison où était la Vierge Marie. » La Vierge se réjouit de la venue de Jean. Elle lui explique ce que lui a annoncé l'ange et manifeste son inquiétude au sujet de l'attitude des Juifs : « J'ai entendu les Juifs qui tenaient conseil et qui disaient : Attendons le jour où mourra cette femme qui a porté cet imposteur et nous brûlerons son corps. » Elle demande alors à Jean de veiller à ses funérailles et de faire tenir devant son cercueil une palme que l'ange lui a remise. « Soudain, par l'ordre de Dieu, tous les apôtres furent enlevés par une nuée des endroits où ils prêchaient la parole de Dieu et ils furent déposés devant la maison où habitait Marie. » La veillée commence. « Le troisième jour, le sommeil s'empara de tous ceux qui étaient dans la maison, et nul ne put rester éveillé, si ce n'est les apôtres et trois vierges qui étaient les compagnes de la Vierge sainte. » Jésus apparaît au milieu des anges et s'adresse à sa mère : « Lorsque, envoyé par mon Père pour le salut du monde, j'ai été suspendu sur la croix, le prince des ténèbres est venu vers moi ; mais ne pouvant trouver nul vestige de son cœur, il s'est retiré vaincu et foulé aux pieds. Je l'ai vu et tu le verras suivant la loi commune du genre humain, à laquelle tu te conformes en mourant, mais il ne pourra te nuire, parce qu'il n'y a rien en toi qui soit en lui, et je serai avec toi pour te protéger. » Puis la Vierge se couche et meurt. Jésus ordonne à ses disciples de porter le corps de sa mère « à la droite de la ville vers l'Orient », et de l'y déposer dans un sépulcre nouveau. Suit une description du corps de Marie qui « brillait d'une telle clarté que ce n'était que par un effet de la bonté de Dieu qu'on pouvait le toucher. Il était parfaitement pur et exempt de toute souillure... Le visage de la bienheureuse Marie, Mère de Dieu, était semblable à la fleur du lis, et son corps répandait une odeur d'une suavité merveilleuse et telle qu'on ne saurait en trouver de pareille ».

Le cortège funèbre s'organise alors. Sur le parcours, un prêtre juif, plein de fureur, veut renverser le cercueil. Ses bras se dessèchent. Il supplie l'apôtre Pierre de le guérir. Pierre adresse à Dieu une prière fervente : le prêtre est guéri et se met à louer le Seigneur. Les apôtres parviennent à la vallée de Josaphat et déposent le cercueil dans un sépulcre neuf. Jésus apparaît une nouvelle fois et demande aux apôtres ce qu'ils désirent qu'il fasse pour sa mère. Les apôtres répondent : « Il paraîtrait juste à tes serviteurs que, de même qu'ayant vaincu la mort, tu règnes dans la gloire, tu ressuscites le corps de Marie et tu la conduises pleine de joie dans le ciel. » Jésus ordonne à l'archange Gabriel d'apporter l'âme de Marie et de lever la pierre. Et Jésus dit : « Lève-toi, mon amie, toi qui n'as pas senti de corruption par le contact de l'homme, tu ne souffriras pas la destruction du corps dans la sépulture. » La Vierge se relève et rend grâces à son fils. Celui-ci adresse des paroles d'encouragement à ses apôtres, et au milieu d'une nuée, il « remonta au ciel, et les anges l'accompagnèrent portant la bienheureuse Marie, Mère de Dieu, au paradis de Dieu » [1].

Tel est donc le seul récit concernant l'Assomption de Marie. Les détails sont précis : la Vierge meurt comme tout être humain, et comme Jésus lui-même. Mais cette mort est passagère, et c'est avec son corps — qui échappe à la décomposition — que Marie est « ravie au ciel », c'est-à-dire dans ce monde intemporel et a-spatial promis par les Écritures, là où s'harmonisent définitivement le corps et l'esprit, là où les contradictions cessent d'être perçues comme telles. L'assomption de Marie, sur un plan proprement philosophique, est une *perfection*, c'est-à-dire un « achèvement ». Si un tel événement a réellement eu lieu, il devient exemplaire, et signifie que tout être humain, dans certaines conditions, peut parvenir à une transcendance totale. Certes, la doctrine chrétienne enseigne que Jésus, qui est dieu-homme, a accompli la même transcendance, mais Jésus est à la fois Dieu et homme, tandis que Marie est *seulement une femme,* même si elle a un caractère spécifique. D'où l'importance de l'image de la Vierge Marie : elle est en quelque sorte la régénératrice, celle qui montre le chemin que doivent parcourir *tous* ses enfants. Image maternelle bien sûr, et qui parle au plus grand nombre des humains. Mais cette image maternelle fait état d'une *nouvelle naissance,* la naissance définitive dans un monde d'où est exclu le transitoire, un monde qui ne connaît pas l'éphémère. Ces notions philosophiques, même si elles ne sont guère comprises par l'ensemble des fidèles, expliquent cependant l'importance du culte marial.

Au cours des trois premiers siècles du Christianisme, ce culte marial n'avait rien de spécifique : il était intimement lié au culte de Jésus lui-même. C'est seulement à partir du IVe siècle qu'ont commencé, sous l'influence probable de la Tradition dite « apo-

---

1. *Livre du Passage de la Très Sainte Vierge,* chap. III-XVIII, trad. Brunet, tome XXIII de l'*Encyclopédie théologique* de Migne (1856).

cryphe », les premières formes d'un culte marial indépendant. Ainsi les hymnes de saint Éphrem, mort en 373, sur la naissance de Jésus sont autant de chants de louanges envers sa Mère. Saint Grégoire de Nazianze, mort en 390, atteste le culte rendu à Marie dès cette époque en relatant l'histoire d'une jeune chrétienne du nom de Justine qui, en butte à une tentative de viol, supplia « la Vierge Marie de venir en aide à la vierge menacée ». Vers l'an 400, Épiphane témoigne de l'existence d'une secte particulière, les Collyridiens, qui tendaient à rendre à Marie un culte idolâtre, et il en profite pour affirmer la position officielle de l'Église romaine : « Marie doit être honorée. Mais le Père, le Fils et le Saint-Esprit doivent être adorés, tandis que personne ne doit adorer Marie. » C'est donc cette position qui, défendue par Cyrille d'Alexandrie au concile d'Éphèse, en 431, devint la définition de la Théotokos : Marie n'est qu'une femme, mais *bénie entre toutes les femmes,* donc un personnage humain tout à fait exceptionnel et promis à la plus haute destinée.

A la suite de cette reconnaissance de la mission particulière de la Théotokos, le culte marial se développa rapidement en Occident comme en Orient. On édifia de nombreux sanctuaires, églises, chapelles ou cathédrales, en son honneur, et l'on institua des fêtes calendaires. A côté de la « Purification » et de l'« Annonciation », qui primitivement étaient des fêtes en l'honneur du Christ, de nouvelles célébrations apparurent, notamment celle de la Nativité (avec, en arrière-plan, l'idée de l'Immaculée Conception) et celle du « Transfert de Marie » (qui allait devenir la fête de l'Assomption), enfin, d'une façon officielle, la fête du 15 août, sous le vocable de l'Assomption, devenue la manifestation le plus en rapport avec le dogme proclamé par le pape Pie XII le 1er novembre 1950. Mais il faut bien dire que c'est surtout aux XIIe, XIIIe et XIVe siècles que le culte de la Vierge atteignit son apogée, du moins pour ce qui concerne l'Occident chrétien, soit par le nombre des fêtes, soit par la construction d'édifices consacrés à Marie, soit par l'abondance des sermons, des contes et des légendes, soit même, dans un cadre théâtral, par l'importance des pièces nommées « Miracles de Notre-Dame ».

La Réforme du XVIe siècle allait quelque peu modifier cet essor. Certes, Luther n'abandonne pas le culte marial, bien au contraire. Tout en critiquant certains aspects idolâtres du culte rendu à la Vierge (et il n'avait pas tout à fait tort en cette fin du Moyen Âge !), Luther confirma la croyance traditionnelle en la maternité divine, en la virginité perpétuelle de Marie, au caractère spécifique de sa conception et à son pouvoir d'intercession. Zwingle, lui aussi, garda la foi mariale, mais refusa d'admettre qu'on pût implorer la Mère de Dieu, simple créature et non pas divinité. Par contre, Calvin refusa tout en bloc et condamna toute forme de dévotion mariale comme étant de la pure idolâtrie. Cela n'empêcha nullement le culte marial de se développer au cours des XVIe et XVIIe siècles, ainsi dans les campagnes, à l'occasion notamment de la découverte d'une ancienne statue enfouie ou perdue, ou encore de phénomènes miraculeux, comme l'apparition d'une Dame blanche à une jeune paysanne généralement pauvre et inculte. Les exemples de cette sorte sont innombrables, tant en France que dans les autres pays d'Europe.

Le XVIIIe siècle, « siècle des Lumières », imbu de rationalisme et de scepticisme, renvoya le culte marial aux superstitions et à l'obscurantisme. Mais on oublie peut-être que les cérémonies révolutionnaires en l'honneur de la « Déesse-Raison » ne faisaient que faire renaître les antiques cultes de la Déesse-Mère — très intellectualisés et très « filtrés », il faut bien le dire —, et prolongeaient de façon inconsciente les processions et multiples fêtes de Notre-Dame. On détruisait sans doute les statues de la Vierge, mais on en sculptait d'autres, affublées de bizarres noms hérités d'une fausse Antiquité et qui, en réalité, représentaient la même entité spirituelle féminine, même si elle était ravalée au rang d'allégorie.

C'est au cours du XIXe siècle, pourtant époque de « scientisme », que le culte marial prit un nouvel essor, notamment avec l'abondance des « apparitions » de la Vierge Marie en quelque coin perdu ou anonyme et qui allait devenir de ce fait un haut lieu de dévotion et de pèlerinage. Une liste exhaustive serait impressionnante : et, encore une fois, ce n'est pas dans des lieux consacrés à la Vierge depuis la plus haute Antiquité que ces « apparitions » se produisirent, mais dans des endroits neutres, ignorés de tous. On peut citer la Chapelle de la Médaille miraculeuse, à Paris, rue du Bac, non loin de l'endroit où mourut Chateaubriand, Pontmain, dans le Maine, à la limite de la Bretagne, La Salette, dans les Alpes, et bien entendu, le plus célèbre de tous les sanctuaires de Marie, Lourdes. Quelle que soit la réalité profonde de ces « apparitions », il est impossible de nier *qu'il se soit passé quelque chose* aux dits endroits, et en certaines circonstances. Les événements en question appartiennent à l'histoire moderne, ont été soumis au crible de la critique, sont signalés par de multiples témoignages et ont eu d'innombrables conséquences sur le comportement des Chrétiens. On peut les interpréter chacun selon sa conscience et selon ses connaissances, il n'en reste pas moins sûr que des « phénomènes » se sont produits et qu'ils ont provoqué un formidable renouveau du culte de la Vierge. C'est dans cet esprit qu'il convient de les citer comme prolongements naturels des cultes ancestraux rendus à la Mère de Dieu dans des sanctuaires aussi anciens et fameux que Rocamadour, Le Puy ou Chartres. L'évangéliste Luc ne fait-il pas dire à Marie, après l'Annonciation (Luc, II, 27) : « Désormais toutes les générations me diront bienheureuse. »

On peut se demander les raisons de ce culte, et surtout les raisons de ce renouveau. Au premier degré, il semblerait même que, à l'intérieur du Catholicisme, la dévotion à Notre Dame fût plus importante, ou tout au moins occupât une place plus importante que le culte rendu à Dieu lui-même. Il est certain que toutes les religions du monde ont proposé à la vénération des fidèles des *hypostases* du Dieu et non pas le Dieu lui-même, puisque celui-ci, par nature, est incompréhensible, ineffable et innommable. Le Dieu des Chrétiens n'est communicable qu'à travers l'image humanisée de Jésus-Christ. Mais étant donné que Jésus est non seulement un homme mais aussi un Dieu, il apparaît souvent comme trop lointain et presque inaccessible, la piété, pour s'exercer pleinement, a besoin d'un intermédiaire qui puisse comprendre les humains et transmettre leur prière, pour transmettre et décrypter le message venu d'en haut. Les saints du Christianisme servent donc d'intermédiaires. Mais quel est l'être le plus saint, le plus « divin », sinon la Vierge Marie qui eut l'honneur de porter Dieu dans ses flancs ? Sans faire de Marie une hypostase divine, sans recourir devantage aux réminiscences archaïques concernant la Déesse des Commencements, il faut bien reconnaître que, dans l'optique chrétienne, Marie joue un rôle de tout premier plan. D'où le succès du culte marial qui, contre vents et marées, renaît toujours de ses cendres. Dans son commentaire sur le *Magnificat*, Luther le fait remarquer : « La bienheureuse Vierge Marie parle après avoir fait une expérience personnelle dans laquelle le Saint-Esprit l'a illuminée et enseignée. » Et, dans une sorte de délire à la fois mystique et philosophique, Luther imagine le message que Marie a reçu : « Elle apprend que Dieu est un Seigneur qui a pour unique occupation d'élever ce qui est bas, d'abaisser ce qui est élevé, bref de briser ce qui est fait et de refaire ce qui est brisé. »

Le message appris par Marie et révélé par elle aux humains est essentiel. Il est de la plus pure métaphysique ontologique. Il concerne l'univers tout entier à travers la création divine permanente. A la lumière de ce message, on peut comprendre que Dieu n'est pas immobilité mais mouvement éternel, en un mot que *Dieu est perpétuel Devenir*. C'est d'ailleurs ce qu'affirmaient les Druides, aux temps celtiques dits païens, lorsque, d'après la tradition, ils honoraient, sur le tertre qui supporte aujourd'hui l'admirable cathédrale Notre-Dame de Chartres, une mystérieuse statue d'une non moins mystérieuse *Virgo Paritura*, « une vierge sur le point d'enfanter », qui n'était peut-être pas la préfiguration de Marie, mais qui était bel et bien la représentation de la Création perpétuelle de Dieu dans l'utérus de la Femme bénie entre toutes les femmes.

III

LA VIERGE NOIRE

A Chartres, les représentations de la Vierge ne manquent pas, et elles offrent toutes un point commun : ce sont des Vierges de Majesté, comme si on avait voulu, dans ce sanctuaire, ne voir que l'aspect triomphant de Marie, Mère de Dieu et détentrice, par son acceptation de l'Esprit saint, du Savoir universel. Mais il semble que les différentes images de la Vierge aient chacune un rôle particulier à jouer dans la dévotion, et par conséquent une signification particulière à laquelle contribuent des attitudes ou des emblèmes. Et si la tradition locale prétend que la plus vieille image est Notre-Dame de Sous-Terre (du moins la statue détruite pendant la Révolution), elle insiste bien sur le fait que celle nommée Notre-Dame du Pilier est une *Vierge Noire, et seulement elle.*

Or, on sait que la statue actuelle de Notre-Dame du Pilier, exposée dans la première travée du déambulatoire nord, *juste au-dessus de la chapelle Notre-Dame de Sous-Terre,* ne remonte pas au-delà des premières années du XVIe siècle. L'historien chartrain Sébastien Rouillard écrit dans sa *Parthénie,* publiée en 1609, des lignes qu'il est difficile de ne pas prendre en considération : « Au-devant d'icelui (le jubé), du côté septentrional, est un haut trône élevé sur lequel et dessus une colonne ronde de pierre fort dure, est posée l'image de Notre-Dame. Feu maître Vastin de Fugerets, en son vivant chanoine de ladite Église, il y a cent ans ou environ, fit ériger ladite image, afin que sans troubler le divin service du chœur, elle fût librement exposée à la vénération du peuple. Aussi l'affluence y est si commune et la dévotion si grande, que la colonne de pierre, qui soutient ladite image, se voit cavée (creusée) des seuls baisers des personnes dévotes et catholiques » (*Parthénie,* I, fol. 134, V°). Il est probable que cette statue devait, à l'origine, servir d'illustration à la « Sainte Chemise » de la Vierge, pieusement conservée dans une châsse et exposée sur le maître-autel. Un document écrit vers 1700, et dû à un certain Lebrun des Marettes, natif de Rouen, relation qui corrobore un témoignage du chanoine Estienne, en 1682, donne sur ce point d'utiles précisions : « Le grand Autel est fort large ; il n'y a point de balustres, mais seulement des colonnes de cuivre et des Anges au-dessus du sanctuaire. Au-dessus de l'autel, il y a seulement un parement au retable, et au-dessus, il est une image de la Sainte Vierge en argent doré. Par-derrière est une verge de cuivre, et au haut un Crucifix d'or de la grandeur d'un pied et demi, au pied duquel est une autre verge de cuivre qui avance environ d'un pied ou d'un pied et demi sur l'autel, au bout de laquelle est la suspension du saint Ciboire » (*Voyages liturgiques de France,* p. 226).

Il ne s'agit évidemment pas de la même statue que celle qui nous est présentée sous l'appellation Notre-Dame du Pilier. D'ailleurs, le chanoine Estienne nous apprend que cette Vierge « en vermeil doré » est haute de trois pieds, et qu'elle a été donnée « au mois de mai 1220 par M. Pierre de Bordeaux, archidiacre de Vendôme, prêtre, homme lettré et honnête, qui avait fait faire une image de la bienheureuse Marie avec deux anges d'argent qui sont au-dessus du maître-autel » (*Cartulaire de Notre-Dame de Chartres,* III, p. 162). Et d'après d'autres documents et des dessins, on peut se faire une idée assez précise de l'allure de cette statue ancienne. Marie était représentée assise, la tête droite, regardant devant elle, retenant l'Enfant Jésus sur son genou gauche, élevant un objet de la main droite. Mais, les documents l'attestent, la dévotion à cette statue troublait la quiétude du chœur, et le clergé du XVIe siècle tenta de détourner ladite dévotion vers un autre objet. C'est là l'origine de Notre-Dame du Pilier, placée tout d'abord devant le jubé. Les documents nous apprennent qu'on voulut que cette image fût semblable à l'ancienne, ce qui en explique peut-être le caractère archaïque qu'elle garde encore de nos jours. Il s'agit donc bien de l'érection d'une nouvelle statue, au début du XVIe siècle, et non pas d'une translation de l'ancienne. Mais pourquoi donc cette image de la Vierge est-elle noire ?

En effet, la description de la statue primitive insiste sur le « vermeil doré ». Et comme la statue actuelle imite — du moins dans les grandes lignes — la statue archaïque, on se pose des questions. D'ailleurs, on se demande toujours si Notre-Dame du Pilier est en poirier ou en noyer. On se demande aussi si le « vermeil doré » n'était pas une peinture ajoutée après coup. Pourquoi pas ? Certains ecclésiastiques refusent actuellement cette statue comme étant une Vierge Noire, prétendant qu'elle a été noire *accidentellement*, à cause de la couleur du bois. C'est vite dit. Et, de toute façon, la tradition chartraine, depuis des siècles, parle bien d'une Vierge Noire. Et ce n'est évidemment pas le seul exemple de statues où la Vierge et l'Enfant sont représentés soit sculptés dans du bois sombre, soit revêtus d'un enduit qui accentue la teinte noire. Il n'y a quand même pas lieu de douter que la statue de Notre-Dame du Pilier soit ce qu'on appelle communément une « Vierge Noire », même s'il s'agit d'un travail du XVIe siècle, celui-ci étant la réplique plus ou moins fidèle d'une antique statue dont on ne connaît pratiquement que l'aspect extérieur. Juste avant la Révolution, le médecin chartrain Marie Saint-Ursin avait vu cette Vierge et, croyant faussement qu'elle avait été détruite, il en a gardé la description : d'après lui, cette Vierge avait « une petite figure noire, de bois, revêtue de clinquant et d'oripeaux, au milieu desquels sortait une tête d'enfant »[1]. De quelle statue s'agit-il ? On l'ignore, mais en tout cas, le doute n'est plus possible quant à l'existence d'une Vierge Noire dans la cathédrale de Chartres, quelle que soit la statue qui la représente.

Il y a beaucoup de Vierges Noires en France et en Europe occidentale, et celles-ci, objets de vénération et même de pèlerinages, n'ont pas manqué d'intriguer tant par leur couleur noire que par le mystère de leurs origines. Si l'on établissait une liste de statuettes ou de statues répertoriées comme faisant partie de cette catégorie, on serait étonné du nombre. Certaines d'entre elles se trouvent dans de modestes chapelles rurales, d'autres dans des cathédrales. Certaines sont anciennes, d'autres récentes. Certaines ont été détruites, mais remplacées pieusement par des copies ou des imitations. Certaines sont miraculeuses, d'autres sont simplement vénérées par tradition. Certaines ont été découvertes à l'occasion de circonstances tenant du miracle ou du plus pur merveilleux. D'autres sont là depuis toujours, ou du moins le prétend-on. Et à chaque endroit où se trouve une Vierge Noire, d'antiques légendes réveillent les ombres du passé, aussi bien le culte des Déesses-Mères que la présence d'une fontaine sacrée, d'un arbre sacré ou d'une eau guérisseuse. Il semble qu'il y ait là un lien subtil et profond entre le Christianisme tel qu'il est vécu dans les milieux populaires et les réminiscences des religions qui ont précédé le Christianisme. Et toujours, l'image qui domine, c'est l'image tranquille, rassurante ou triomphante de la Mère divine.

Dans l'Ain, à Bourg-en-Bresse, existe une Notre-Dame de Bourg, statue de 80 centimètres de haut, et qui a été découverte dans un arbre. L'analyse révèle qu'il s'agit d'un travail du XIIIe siècle. Dans l'Allier, à Moulins, une Vierge Noire de 80 centimètres date du XIe siècle. Elle a été marouflée au XVe siècle et se trouve conservée à la cathédrale. Mais il y en a une autre, dans la même ville, dite Notre-Dame de Vou-

1. Société Archéologique d'Eure-et-Loir, ms. 43 (7), fol. 213, V° et 214, Bibliothèque Municipale de Chartres.

roux, et conservée au musée, et même une troisième, Notre-Dame de Coulandon, au Grand Séminaire. Dans les Bouches-du-Rhône, la fameuse Notre-Dame de la Garde de Marseille, dite aussi « la Brune », est une statue du XIIIe siècle, mais celle d'Aix-en-Provence, dite Notre-Dame de la Seds, datant du XVIe siècle, est tout aussi célèbre. A Murat, dans le Cantal, Notre-Dame des Oliviers est en bois du XIVe siècle. Dans les Côtes-du-Nord, à Guingamp, Notre-Dame de Bon-Secours, du XVIIe siècle, brûlée à la Révolution, sauf la tête, datait du XVIIe siècle, mais remplaçait une statue plus ancienne qu'on rattache parfois à celle de Chartres. Dans la Dordogne, à Périgueux, existaient deux statues de la Vierge Noire, dont une à Saint-Front, dite « la Noire », et l'autre à Saint-Étienne, avec l'inscription « *Virgo Paritura* ». A Toulouse, en Haute-Garonne, Notre-Dame de la Daurade, appelée aussi « la Noire », est un buste du début du XIXe siècle. Dans la Loire, à La Pacaudière, Notre-Dame de Tourzy est une statue en pierre sculptée probablement avant le XIe siècle. Dans la Haute-Loire, à Craponne-sur-Arzon, une statuette aujourd'hui dans une collection particulière semble être une copie de la statue ancienne de Notre-Dame du Puy. Et, à Saugues, on peut voir une autre Vierge Noire, très barbouillée, en bois, datant du XIIIe siècle. Dans le Loiret, c'est la célèbre Notre-Dame de Cléry devant laquelle venaient se prosterner les rois de France. Il s'agit d'une statue en bois du XVIe siècle qui remplace une antique statue découverte au XIIIe siècle à cause d'un bœuf qui s'arrêtait toujours à l'endroit où elle était enfouie. A Orléans même, on peut encore voir une Notre-Dame des Miracles, dite encore sainte Marie l'Égyptienne à cause de sa couleur. C'est une statue en pierre, d'un mètre de hauteur, et datant du XVIe siècle. Dans le Lot-et-Garonne, à Villeneuve-sur-Lot, Notre-Dame de Liesse est conservée dans une curieuse chapelle construite à moitié sur le Lot. Dans le Morbihan, à Josselin, la célèbre Notre-Dame du Roncier, aujourd'hui détruite mais remplacée par une copie, est l'objet d'un culte toujours aussi fervent. C'est l'exemple type de la statue qu'on découvre dans un buisson, qu'on place dans une chapelle ou une église, et qu'on retrouve toujours le lendemain dans son buisson d'origine. A Sainte-Anne-d'Auray même, il semble bien que la statue dite de sainte Anne, découverte par le pieux Nicolazic au XVIIe siècle, ait été en fait une Vierge Noire de la plus pure tradition, avant d'être retaillée et repeinte par les Capucins d'Auray, puis détruite à la Révolution.

Dans le Nord, à Dunkerque, une Notre-Dame des Dunes, du XVe siècle, a été découverte dans les sables du rivage. A Valenciennes, c'est dans un oratoire fondé en 756 qu'est conservée une Notre-Dame de la Chaussée, dite également Notre-Dame du Puits. Dans le Pas-de-Calais, à Boulogne-sur-Mer, la célèbre Notre-Dame des Anges, refaite en bois en 1823, est l'objet d'une très grande dévotion, et après la Seconde Guerre mondiale, la statue a été promenée en procession à peu près à travers toute la France, donnant lieu, de-ci, de-là, à l'instauration d'un culte particulier à Notre-Dame de Boulogne. Dans le Puy-de-Dôme, très riche en statues de ce genre, il faut signaler la très belle Notre-Dame d'Orcival, en bois, du XIIe siècle : son culte est lié à la présence de l'eau, et il y a aux alentours immédiats une grotte et un dolmen. A Clermont-Ferrand, Notre-Dame du Port est un bois de la fin du XVIIIe siècle qui remplace une statue plus ancienne qui aurait été trouvée dans un puits. Dans les Pyrénées-Orientales, il y avait une Notre-Dame del Pésébré, dite aussi Maureneta, à l'abbaye Saint-Michel-de-Cuxa. Elle a été transférée à Corneilla. Et dans la curieuse église de Villefranche-de-Conflent, on peut voir une Notre-Dame de Vie du XVIIe siècle. A Lyon, dans la basilique de Fourvière, c'est Notre-Dame de Fourvière, en bois du XVIIe siècle. En Seine-et-Marne, à Pringy, c'est une statue en bois découverte dans un arbre à proximité d'une fontaine. Dans le Vaucluse, au Barroux, la statue est en bois de cèdre et se dénomme évidemment « la Brune ».

Les deux plus célèbres Vierges Noires, en dehors de Chartres, sont incontestablement celles de Rocamadour et du Puy-en-Velay. Et dans l'un et l'autre lieu, la dévotion à la Vierge est attestée depuis des temps immémoriaux. Il s'agit de sanctuaires mariaux de première importance dont les racines remontent, à n'en pas douter, bien avant l'introduction du Christianisme en Gaule.

Rocamadour, dans le Quercy (Lot), est un site touristique bien connu et tout à fait exceptionnel. Il s'agit de l'antique *Vallis Tenebrosa*, la « vallée ténébreuse », un à-pic de deux cents mètres qui s'ouvre brusquement dans le causse, avec un château fort au bord de l'abîme, un bouquet d'églises et de chapelles sur le flanc du roc, et plus bas, un village médiéval. Dans le fond de la vallée, l'Alzon, qui est peut-être une « rivière des Aulnes », tourne et retourne dans ce qui était autrefois recouvert d'une épaisse forêt. Ici, il y a l'eau, le roc et l'arbre. Ce sont les compagnons habituels du culte marial (il en est de même à Lourdes). Le pèlerinage de Rocamadour a été l'un des plus célèbres du Moyen Âge, et c'est même là que Henri II Plantagenêt, devant toute son armée, dut, à genoux, expier publiquement le meurtre qu'il avait commis sur la personne de l'archevêque de Canterbury, Thomas Becket. En tout cas, dans l'Europe entière, de nombreuses chapelles furent édifiées qui portèrent le nom de Rocamadour, et qui prolongèrent la dévotion originale de la Vallée Ténébreuse. Ainsi, en Bretagne armoricaine, à Camaret-sur-Mer, existe-t-il, sur une sorte de digue naturelle qui s'avance dans la mer, une chapelle de Notre-Dame de Rocamadour.

La Vierge Noire de Rocamadour est une Vierge de Majesté de la fin du XIIe siècle, noircie et assez grossièrement taillée, partiellement revêtue de lamelles d'argent, assise sur un bloc évidé en reliquaire. La tradition affirme que Zachée, le publicain, aurait apporté dans le causse du Quercy une statuette sculpée par l'évangéliste saint Luc. C'est évidemment de la pure fiction. En fait, l'origine du sanctuaire est tout autre : en 1166, on découvrit à l'entrée d'une chapelle dédiée à la Vierge Marie un corps en parfait état de conservation. Pour des raisons assez obscures, le peuple y vit la dépouille d'un mystérieux saint Amadour, qui aurait donné son nom à l'endroit. On ensevelit le « saint » devant l'autel de la Vierge, et une autre légende se répandit selon laquelle Amadour aurait été l'époux de Véronique, celle qui essuya de son voile la figure du Christ, montant au Golgotha. Mais, au XVe siècle, Amadour fut tout simplement confondu avec le publicain Zachée, ce qui était une façon commode de faire coïncider les deux traditions. Il est inutile de préciser qu'Amadour, pas plus que Véronique ou Zachée, ne figure au calendrier officiel romain.

Des recherches récentes ont mis en évidence que l'ermitage de Rocamadour existait bien avant la découverte du corps du « saint ». On peut voir à Rocamadour même une cloche considérée comme miraculeuse, et qui remonte au-delà du VIIIe siècle. Or, la chapelle était dédiée uniquement à la Vierge Marie. Et une légende locale profane raconte qu'on faisait autrefois des sacrifices humains à une Mère noire nommée Sulevia ou Soulivia. Le sanctuaire de cette Mère noire se trouvait dans une caverne, et c'est dans cette caverne que Zachée avait caché la statuette soi-disant exécutée par saint Luc. Or, nous sommes ici en pleine religion gallo-romaine. Les Sulèves étaient en effet des déesses de la terre inculte, ce qui est parfaitement en accord avec la nature du terrain à Rocamadour. On raconte aussi que le village des Alysses, sur le bord de l'Alzon, un peu plus loin, avait été fondé par une mystérieuse Dame qui continuait à rôder la nuit, notamment dans le lieudit « la Combe de la Dame ». Cette Dame, incontestablement une déesse funéraire, une « reine noire », a certainement plus d'un lien avec la Vierge Noire, qu'il s'agisse de la déesse Sulevia ou de toute autre divinité romaine ou celtique, protectrice des morts, gardienne des eaux sacrées. Autrefois, les années de sécheresse, les paysans d'alentour venaient chercher de l'eau à Rocamadour. Ils partaient en procession jusqu'aux sources de l'Ouysse, clergé en tête. Après de nombreuses prières, l'un des prêtres plongeait le pied de la croix processionnelle dans la source, et chacun repartait avec l'espoir que la pluie ferait rapidement son apparition. Il existe de tels rituels pour demander la pluie dans bien d'autres régions, en Bretagne notamment. Et cela nous prouve que le culte marial ne peut jamais être séparé des antiques cultes des eaux. Il en est de même à Lourdes, comme dans toutes les chapelles consacrées à la Vierge Marie : aux alentours immédiats du sanctuaire, voire dans le sanctuaire même, il y a toujours une source ou un puits, parfois une simple mare, souvent un lavoir qui fait fonction de piscine.

Le Puy-en-Velay est également un des lieux les plus fréquentés par les touristes en France. Mais à ces touristes se mêlent nombre de pèlerins qui perpétuent des usages immémoriaux. Le Puy a été en effet, au Moyen Âge, un centre important de pèlerinage, non seulement par le culte de la Vierge qui s'y est développé très tôt, mais aussi parce que la ville était un relais important vers Saint-Jacques-de-Compostelle, d'une part, vers Nîmes et Saint-Gilles-du-Gard, d'autre part, sur cette « Route Regordane » que signalent les Chansons de Geste et qui était l'un des rares chemins à franchir le Massif Central du nord au sud, mettant en relation le bassin méditerranéen et la vallée de la Loire. Le Puy n'a jamais été une ville romaine, mais une agglomération gauloise. Les Romains s'installèrent dans la plaine à Ruessio, devenu depuis Saint-Paulien, et ils y apportèrent leurs divinités. Au Puy, qui se nommait alors *Anicium*, les cultes gaulois durent perdurer longtemps sans que l'empreinte romaine se fît sentir. Et le nom même d'Anicium fait réfléchir, comme le nom de la butte sur laquelle s'élève la cathédrale actuelle, le *Mont-Anis*. On y retrouve en effet le nom de la déesse-mère des Celtes, Ana ou Anna, Dôn chez les Gallois, Dana chez les Irlandais, derrière laquelle se profile d'ailleurs l'ombre de la sainte Anne des Bretons. Et que dire de cette *Black Annis*, cette « Annie la Noire », qui hante le folklore du Yorkshire ? La Vierge Noire du Puy-en-Velay a certainement un lien quelconque avec ce personnage mythologique hérité de la plus pure tradition celtique.

Le site du Puy-en-Velay est assez extraordinaire. La vieille ville s'étage sur le flanc sud du Mont-Anis, autrement dit un volcan. La cathédrale et le cloître se trouvent à mi-pente. Vers l'ouest, un dyke volcanique particulièrement décharné est surmonté de la chapelle

Saint-Michel d'Aiguilhe, l'un des plus anciens sanctuaires de la région. Et l'on sait qu'au pied de ce roc d'Aiguilhe, il y avait, avant l'introduction du Christianisme, un temple dédié à une déesse, que ce soit Cybèle, Diane ou une divinité gauloise, peut-être même cette *Anis* dont le nom a provoqué celui de l'agglomération. Et au sommet du Mont-Anis, le Rocher Corneille est couronné par cette statue, fort laide, mais majestueuse, de Notre-Dame de France.

Il semble que l'emplacement de la cathédrale du Puy, magnifique édifice roman, ait été déterminé non par une source ou même un puits situé au voisinage immédiat, mais par la présence d'un phonolithe, ce qui n'a rien d'extraordinaire dans ce pays de volcans. Cette dalle phonolithique, sans doute une table de dolmen, avait dû être déjà utilisée dans un sanctuaire païen. La pierre du maître-autel est sans aucun doute celle-ci, retaillée et bénie. On sait que jusqu'au XVIIe siècle, il y avait devant l'autel de Marie une pierre dite « pierre des fièvres » : les pèlerins qui voulaient obtenir guérison de leurs maladies s'efforçaient de dormir une nuit sur cette pierre, particulièrement pendant la nuit du vendredi au samedi. D'après les témoignages, les miracles étaient quotidiens. On se demande alors pourquoi le clergé fit retirer cette pierre, d'autant plus que la même coutume semblait exister à Chartres, avant la destruction de la cathédrale romane.

Compte tenu des influences orientales sur l'architecture de la cathédrale du Puy, on a émis l'hypothèse que ce sont des cultes venus du Moyen-Orient qui ont provoqué la dévotion de la Vierge Noire. C'est évidemment une explication pratique quant à la couleur des Vierges Noires : Marie ne serait autre que la copie d'une divinité orientale au teint bronzé, une Artémis, une Cybèle ou une Isis. Mais cela est en contradiction avec le nom même de la ville, Anicium, qui fait référence à une divinité celtique. D'ailleurs, l'archéologie n'a pas encore trouvé de traces de culte oriental sur le site du Puy. Il est plus vraisemblable que le Christianisme a ici succédé directement au culte druidique, et sans doute en douceur. On sait que les Romains avaient évité Anicium et s'étaient établis à Saint-Paulien. Lors de la christianisation du pays, le premier siège épiscopal a dû être Ruessio, donc Saint-Paulien [1]. Ce n'est qu'à partir du VIe ou du VIIe siècle que l'évêque des Vellaves quitta Ruessio, menacée de ruine, pour venir s'établir à Anicium (qui prit le nom de *Podium,* autrement dit « Puy »), agglomération qui était demeurée prospère. Mais Anicium était encore chargée de paganisme. Dans les Actes de cette époque, les mots *Sancta Maria* accompagnent souvent le nom d'Anicium ou de Podium. Très peu de villes portent alors ce vocable, ce qui suppose au Puy une ferveur toute particulière en l'honneur de la Vierge, ferveur probablement très ancienne. D'ailleurs, une légende a couru selon laquelle Marie serait apparue au Puy en l'an 46 ou 47. C'était une façon d'affirmer l'antiquité du culte marial dans cette ville, et c'est ce que fera le clergé chartrain en prétendant que les Druides honoraient à Chartres une *Virgo Paritura.* On se trouve en présence d'un même souci d'asseoir un culte sur une exceptionnelle ancienneté.

De toute façon, Le Puy n'était pas un village isolé en pleine montagne. C'était, répétons-le, un carrefour très important et un relais sur la Route Regordane. La route de l'Étain y a toujours passé, et une alliance très étroite unissait le peuple des Vellaves [2] à celui des Phocéens de Marseille. Au Puy, se croisent une route qui part de Lyon et qui s'en va vers Rodez et Toulouse (R.N. 88) et une route qui vient de la Limagne vers Alès et Nîmes (la *Via Regordane*). Il est donc établi que Le Puy a été un centre important de communication vers différents horizons et que de toute façon, les relations avec Marseille ont toujours été privilégiées [3].

On ne peut que retenir l'idée suivante : la fréquen-

---

1. Paulien est un saint fort hypothétique. *Ruessio,* nom gaulois, a laissé place ensuite à un terme gallo-romain en -ac : *Pauliniacus* (territoire de Paulinius) qui, par évolution, a donné Polignac, nom d'une célèbre famille princière de la région.

2. *Vellavi,* en gaulois, est un mot qui signifie « les meilleurs ». De là provient le nom du Velay, Les Vellaves étaient clients des Arvernes.

3. Pendant très longtemps, le Velay a fait partie du Languedoc. Le dialecte vellave est actuellement du languedocien et non pas du nord-occitan comme l'auvergnat.

tation des Méditerranéens a pu provoquer l'imitation par des artistes locaux de statuettes de facture hellénistique, ce qui expliquerait encore une fois la « noirceur » des Vierges de ce type. Mais il n'est pas prouvé qu'il y ait eu au Puy un culte métroaque. La statue qu'on y honorait dans les premiers temps du Christianisme était, soit une Isis, arrivée là par l'intermédiaire des Phocéens, soit une Déesse-Mère gauloise. Il est impensable que dans le haut Moyen Âge, il y ait eu, dans un pays aussi occidental et aussi retiré, une statue de la Vierge Marie telle qu'elle avait été définie au concile d'Éphèse. Et le mystère demeure toujours grand autour de cette statue, car celle qui a été brûlée, pendant la Révolution, en 1794 (et dont un morceau est encastré dans la nouvelle statue), n'était pas forcément l'ancienne, celle dont on parle à propos de la date de 225. On a des descriptions de la statue brûlée en 1794, et même une copie découverte à Capronne-sur-Arzon. Mais les caractéristiques de cette Vierge Noire ont de quoi faire rêver.

Aucune statue, a-t-on dit, ne fut plus célébrée, plus visitée, plus examinée, plus vantée. Elle était en effet aussi mystérieuse que célèbre. Des rois et des papes sont allés en pèlerinage au Puy pour prier devant elle. La mère de Jeanne d'Arc, Isabelle, y a même mérité le surnom de « Romée » [1]. Et, bien sûr, des flots de légendes se sont répandus à partir de ce « podium » chargé d'histoires et d'énigmes. L'une de ces légendes figure, ô coïncidence ! sur un vitrail de la chapelle du château médiéval de Lourdes. Elle raconte que Charlemagne assiégeait le roi païen Mirat dans son château de Mirambel. L'évêque du Puy, présent dans l'armée, réussit à convaincre Mirat de faire hommage de son château à la Sainte Vierge. Comme Mirat ne demandait qu'à sauver la face, il se fit baptiser, et Mirambel devint Lordum, c'est-à-dire Lourdes.

L'image du Puy-en-Velay avait plusieurs répliques en France et en Espagne. Le Puy était également lié avec des lieux de pèlerinage italiens. Tous les ans,

---

1. Le surnom de « Romée » était donné à ceux qui accomplissaient un pèlerinage à Rome ou dans tout endroit équivalent.

mais surtout dans les années dites jubilaires — celles où l'Annonciation coïncidait avec le Vendredi saint — Le Puy reprenait la tradition du Lyon gallo-romain en appelant les peuples du voisinage à des fêtes religieuses, à des jeux, à des concours de poésie, à une foire et à des tournois. C'était en fait une réminiscence des *Concilia Galliarum* qui se tenaient à Lugdunum, et qui ne faisaient que reprendre la tradition celtique, prouvée en Irlande, des quatre grandes fêtes de l'année, celle de *Samain,* le 1er novembre, étant la plus importante et regroupant l'ensemble de la population.

Historiquement, on a la certitude qu'au IXe siècle, la Vierge Marie était la patronne du Puy-en-Velay et qu'on y rendait un culte particulier à une statue dont l'origine prêtait à de nombreuses spéculations. En 1620, le père Odo de Gissey raconte que peu de temps après Clovis, un de ses successeurs entreprit le voyage des Lieux saints. Avant de partir, il serait passé au Puy. Ayant séjourné trois ans à Jérusalem, il y serait devenu l'ami du « soudan » qui lui aurait alors offert de choisir ce qu'il préférait dans son trésor. Le roi aurait consulté la favorite du soudan, qui lui aurait signalé une image noire façonnée par le prophète Jérémie. Le roi, ayant obtenu cette statuette, l'aurait ensuite déposée au Puy. Donc, en faisant la part de la fiction, la Vierge Noire du Puy serait une figuration orientale assez ancienne, et d'origine phénicienne. Mais le témoignage d'Odo de Gissey, publié en 1620, et remanié par lui-même en 1644, mérite d'être examiné, surtout si on le compare à une description faite en 1778 par Faujas de Saint-Fond, inspecteur des mines et ami de Buffon, qui s'intéressait aux volcans éteints du Velay et du Vivarais. Et c'est parce qu'il veut connaître la façon de travailler la pierre dure (la pierre de volcan) qu'il est amené à examiner la statue du Puy. Il faut noter qu'il connaît très bien le témoignage d'Odo de Gissey, et qu'il cite abondamment celui-ci dans ses propres commentaires. En tout cas, il est formel sur un point : « C'est incontestablement la statue la plus ancienne de la Vierge que nous ayons dans nos églises de France. »

La statue se trouve dans un endroit mal éclairé où

le jour vient à contresens, sur un piédestal de marbre assez élevé, sous une sorte de petit baldaquin. Du col aux pieds, la statue est enveloppée dans un manteau d'étoffe dorée, dont la forme conique manifeste « le goût le plus barbare ». Ce manteau est surchargé de reliquaires, dont plusieurs sont enrichis de diamants. « L'Enfant Jésus, qui paraît de loin collé sur l'estomac de sa mère, montre sa petite tête noire par une ouverture faite au manteau ; des souliers d'étoffe d'or se voient aux pieds de la statue. » Ayant obtenu des chanoines de la cathédrale l'autorisation d'examiner en détail la statue, Faujas de Saint-Fond la fait descendre de son piédestal et enlève la robe. Il peut ainsi voir une statue d'environ 72 centimètres, « faite de cèdre, certainement fort ancienne, probablement d'un seul bloc, pesant environ vingt-cinq livres. Elle est assise à la manière de certaines divinités égyptiennes, sur un fauteuil détaché, que je crois d'un travail moderne. Toute la statue est entièrement enveloppée depuis la tête jusqu'aux pieds de plusieurs bandes d'une toile assez fine, très soigneusement et très solidement collées sur le bois à la manière des momies égyptiennes. Ces toiles sont appliquées sur le visage de la mère et de l'enfant ; les pieds en sont également entourés ; ce qui est cause qu'on ne distingue aucun vestige de doigts ; de pareilles bandelettes recouvrent la main, mais les doigts sont caractérisés, ils sont d'une raideur extrême et du plus mauvais dessin ». Le visage de la mère et celui de l'enfant sont noirs et polis comme l'ébène. « Le visage de la mère présente un ovale extrêmement allongé, et contre toutes les règles du dessin... Le nez est également d'une longueur et d'une grosseur démesurée, et d'une tournure choquante. La bouche est petite, le menton raccourci et rond. »

De toute évidence, il s'agit d'un travail qu'au XVIIIe siècle, on ne pouvait qualifier que de « barbare ». On dirait maintenant qu'il s'agit d'une œuvre « archaïque ». Odo de Gissey avait dit que les yeux avaient un éclat insoutenable. Faujas met les choses au point : ce sont « deux portions hémisphériques d'un verre très commun ; ces deux portions sont concaves d'un côté, convexes de l'autre ; la face convexe se présente extérieurement et imite le globe de l'œil tandis que la partie concave étant appliquée sur un plan intérieur peint avec des couleurs de l'œil, en imite l'iris ». Cela donne à la figure « un air hagard et en même temps étonné, qui inspire la surprise, et même l'effroi ». Il n'y a ni oreilles, ni cheveux, mais « une espèce de tissu noir assez commun, qui couvre complètement le dessus et le derrière de la tête et cache entièrement les oreilles. Sous cette première enveloppe, on en remarque une seconde formée par des lisières de soie noire, et enfin une troisième en toile de fil ; le tout est étroitement lié, et fortement resserré contre la tête... Je n'oublierai pas de dire qu'en passant mes doigts sous les enveloppes dont j'ai parlé, je sentis dans la région du col une espèce de relief à demi cylindrique, à peu près de la grosseur du petit doigt, qui se prolongeait depuis la naissance du col jusqu'à la nuque où elle allait se perdre ».

Le détail est précieux : il semble que la statue ait eu une sorte de collier. Était-ce un *torques* à la mode celtique ? Dans ce cas, il faudrait poser comme hypothèse qu'il s'agissait d'une déesse-mère gauloise. De toute façon, remarque Faujas, « cette singularité, vue à découvert et bien étudiée, pourrait donner des lumières sur la qualité essentielle de cette figure, *qui pourrait bien n'avoir pas été toujours une image destinée à représenter la mère de Dieu* ». On ne peut pas être plus clair dans le doute. Quant à la draperie, elle est grossièrement sculptée dans le bois. Les toiles sont chargées d'une couche de gouache blanche sur laquelle on a peint à la détrempe « avec des couleurs épaisses et solides, qui imitent celles des momies égyptiennes ». Faujas remarque quelques signes gravés qui pourraient être de l'écriture et, sur la robe de l'enfant, des petites croix grecques « qui ne sont peut-être pas un signe chrétien, car la table isiaque et l'obélisque à hiéroglyphes de Rome ont des croix semblables ». Il est vrai qu'à la fin du XVIIIe siècle, la mode était à l'Égypte et à la redécouverte, probablement sous l'influence de la Franc-Maçonnerie et de la Rose + Croix, de l'antique religion d'Isis et d'Osiris. Et Faujas de Saint-Fond en tire la conclusion que la Vierge

Noire du Puy-en-Velay n'est ni plus ni moins qu'une Isis représentée avec Horus, « qu'on aurait métamorphosée en Vierge, ce qui au reste ne pourrait absolument faire aucun tort à la religion, parce que la bonne intention fait tout ». Cependant quelque chose lui fait douter de cette interprétation : « La tête, qui est maigre, effilée, et a un nez prodigieusement long, n'a pas les caractères des figures égyptiennes, qui sont larges et épatées. » Il en vient donc à une seconde hypothèse : la Vierge Noire proviendrait du Liban et aurait pu être apportée par Aimar de Monteil, évêque du Puy, l'un des chefs de la première croisade et légat du pape Urbain II en Terre sainte. Le malheur, c'est qu'Aimar de Monteil ne revint jamais en France : il mourut en 1098 à Antioche.

Il y avait déjà eu une hypothèse de ce genre, appuyée sur une tradition qui faisait de saint Louis, à son retour d'Égypte, le donateur de cette étrange statue. Mais, sur ce point, Odo de Gissey, tout en ne rejetant pas la tradition, s'était montré très sceptique. Le père Odo de Gissey, en effet, en bon jésuite cultivé, ne peut concevoir qu'une statuette eût pu être sculptée par le prophète Jérémie, ardent iconoclaste, « l'homme du monde qui a le plus durement raillé le culte des images ». Que ce soit saint Louis qui ait rapporté la statue, soit, mais cette statue n'est pas ancienne.

L'hypothèse qui voit en saint Louis le donateur de la Vierge du Puy se heurte cependant à une grave objection. En 1095, Raymond IV de Toulouse avait offert à la cathédrale du Puy une somme importante, demandant en échange « qu'il y ait une chandelle qui arde et brûle, de son vivant, jour et nuit, devant l'image de la Vierge ». Il faut croire que cent cinquante ans avant la venue de saint Louis au Puy, il y avait déjà, dans la cité vellave, une image de la Vierge suffisamment célèbre pour que le puissant comte de Toulouse, qui ne manquait pas de sanctuaires fameux sur ses propres domaines, voulût se recommander à elle.

Un problème demeure insoluble : celui de savoir si cette image était une œuvre préchrétienne, venue d'Orient ou élaborée sur place à l'époque gallo-romaine. L'hypothèse d'une statue en bois de cèdre ne tient pas. Faujas de Saint-Fond ayant remarqué des égratignures qui semblaient être maladroitement réparées sur l'ensemble de l'image, s'entendit répondre qu'il s'agissait du résultat des frottements des chapelets et autres objets dont on touchait la statue, et qu'on devait périodiquement renouveler la peinture noire aux endroits où elle manquait. Cela signifie que *la statue n'était pas noire à l'origine, mais qu'on faisait tout pour la rendre noire*. De plus, une particularité signalée par Faujas comme par Odo de Gissey est que les mains de la Vierge étaient blanches. Un autre détail donné par Faujas concerne une cavité un peu mystérieuse et que l'inspecteur des mines n'a pas comprise : c'était en fait l'emplacement d'un petit reliquaire. Aucune autre image de cette catégorie n'offre cette particularité. Elle s'explique « par le caractère exceptionnel du site du Puy. Aucun autre pèlerinage de France ne connut de processions plus fréquentes et plus longues, en terrain aussi montueux. La statue était statue de culte (puisque reliquaire), mais aussi statue de procession » [1]. *Mais il est probable que cette statue n'était pas la seule représentation de la Vierge dans la cathédrale du Puy :* il devait y en avoir une autre, celle qui est figurée sur une médaille de 1182. Tout se passe comme à Chartres : il y a confusion entre deux statues, et l'on ne sait plus très bien de laquelle il s'agit. Quand, le 8 juin 1794, on brûla la Vierge Noire, avec huit autres statues, la chaleur du brasier la fit éclater et, à la surprise des assistants, il s'en échappa un parchemin roulé. L'ouvrage était donc une statue reliquaire conforme aux normes de l'Église, affirmation renforcée par le fait que les mains étaient blanches. Mais, ce qu'on ne sait pas, c'est si cette statue brûlée était vraiment celle qui avait été l'objet d'un culte permanent depuis le haut Moyen Âge.

On peut donc penser raisonnablement qu'il a existé, dans la cathédrale du Puy-en-Velay, deux représenta-

1. E. Saillens, *Nos Vierges noires*, Paris, 1945, p. 91.

tions de la Vierge, une antique « Majesté » en bois et une « Madone », probablement en pierre, et *blanche,* comme elle apparaît sur la médaille de 1182, et telle qu'elle est décrite par Odo de Gissey d'après un sceau de 1263. La Vierge apparaît alors toute différente : elle est assise, « porte l'enfant du bras droit, et tient de la gauche un sceptre, avec une fleur de lys au bout, l'enfant une semblable en sa gauche, alors que la figure du sceau d'aujourd'hui représente l'image qui est à présent sur l'autel » (écrit en 1644). Serait-ce l'objet apporté d'Égypte par saint Louis ? Sûrement pas, mais les fleurs de lys laissent supposer que le roi de France n'est pas pour rien dans l'affaire. Y eut-il une substitution de statues quand le clergé, inquiet des pratiques superstitieuses qui se manifestaient, voulut faire disparaître toute trace d'un objet qu'il sentait confusément être issu du plus pur paganisme ? Ce que l'on sait, c'est que la statue décrite par Odo de Gissey et par Faujas de Saint-Fond, donc celle brûlée en 1794, avait été *noircie volontairement.* De là à considérer cette image comme un compromis entre l'image primitive, archaïque et finalement très païenne, et la Majesté officielle attestée en 1182 et 1263, il n'y a qu'un pas, facile à franchir. La querelle des Vierges Noires n'est pas proche d'être résolue, car un peu partout, étant donné l'ambiguïté des textes et la diversité des témoignages plastiques, on se trouve devant des déplacements de statues, des substitutions et des adaptations d'images, voire devant des faux caractérisés. A ce compte, on peut voir dans les plus anciennes Vierges Noires des statuettes égyptiennes d'Isis et d'Horus, des représentations de Cybèle et d'Attys, des Déesses-Mères gauloises, sans que ces hypothèses soient contradictoires, et surtout sans altérer la bonne foi qui les a érigées ou mises en place dans les sanctuaires chrétiens du Moyen Âge. Les traditions résistent au temps et aux substitutions de religion, parce qu'elles représentent quelque chose de profond qui ne peut être mis en cause par les modes ou les nuances dogmatiques. Les Vierges Noires, pourtant bien chrétiennes dans leur aspect, tirent leur origine des cultes antiques de la Déesse-Mère, quelque nom qu'on puisse donner à celle-ci. Cela, c'est une réalité. Et une autre réalité est que, bien souvent, les Vierges Noires *ont été noircies intentionnellement, comme si on voulait, par cette couleur, faire signifier à l'image quelque chose de spécifique*. Le problème est le même à Chartres qu'au Puy-en-Velay, et il apparaît nettement comme insoluble.

Alors pourquoi cette couleur noire donnée à la Vierge Marie ?

Et seulement dans certains cas ?

Sur ce sujet, les hypothèses sont multiples. On a supposé que la Vierge Marie avait le teint basané, en bonne sémite qu'elle était, et que l'usage de la représenter « noire » ou simplement « foncée » provient de l'Hodogetria, le mythique portrait attribué à saint Luc, et qui fut, dit-on, envoyé par l'impératrice Eudoxie, en 438, à sa belle-sœur Pulchérie qui le plaça dans l'église de Constantinople. Dans cette même lignée, le jésuite Van den Steen (1556-1637) affirme, dans ses *Commentaires de la Bible* : « La Bienheureuse Vierge Marie avait le teint foncé et presque noir comme les Égyptiens et les Palestiniens qui sont brûlés par le soleil. Le fait est prouvé par le portrait que peignit saint Luc, et qui est religieusement vénéré à Rome en la basilique Sainte-Marie-Majeure. » Mais tout cela n'est que fiction. Il faut se souvenir de ce que disait saint Augustin (*De Trinitate*, VIII, 6, 7) : les portraits supposés de la Vierge Marie existant de son temps sont trop différents les uns des autres pour être authentiques. Et il ajoute : « D'ailleurs, nous ignorons quel visage avait la Vierge Marie. » Ce qui n'empêchait pas saint Épiphane, au IVe siècle, d'affirmer que Marie avait un teint « couleur de froment, cheveux blonds et prunelle de la nuance de l'olive mûre ». Blonde aux yeux noirs, pourquoi pas ? Bernadette Soubirous, l'inspirée de Lourdes, lorsqu'elle décrivait l'apparition de la grotte, faisait de la Vierge une Dame blanche et *blonde*. Où est donc le teint basané de la Vierge Marie dans cet amas de visions et d'interprétations diverses ?

Une seconde hypothèse consiste à prétendre que les prototypes des Vierges Noires européennes auraient été exécutés par des artistes ayant eux-mêmes le teint basané et ayant ainsi reproduit leur réalité ethnique dans leurs œuvres d'art. Pourquoi pas ? Mais, par ce biais, on en vient à affirmer que les Vierges Noires ont été apportées par les Croisés, tel saint Louis rapportant d'Égypte l'image du Puy-en-Velay. Or, on sait que les Vierges Noires de France ont été honorées bien avant l'époque des Croisades. Il faudrait, dans ce cas, supposer que les premières représentations de la Vierge Noire ont été des déesses-mères orientales confondues plus ou moins avec des Vierges à l'Enfant par des Chrétiens très zélés, mais également très ignorants de l'archéologie. Cependant, cette hypothèse ne tient pas dans la mesure où toutes les Vierges Noires répertoriées et décrites présentent des caractéristiques chrétiennes évidentes.

Une troisième hypothèse est encore plus simpliste : c'est par pur hasard que certaines statues auraient été taillées dans du bois noir ou dans une pierre de couleur foncée. On sait que c'est cette hypothèse qui a conduit le spécialiste des pierres de volcan (donc de la lave noire), Faujas de Saint-Fond à mener son enquête minutieuse sur la Vierge du Puy. De toute façon, le basalte est quasiment impossible à travailler, et le bois d'ébène n'a été connu en Occident qu'à partir du XIIIe siècle. Et cette hypothèse ne propose aucune explication quant au fait que des statues « normales » de la Vierge Marie ont été sciemment passées à la peinture noire, et constamment repeintes dans cette teinte. On peut d'ailleurs se demander pourquoi il n'y a pas non plus de Vierges Rouges, de Vierges Roses, les matériaux pouvant indifféremment revêtir, de façon naturelle, certaines couleurs.

Une quatrième solution a été proposée : les statuettes ou peintures représentant la Vierge Marie auraient spontanément noirci sous l'effet d'un agent extérieur, voire sous l'action d'un incendie. Ensuite, on se serait efforcé d'imiter un modèle que l'on regardait avec un grand respect. Cela ne tient pas davantage. Pourquoi y aurait-il des Vierges Noires et des Vierges Blanches ? Toutes les statues de Marie devraient être uniformément noires. Et ce n'est pas le cas.

Une cinquième hypothèse est plus sérieuse : les statuettes dites Vierges Noires reproduiraient des peintures foncées. A première vue, il y a là un semblant de vérité, notamment parce que les premiers sculpteurs se sont inspirés le plus souvent de motifs peints en Orient, et surtout parce que l'Église byzantine a imposé *dans ses icônes* un type de la Vierge Marie qu'on peut classer comme brun. Cependant, les icônes de Byzance, puis celle de la Russie, n'ont jamais inspiré les artistes occidentaux avant l'époque contemporaine. De plus, les icônes, si belles soient-elles, ne représentent jamais des Vierges Noires. Leur couleur sombre résulte du fait qu'elles sont couvertes d'un vernis à l'huile qui fonce assez vite et qui nécessite des nettoyages périodiques. « Ce sont, dit Louis Réau dans son ouvrage sur *Les icônes russes,* ces couches accumulées de vernis huileux, auquel s'incorpore la fumée des cierges, qui ont donné naissance à la légende de la " tristesse " des icônes russes. »

Certes, les portraits de la Vierge attribués à saint Paul étaient différents, avec un teint absolument noir, des yeux très ouverts et un peu hagards, comme sur l'image du Puy. Mais ces représentations de l'Hodogetria sont loin d'être anciennes, malgré une tradition soi-disant apostolique. Tout ce qu'on peut savoir, c'est que des ateliers crétois, installés à Venise du XIIIe au XVIe siècle, exécutèrent en série des Vierges Noires, dites de saint Luc, qu'ils expédiaient surtout dans les Balkans et en Russie. Jamais de telles images ne furent destinées à l'Occident. Cette mode de représenter des Vierges Noires, et même, dans certains cas, de noircir certaines images blanches à l'origine, correspond à quelque chose de plus profond. Que ce soit en Orient ou en Occident, « Marie, dans l'imagination populaire, était blonde. Si donc le peuple attachait tant de prix à des portraits noirs, ce ne pouvait pas être en raison de leur fidélité, mais parce que leur aspect les vieillissait et, en outre, faisait ressembler Marie à des divinités dont le souvenir était resté cher »[1]. C'est toujours l'ombre de la grande Déesse des Commencements qui rôde au-dessus de la Vierge Marie. Et l'on sait que la querelle des iconoclastes fut réellement déclenchée par le souci qu'eurent certains Chrétiens, et non des moindres, de creuser un fossé entre la spiritualité chrétienne, toute mystique et « théologique », et les anciens cultes de la divinité-mère, trop entachés de mythologie pour être honnêtes. En 726, Léon l'Isaurien lança le premier édit contre les images. Ce faisant, il ne voulait pas seulement se concilier les sujets musulmans de l'Empire byzantin, il espérait briser le meilleur moyen d'action des moines et restaurer dans l'Église un certain ordre. Car les moines étaient ceux qui colportaient le plus les images saintes, et leur irruption dans l'Église (où ils jouissaient d'un statut spécial) et dans l'État en faisait presque des fauteurs de désordre. Mais le peuple se révolta contre les édits impériaux, prenant fait et cause pour les moines. En 726, par exemple, un agent impérial qui avait fait briser des statues fut mis à mort par une foule surexcitée. C'est l'impératrice Théodora qui, en 843, rétablit définitivement le culte des images dans l'Empire d'Orient. Mais entre-temps, et aux pires moments de la répression iconoclaste, de nombreux moines avaient quitté Byzance et s'étaient réfugiés en Occident : et ils avaient apporté avec eux leurs *images*. On pourrait à la rigueur voir une relation de cause à effet entre cette arrivée massive de moines byzantins et l'apparition du culte des Vierges Noires en Occident.

Mais cela n'explique pas tout. Il semble bien que l'Occident ait lui-même sa part dans l'élaboration de cette Vierge Noire. Il est trop facile de prétendre que la couleur sombre de certains visages de Vierges provient d'Orient, sous prétexte que la peau des Orientaux est plus foncée que celle des Occidentaux. C'est une solution au premier degré. La plus ancienne peinture qui semble — car il n'y a aucune preuve décisive — représenter la Vierge Marie se trouve à Rome au cimetière de Priscille. Cette peinture, qui peut

1. E. Saillens, *Nos Vierges noires*, p. 212.

dater du IIe ou du IIIe siècle, montre une femme brune tenant un enfant sur les genoux. C'est sans doute une fresque analogue, ou quelque statuette tout aussi foncée, qui inspira les auteurs des « premiers portraits de Marie », soi-disant de saint Luc. Le cimetière de Priscille est chrétien, c'est incontestable. Mais les modèles plastiques utilisés étaient-ils tous chrétiens ? Il ne faudrait pas négliger que le Christianisme, en dehors de ses grandes options fondamentales, a largement puisé dans les religions antérieures, tant pour le dogme que pour le culte et les représentations symboliques. Personne n'a jamais pu prouver que la peinture du cimetière de Priscille était une image de la Vierge. Mais si elle est brune, c'est qu'on a jugé bon de la figurer sous une couleur *qui voulait dire quelque chose.*

On en vient à abandonner les explications réalistes, et à envisager un sens symbolique à cette coutume de noicir le visage de la Vierge. Mais là aussi, il ne peut s'agir que d'hypothèses.

Pour certains, la noirceur des Vierges symboliserait la profonde mélancolie du Moyen Âge, notamment pendant son déclin, à l'approche de la tourmente qui mit fin à l'unité de l'Église. L'explication est doublement stupide, d'abord parce que les Vierges Noires datent du haut Moyen Âge et qu'elles ont atteint leur apogée à l'époque triomphale de saint Louis, et ensuite parce que l'*obscurantisme* et la *mélancolie* du Moyen Âge sont des arguments du Siècle des Lumières pour déprécier l'une des époques les plus fécondes de l'histoire de l'humanité.

Une autre hypothèse est celle qui fait de Marie à la fois une humaine *pécheresse* et une *Mère des Douleurs.* On y a parfois ajouté une curieuse explication : quand Joseph s'aperçut que Marie était enceinte, alors qu'il ne l'avait pas « connue », il la vit *noire.* Que fait-on alors du concept de l'Immaculée Conception, qui, avant d'être homologué en tant que dogme, a tout de même été l'un des éléments les plus positifs du culte rendu à la Vierge Marie ? Donner un visage noir à Marie pour signifier son appartenance à la race maudite des humains est une sorte de blasphème. Faire de cette noirceur le symbole du regard de Joseph sur elle quand il la voit enceinte, c'est de la débilité. Transposer la douleur de la Vierge Mère sous cette couleur noire est un contresens : les Vierges Noires sont des Vierges triomphantes, des Vierges de Majesté. Rien ne tient de toutes ces explications : elles sont d'une puérilité qui n'a même pas besoin d'être dénoncée tellement elle est flagrante.

Par contre, il est possible de trouver un sens symbolique aux Vierges Noires si l'on se réfère à l'un des textes les plus étranges de l'Ancien Testament, le *Cantique des Cantiques*. « On a parfois déclaré absurde le rapprochement de Marie et de la Sulamite. On a objecté notamment que la Sulamite est une fiancée, alors que les Vierges Noires sont, en général, accompagnées de l'Enfant [1]. » Mais aucun texte des Évangiles canoniques ne prétend que Marie ait été mariée à Joseph, et quand celui-ci vient à Bethléem pour se faire recenser, il y arrive avec Marie *sa fiancée* qui était enceinte. Et le *Cantique des Cantiques* a eu une destinée hors pair, aussi bien dans la pensée chrétienne que dans les spéculations rabbiniques. On peut dire que la Sulamite a provoqué des remous et des tempêtes, et l'on ne compte pas moins de cent trente-quatre interprétations hébraïques différentes de ce texte exceptionnel. On y a vu de multiples symboles, de multiples significations, de multiples prolongements. « La seule femme que le Moyen Âge ait entourée d'un pareil cortège de symboles est la Vierge Marie, et partie de ces symboles étaient empruntés à ce *Cantique*. Assimiler Marie, “ trône de Salomon ”, à la Sulamite, amante du même roi, n'était qu'un jeu pour les docteurs et les poètes [2]. » A plus forte raison, il était tentant de représenter la Mère de Dieu comme « celle qui est promise de tout temps à l'humanité », comme la Mère universelle dont la couleur noire souligne la spécificité : « Je suis noire, mais je suis belle, filles de Jérusalem... ne prenez pas garde à mon teint noir, c'est le soleil qui m'a brûlée. » Quand on songe que Jéhovah a mis en garde Moïse, en lui disant qu'il

1. E. Saillens, *Nos Vierges noires*, p. 214.
2. *Idem.*

serait foudroyé s'il le voyait dans son infinitude, on ne peut s'empêcher d'établir une certaine comparaison. Marie, visitée par l'Esprit saint, c'est-à-dire par Dieu lui-même, n'a pas été foudroyée par le contact infini et sublime, pour la raison qu'elle avait été choisie depuis toujours pour être l'Immaculée Conception. Mais, comme la Sulamite, elle a été *brûlée par le soleil.* Le symbole est très clair, même si une telle interprétation reste du domaine des hypothèses. D'ailleurs, peut-il y avoir, en ce domaine, une seule explication ?

En fait, il y a autre chose. Les hypothèses réalistes, voire simplistes, et toutes les références à la symbolique conduisent à une impasse : elles conduisent à une dispersion de l'esprit, celui-ci pouvant arguer de tel ou tel élément pour en tirer une conclusion parfaitement logique et parfaitement acceptable. A ce moment-là, l'esprit tourne à vide. Il le peut, puisque c'est son rôle de pouvoir exister, et donc de *fonctionner* sans rien d'autre que lui-même. Un théoricien du XVIIIe siècle, Berkeley, qui était évêque anglican, a mis en évidence que la seule preuve de toute existence était la pensée, et uniquement la pensée, d'où le doute, ou plutôt l'incertitude sur la réalité de la matière, celle-ci n'étant que le résultat des contradictions internes de la pensée. Il est vrai que l'esprit, pour exercer son pouvoir, a besoin de se forger des mythes, avec lesquels il va jongler jusqu'aux extrêmes limites de son pouvoir créateur.

La Vierge Noire fait partie de ces mythes nécessaires à l'activité de la pensée créatrice. Elle semble même l'un des plus puissants révélateurs de la conscience, pour peu qu'on veuille bien reprendre le problème à l'origine, à savoir la couleur noire attribuée à la Vierge Marie, perpétuelle image de la Création divine, mais d'une création qui est toujours en mouvement et qui ne peut, sous peine de se nier, interrompre ce processus dynamique. Certes, la couleur noire de la Vierge est un symbole. Mais le symbole n'est qu'une indication précaire dans le cours d'un devenir qui échappe à ceux qui veulent le saisir : sa définition n'est-elle pas d'abord d'être insaisissable ?

L'être humain a besoin d'images concrètes, sinon pour comprendre, car il en est incapable, du moins pour *appréhender* le réel, ce réel qui est l'Être dans sa totalité et non pas le jugement subjectif que nous pouvons porter sur cet Être en le nommant de telle ou telle façon ou en lui attribuant telle ou telle qualité. En ce sens, la Vierge Noire est une image prodigieusement porteuse de message, mais ce message n'est accessible que si l'on transcende la forme pour en venir à l'esprit.

Dans toutes les traditions, la couleur noire est synonyme de « nuit », de « ténèbres », de « mort », de « chaos », ou encore, pour employer une terminologie orientale, de « non-existence », ce qui n'est pas exactement la mort, ni le chaos. La couleur noire n'est en effet pas une couleur, *elle est absence de couleurs,* tandis que la couleur blanche rassemble et synthétise *toutes les couleurs.* On comprend ainsi la dichotomie primordiale, passée dans l'inconscient collectif, entre le Blanc et le Noir, dans l'aire de civilisation *blanche,* autrement dit celle des Indo-Européens et des Sémites, centrée plus ou moins autour de la Méditerranée.

Dans ces conditions, une Vierge Marie de couleur noire signifie nécessairement quelque chose : le chaos, la non-existence, termes qui rendent très mal compte de ce qui est *inorganisé.* Si l'on reprend la justification de l'entité Marie, Mère de Dieu, et si l'on admet qu'elle représente la première créature émanée de Dieu avant la création, c'est-à-dire l'organisatrice de l'univers existentiel, cette couleur noire qu'on lui attribue apparaît comme logique. *La Vierge est potentialité,* c'est-à-dire qu'elle est la *Materia Prima* non encore organisée, mais d'où tout peut sortir. C'est dans ce sens qu'il faut comprendre le dialogue entre Jésus sur sa croix, sa mère et l'apôtre Jean. C'est dans ce sens qu'il faut comprendre la mission de l'ange Gabriel auprès de la jeune Marie, et le sens de son acceptation à devenir le réceptacle du Dieu incarné. La Vierge Marie, donc *toujours vierge* (peu importe le sens qu'on peut donner au mot vierge), n'est pas autre chose que la *Materia Prima* de l'Œuvre alchimique, série de processus de métamorphoses qui conduisent à l'élaboration de la Pierre philosophale, cristallisation non seulement de toutes les connaissances, mais aussi de toutes les énergies. Cette « Matière première », brute et commune, doit être « fécondée » par le Feu et séparée en ses deux éléments contraires, ce que les Alchimistes nomment le Soufre et le Mercure. Tout se passe comme si la Matière première, donc le Chaos originel, était une *combinaison inharmonieuse* de ces deux éléments. Rien n'est donc possible. Mais l'intervention du Feu, c'est-à-dire de l'Esprit divin, provoque le retour à l'unité primitive, non sans heurt, ni sans violence. Dans les opérations alchimiques, il faut « cuire » la Matière première dans des conditions bien spéciales qui font intervenir aussi bien la chaleur matérielle que la flamme de l'Esprit. Et le résultat de cette « coction » est une matière noire et informe, premier stade de la régénération du Chaos. Les Alchimistes l'appellent la « Pierre au Noir », et lui attribuent volontiers la tournure périphrastique — et néanmoins métaphorique — de « Tête de Corbeau ».

Il semble bien que le concept de la Vierge Marie, cette *Virgo Paritura* de Chartres et d'autres lieux, soit cette « Pierre au Noir ». C'est en tout cas ce qu'ont pensé ceux qui n'ont pas hésité à représenter la Mère de Jésus avec un visage noir, reprenant ainsi l'image bien connue de la Sulamite « brûlée par le soleil ». Le *Cantique des Cantiques* prend bien soin de préciser à l'intention des Filles de Jérusalem, c'est-à-dire à l'intention de tout être humain, qu'il faut se garder de traiter cette couleur noire comme un châtiment ou un opprobre : « Ne prenez pas garde à mon teint noir, c'est le soleil qui m'a brûlée. » Que ce soit l'Esprit saint dont l'ombre recouvre Marie, que ce soit le Feu secret des Alchimistes, le résultat de l'opération reste le même : la Matière première devient noire. Mais c'est parce que, imprégnée par l'Esprit, elle peut donner naissance à Celui qui sera la Lumière, Jésus dans les textes évangéliques, la Pierre philosophale dans les traités alchimiques. Ces mêmes traités précisent d'ailleurs que nul ne peut découvrir la Pierre philosophale matérielle s'il n'opère pas sur lui-même, en son esprit, la même métamorphose. Il n'y a plus dichotomie entre

Matière et Esprit, puisque Jésus (ou la Pierre philosophale) est à la fois Corps et Esprit, homme et Dieu. Et si les sculpteurs anonymes du haut Moyen Âge ont voulu donner à Marie cette couleur noire qui intrigue tant, c'est bien parce qu'ils avaient en vue de répandre ce message essentiel : de cette noirceur apparente jaillira la Lumière.

Bien sûr, cette signification des déesses noires, puis des Vierges Noires du Christianisme, n'a été connue que d'une certaine élite, mais le propre des élites est de transmettre au plus grand nombre une idée-force sous forme d'image concrète très simple. La Vierge Noire n'est pas une création chrétienne, mais c'est l'adaptation au monde chrétien de ce concept archaïque présent dans toutes les traditions religieuses ou mythologiques. En Inde, « au commencement fut la nuit insondable. Alors se manifesta le Très-Haut, qui a son origine en lui-même ; il créa l'eau et y jeta la semence ; celle-ci produisit l'œuf d'or, d'où naquit Brahma, créateur des mondes ». Ce mythe des ténèbres primitives est universel. Toujours en Inde, le personnage de Kâli la Noire résume admirablement cette donnée fondamentale : « Tu es l'image de tout, et au-dessus de tout, tu es la mère de tout... Avant le commencement des choses, tu existais sous la forme d'une Obscurité qui est au-delà de la Parole et de la Pensée, et, de toi, le désir créateur de Brahma suprême, est né l'univers entier... A la dissolution des choses, c'est Kâla qui dévorera tout, et c'est pourquoi il est appelé Mahâ Kâla (le Grand Noir), et parce que tu dévoreras Mahâ Kâla lui-même, c'est toi qui es la suprême Kâlika primordiale... Parce que tu dévores Kâla, tu es Kâli, la forme première de toutes choses » *(Hymne à Kâli)*. On pense à ce qu'Isis déclare, selon Apulée : « Je suis tout ce qui fut, ce qui est et qui sera. » Et ce n'est guère différent de ce qu'affirme saint Paul : « La création attend, avec un ardent désir, que les enfants de Dieu se soient manifestés. Elle espère qu'elle sera délivrée de sa servitude... Toute la création gémit, elle est comme en travail » (*Romains*, VIII).

La « création » dont parle saint Paul n'est pas autre

chose que la « nature » de Platon, lequel expose dans son *Timée,* très inspiré par les traditions égyptiennes, que tous les corps se composent d'une substance unique, diversement modelée, celle que Parménide appelait la *Materia paritura.* La *Virgo Paritura* n'est pas loin. Et selon les enseignements de la *Kabbale,* c'est la noire Sulamite du *Cantique* qui est la matière primordiale. Comme le dit Dom Pernéty en 1758, dans ses *Fables égyptiennes et grecques,* « on a cru que pour les rabbins il y avait une matière primitive, qui était moins un corps qu'une ombre immense, un fantôme ténébreux de l'Être, une nuit très noire, et la retraite et le centre des ténèbres... De ce dernier principe, Dieu aurait tiré un abîme ténébreux ». Mais cet abîme ténébreux n'est pas forcément la « nuit du péché » que soulignent les moralistes chrétiens. Compte tenu du rôle imparti à la Vierge Marie, il est impossible de supposer un seul instant que la couleur noire dont on la revêt parfois puisse être une conséquence de la première faute. Marie représentée en Vierge Noire, c'est toute la Création avant même cette création. Elle est potentialité pure, d'où absence de couleurs. Comme le chante le poète allemand visionnaire Novalis, « la Vierge est la mère du monde, la Bien-Aimée à qui rien ne résiste, la Nuit impérieuse qui gagne l'univers à sa cause. La Vierge cosmique se reflète dans chaque vierge terrestre, et nous comprenons que la recherche de l'amour est une adhésion à l'envahissement de la Nuit ». Car la fusion amoureuse conduit à un anéantissement de l'être dans un Tout, c'est une sorte de réintégration dans la masse primitive qui est donc la Mère universelle. La doctrine chrétienne est ici en parfait accord avec les philosophies de l'Antiquité comme avec les mythologies les plus diverses. Le Noir, ce n'est pas le symbole de la « divine mort » que certains appellent de leur vœu, non sans une connotation suicidaire. Il y a loin de cette « divine mort », qui est finalement une sorte d'orgasme négateur, à la « quiétude antérieure » que représente la Vierge Noire. « Fulbert à Chartres, ou tel chanoine alchimiste, au Puy ou ailleurs, pouvait discerner dans la Vierge Noire un symbole de la matière universelle sans désirer pour autant que le monde retombe au chaos. Fulbert a bâti Chartres ; l'alchimiste travaillait au Grand Œuvre. Les hommes d'alors estimaient que la matière était dangereuse, mais non pas méprisable : Dieu s'en était revêtu, il s'en revêtait tous les jours. Les plus humbles métiers avaient leur saint patron, leurs fêtes, leur dignité. La pierre des cathédrales proclamait les possibilités de l'homme et de la matière, le triomphe de l'amour sur la fatalité. Vie, travail, nature avaient un sens, parce que, un jour entre les jours, " la nouvelle Cybèle ", comme disaient parfois les premiers chrétiens, avait enfanté le Messie. En ce temps-là, quand une foule française voulait exprimer sa joie, elle criait : Noël [1] ! »L'Alchimie traditionnelle codifie ces données issues de la mythologie. « Les Vierges Noires, dit Fulcanelli dans *Le Mystère des Cathédrales,* toujours installées dans la crypte, représentaient la matière sur laquelle devaient travailler les Alchimistes. » Certes, les Vierges Noires ne sont pas toujours dans des cryptes, mais celles-ci peuvent être symboliques : il n'empêche que ces représentations sont faites pour inciter ceux qui méditent devant elles à *œuvrer*. Parmi les opérations de ce « Magistère », on peut signaler la calcination de la Matière première, puis sa putréfaction et sa dissolution. La seconde phase de l'opération donne *le noir plus noir que le noir,* d'où s'obtient la couleur « blanche », puis la couleur « citrine », puis la couleur « rouge », celle du Sang qui remplit le Graal. Et tous les auteurs insistent sur le fait que rien ne peut se faire sans passer par cette couleur noire, cette « Tête de Corbeau », ce « Laiton qu'il faut blanchir ». Comme le dit un philosophe hermétiste, « la robe de dessus d'Isis était noire ; en dessous paraissait une robe blanche, une citrine, et une rouge ».

« Le Laiton qu'il faut blanchir ». Ce *laiton* ou *léton* n'est évidemment pas la combinaison métallique que l'on connaît. Son nom provient de Léto, ou Latone, l'obscurité primordiale mère de la blanche Diane-Artémis et du blond Apollon, un des visages antiques

1. E. Saillens, *Nos Vierges noires, p. 244.*

de la Déesse des Commencements. Il existe sur ce sujet un curieux commentaire de Gladstone, le rigide ministre de la reine Victoria, qui s'intéressait beaucoup à la mythologie grecque : « Latone, dit-il, est une bien étrange figure. Son nom signifie l'*Obscure*, l'*Oubliée*, ou encore la *Nuit*. Elle n'a aucun attribut. Son seul rôle est de mettre au monde deux enfants divins. Or son fils n'était pas à l'origine un dieu solaire, mais un dieu sauveur [1], un Messie annoncé par Hésiode, Homère, Virgile ou Horace [2]. » Et le puritain Gladstone de conclure que Latone fut une préfiguration de la Vierge Marie. Nous voici revenus à la *Virgo Paritura* de Chartres.

La lecture d'une cathédrale se fait toujours à plusieurs niveaux. Le déchiffrement des œuvres d'art, qui sont aussi des objets de dévotion, s'accomplit également à ces différents niveaux. C'est absolument logique dans la mesure où tout converge vers une signification unique tout en tenant compte des degrés de réceptivité des publics, quelle que soit l'époque en question. « Les Philosophes, dit Dom Pernéty, bénédictin de Saint-Maur et néanmoins alchimiste, enseignent que lorsque la blancheur survient à la Matière, la vie a vaincu la mort, leur roi est ressuscité, la terre et l'eau sont devenues air, leur Enfant est né, la Terre et le Ciel sont mariés. » N'est-ce pas là la description de l'Incarnation de Jésus-Christ dans le sein de la Vierge Marie, celle qui est « vierge » depuis toujours, qui sera « vierge » à jamais, et que pour la montrer dans sa potentialité, on représente revêtue de couleur noire ? Mais il est évident que le commun des mortels

1. C'est parfaitement exact. L'Apollon de la primitive mythologie grecque, en fait indo-européenne, était un dieu guérisseur et ressusciteur. Il semble que les Indo-Européens aient eu *une* déesse solaire, mais, à un certain moment de l'Histoire, il y a eu renversement de polarité, le mâle se réservant les fonctions lumineuses : Apollon, après avoir vaincu le Serpent Pythôn (la Terre-Mère), est devenu un dieu céleste, mais il a néanmoins gardé son aspect de dieu de la médecine. Dans la tradition celtique, Apollon n'est absolument pas un dieu solaire, et César le fait bien remarquer dans ses *Commentaires*, le bornant à son rôle de médecin. En Irlande, ce dieu-médecin, qui se nomme Diancecht, creuse une « Fontaine de Santé » dans laquelle on peut guérir les blessés et même ressusciter les morts.

2. W. Gladstone, *Homer and the Homeric Age*, Oxford, 1858, II, p. 183.

ne fait aucune référence à ces mystérieuses opérations alchimiques par lesquelles on parvient à tirer le Parfait de l'Imparfait, appliquant à la Matière ce que la Religion applique à l'Esprit. Et encore, faudrait-il songer que le Christ est présenté comme *ressuscité,* c'est-à-dire avec son corps matériel, une fois celui-ci purifié et métamorphosé, en réalité *ré-harmonisé* avec lui-même dans la plénitude. Sans aller jusqu'à ces subtiles considérations, le peuple voit dans l'image de la Vierge Noire l'aspect transitoire et provisoire des choses, mais il sait qu'au-delà, il y a la blancheur de la Vierge triomphante, celle qui brille dans les vitraux de Chartres avec toutes les splendeurs de la Sagesse.

Voilà pourquoi les images de la Vierge Noire sont si populaires. Elles correspondent à une notion fondamentale inhérente à l'être humain. Et si les images de cette Vierge Noire ressemblent par bien des points aux représentations antiques des Déesses-Mères de l'Orient ou de l'Occident, faut-il s'en étonner ? La doctrine chrétienne est peut-être révolutionnaire en ce sens qu'elle met en avant le précepte d'Amour qui manquait un peu trop à certaines religions de l'Antiquité, surtout dans le Bassin méditerranéen, mais elle n'en est pas moins la suite logique de l'évolution métaphysique et religieuse de l'Humanité, intégrant en elle-même les spéculations et même les « révélations » qui avaient été celles des temps anciens.

A Chartres, comme au Puy-en-Velay et ailleurs, la Vierge Noire brille de tous les feux intérieurs que seuls peuvent percevoir ceux qui sont persuadés que « la porte est en dedans ».

TROISIÈME PARTIE

L'Énigme des Druides

I

LA FORÊT DES CARNUTES

Le nom actuel de Chartres dérive de *Civitas Carnutum,* ou plutôt de l'ablatif-locatif *Carnutibus,* « chez les Carnutes », ce dernier terme étant le nom du peuple gaulois qui occupait le territoire qui forme actuellement un groupe de trois départements, l'Eure-et-Loir, le Loir-et-Cher et le Loiret (du moins en partie), ce qui correspond aux anciens domaines féodaux de Chartres, du Dunois, du Blésois et de l'Orléanais. Cette cité des Carnutes représentait donc une position centrale dans une Gaule qui s'étendait plus au nord que la France actuelle, jusqu'au Rhin, et un peu moins au sud, la Garonne constituant une limite à l'occupation celtique en profondeur. Cela explique sans doute pourquoi, aux dires de César, c'est sur le territoire des Carnutes que se réunissaient une fois l'an les Druides de la Gaule entière, et que « l'on tient le pays pour le centre de toute la Gaule ». Certes, il ne faut pas toujours prendre à la lettre cette expression « centre du pays » ou « centre du monde », car bien souvent, il s'agit d'un *omphallos* purement symbolique, dans un « milieu » parfaitement idéal. En Irlande, la colline de Tara, centre religieux et politique de l'île, est bien loin de se trouver au centre de cette île. La vieille notion d'*omphallos,* de nombril du monde, recouvre bien des éléments mythologiques au sein d'une géographie sacrée qui n'a plus rien à voir avec la topographie elle-même.

Il faudrait d'abord, avant de définir quel pouvait être ce sanctuaire central des Gaulois dans le pays des Carnutes, en admettant l'idée d'*omphallos* comme inhérente à ce genre de choses, s'interroger sur le nom des Carnutes eux-mêmes. Il existe peut-être en effet un lien entre le choix du lieu et le rôle qu'on faisait jouer aux Carnutes, rôle qui, comme dans bien des cas, se trouve explicité par l'appellation donnée à ce peuple.

De toute évidence, le nom des Carnutes offre quelque chose de commun avec le nom de Carnac (Morhiban), lequel n'est pas breton, mais gaulois, gallo-romain plus précisément puisqu'il est formé à l'aide du suffice *-aco,* lequel a donné les noms en *-ac* de la toponymie occitane et bretonne, les noms en *-é,* *-y* et *ey* de la toponymie romane. Le premier terme est identique, *carn,* et il peut admettre deux étymologies. La première fait référence à une racine *kern,* qui signifie « corne ». On peut y voir une relation avec le dieu gaulois cornu Kernunnos, autrefois honoré de Carnac, divinité indo-européenne de la troisième fonction exprimant la prospérité et l'abondance (la « corne d'abondance »). Par extension, on peut ajouter le sens de « trompe », cet instrument de musique étant fabriqué primitivement avec des cornes d'animaux. C'est le sens du mot gaulois *carnyx,* « corne de guerre ». Mais comme les cornes sont un ornement guerrier, et que le roi de type indo-européen est toujours choisi dans la classe des guerriers, la corne élaborée devient la « couronne », symbole de puissance royale. Si l'on admet cette étymologie, les Carnutes pourraient donc être les « hommes à la trompe » (des guerriers) ou des « hommes royaux » (= couronnés). Après tout, leurs voisins immédiats, les *Durocassi,* sont les « combattants de l'eau », et les *Eburovices,* les « hommes de l'if ». Cette interprétation semble tout à fait conforme avec ce que l'on sait des peuples gaulois.

La seconde étymologie voit dans *carn* l'équivalent du mot anglais actuel *cairn,* lui-même passé dans le langage archéologique international pour désigner un tertre funéraire préhistorique ou protohistorique, c'est-à-dire un tumulus, un galgal ou tout autre monticule artificiel servant de sépulture particulière ou collective. Le sens originel est « amas de pierres », et il est probable qu'il s'agit d'une racine préindo-européenne reconnaissable dans la « garrigue » languedocienne et, par l'intermédiaire du dérivé *kal,* dans la « calanque » provençale. A ce compte, les Carnutes pourraient être les « Hommes des Tertres », ce qui n'est sûrement pas incompatible avec le fait que se trouvait chez eux le sanctuaire central de la Gaule.

En effet, les « tertres » jouent un rôle considérable dans la religion des Celtes. Non seulement les Celtes ont érigé eux-mêmes des tertres funéraires pour y ensevelir leurs défunts (incinérés ou inhumés, les deux pratiques ont coexisté), mais ils ont récupéré des grands tumuli des âges précédents, les tertres mégalithiques (dolmens et allées couvertes) tout particulièrement. Cette récupération s'est faite d'ailleurs sur deux plans : sur celui du mythe et sur celui du culte. D'une part, les Celtes ont placé dans l'univers souterrain des tertres mégalithiques la demeure de leurs dieux, de leurs héros et de leurs défunts : l'Irlande est extraordinairement riche en traditions mythologiques concernant le *sidh* (ce mot gaélique signifiant « paix ») où sont localisées de nombreuses légendes. Le *sidh,* c'est vraiment l'Autre Monde, mais dans certaines occasions, comme la nuit de *Samain* (1er novembre, grande fête celtique), on dit que le *sidh* est ouvert aux humains assez audacieux pour y pénétrer. Cet Autre Monde est un univers merveilleux qui ressemble au monde terrestre, mais on n'y connaît ni la douleur, ni la maladie, ni la mort, et la journée est un « jour d'éternel beau temps » [1]. D'autre part, les Celtes n'ayant jamais bâti de temples (du moins avant l'occupation ou l'influence romaine), leurs cérémonies se tenaient en des endroits sacrés, soit dans des clairières, soit sur des emplacements consacrés depuis toujours,

1. Sur ce sujet, voir J. Markale, *L'Épopée celtique d'Irlande,* Paris, Payot, 1971, 2e éd., 1978. On y trouvera des récits significatifs sur le rôle tenu par les « tertres » dans la mythologie et dans le culte des Celtes insulaires, lesquels ne devaient pas être tellement différents de ceux du continent.

sur le sommet des tertres mégalithiques en particulier. Rien ne s'oppose donc à ce que les Carnutes fussent les « Hommes des Tertres », étant donné que c'est sur leur territoire qu'on avait choisi de rassembler l'élite religieuse de la Gaule à une période déterminée que César ne dit pas, mais qui devait être le 1er novembre si l'on en croit les documents irlandais qui concernent le festiaire celtique.

Les rares épisodes des *Commentaires* de César concernant le peuple des Carnutes ne permettent guère que des hypothèses à leur sujet. César ne mentionne jamais le nom d'Autricum. Il ne parle que de Genabum, probablement Orléans, et ne dit pas en quel endroit précis les Druides se réunissaient. « A une certaine époque de l'année, (les Druides) se réunissent en un lieu consacré du pays des Carnutes que l'on tient pour le centre de toute la Gaule. Là convergent de toutes parts ceux qui ont des contestations, et ils se soumettent à leur avis et à leur jugement » (VI, 3). C'est tout. On a pris prétexte de cette indication pour ne voir dans cette « fête » que le rassemblement des Druides de toute la Gaule. Il est certain que les Druides sont tous au rendez-vous, et qu'ils viennent de partout. C'est une affirmation du caractère supranational de l'institution druidique : leur appartenance à un peuple bien déterminé ne les empêche pas de relever d'une communauté internationale, voire supranationale. Mais le contexte reste parfaitement clair : les non-Druides viennent aussi à cette assemblée, puisqu'ils peuvent débattre de leurs problèmes, demander des avis et des conseils, en quelque sorte des jugements. Tout se passe comme s'il s'agissait d'un vaste rassemblement des peuples gaulois, en dehors de toute connotation patriotique, en dehors de tout lien avec le peuple d'origine, en une cérémonie qui tient à la fois du rituel religieux ou du conseil politique.

On peut donc poser comme hypothèse qu'il s'agit d'une des quatre grandes fêtes celtiques de l'année. On sait, d'une part grâce au calendrier gaulois de Coligny, conservé au musée de Lyon, et d'autre part grâce aux nombreux récits irlandais, que l'année celtique était axée autour de deux pôles, le 1er novembre et le 1er mai, avec deux dates intermédiaires, le 1er février et le 1er août [1]. Le 1er février, récupéré ensuite par le Christianisme, confondu avec la fête de sainte Brigitte de Kildare (Irlande), et déplacé le 2 février, jour de la Purification de la Vierge (Chandeleur), est l'ancienne fête d'*Imbolc,* où l'on célébrait le milieu de l'hiver. Le 1er août, récupéré et déplacé au 15 août, fête de l'Assomption de la Vierge, était *Lugnasad,* littéralement le « mariage de Lug », symbole de l'union sacrée entre le dieu multiple artisan (Lug) et la Terre (l'antique déesse-mère), avec célébration solennelle de la nouvelle moisson [2]. Le 1er mai, fête de Beltaine, c'est-à-dire des « Feux de Bel » (Bel ou Beli étant Bélénos, le « Brillant », épithète du dieu de la Lumière), est la célébration de la sortie des troupeaux à l'entrée de l'été, donc une fête de l'activité et du travail. Elle a été récupérée de façon profane par la Fête du Travail, déplacée à la Saint-Jean d'été pour le rituel des feux, mais également intégrée dans la fête de Pâques, notamment avec la bénédiction du feu nouveau.

Mais la fête la plus importante est celle de *Samain,* le 1er novembre, dont le nom signifie « fin de l'été », et qui a été récupérée intégralement, dans le Christianisme, par la fête de la Toussaint, où l'on célèbre la « communauté des vivants et des morts ». Or, il en était de même au temps des Druides : *Samain* était le moment idéal où le Temps normal s'abolissait et devenait éternité. C'est toujours à *Samain* que les tertres

---

1. Il faut rappeler une fois de plus que les Celtes ne célébraient aucune fête au moment du solstice d'hiver ou d'été. N'en déplaise aux « néo-druides » qui abondent actuellement et qui prennent leurs désirs pour des réalités, aucun document ne justifie une quelconque fête celtique solsticielle. Les fêtes solsticielles sont *préceltiques* et concernent l'Âge de Bronze et l'époque mégalithique.

2. En gaélique moderne, le mois d'août se dit *lugnasa.* Rappelons que Lug est de loin le dieu celtique le plus universel et qu'on le trouve honoré aussi bien dans les îles britanniques que sur le continent où il a donné son nom à des villes comme Lyon, Loudun ou Laon qui sont des *Lugdunum,* c'est-à-dire des « forteresses de Lug ». Ce Lug est le Mercure gaulois dont parle César, bien différent du Mercure latin, et que les Gaulois honoraient par des *simulacra,* autrement dit des piliers de bois ou de pierre sans forme, sans doute des menhirs ou des lec'hs. Il est le dieu « hors fonction » des Celtes, parce qu'il est le « multiple artisan ».

sont ouverts, permettant l'interpénétration des deux mondes, celui des vivants et celui des morts. C'est à la date de *Samain* que se situent toujours les actes dramatiques que nous relatent les anciennes épopées mythologiques. *Samain* est le tournant décisif de l'année celtique, et les documents ne manquent pas pour illustrer cette évidence. *Samain* y apparaît comme une fête d'obligation à l'universalité contraignante, où chaque membre d'un peuple se doit d'assister sous peine de sanctions. « Une assemblée était tenue par les Ulates chaque année, c'est-à-dire trois jours avant *Samain*, et trois jours après, et le jour même de *Samain*. C'était l'époque où les Ulates étaient dans la plaine de Murthemne, et ils tenaient l'assemblée de *Samain* chaque année. Il n'y avait rien au monde qui n'était fait par eux à cette époque, si ce n'étaient des jeux, des réunions, pompe et magnificence, bonne chère et banquet [1]. » « Conchobar [2] lui-même les servait à la fête de *Samain* à cause de la réunion d'une grande foule. Il était nécessaire de nourrir la grande multitude parce que tout homme des Ulates qui ne venait pas, lors de la nuit de *Samain* à Emain [3], perdait la raison et l'on dressait son tumulus, sa tombe et sa pierre le lendemain matin. Il y avait de grandes provisions chez Conchobar [4]. » « Voici la raison pour laquelle on célébrait la fête de *Samain :* parce que les lois étaient faites là par les hommes d'Irlande et que personne n'osait les transgresser jusqu'à ce qu'ils fussent réunis à nouveau au bout d'un an. Et quiconque les transgressait était banni des hommes d'Irlande [5]. » « Les règlements, les lois et les devoirs étaient fixés et les avis des hommes d'Irlande étaient pris à cette

1. « La Maladie de Cûchulainn », trad. Guyonvarc'h, *Ogam,* X, p. 286.
2. Le grand roi mythique des Ulates, habitants de l'Ulster.
3. Emain Macha, forteresse principale du roi Conchobar, véritable capitale de l'Ulster, aujourd'hui Enania, à proximité d'Armagh.
4. « La naissance de Conchobar », version A, trad. Guyonvarc'h, *Ogam,* XI, p. 61.
5. St. O'Grady, *Silva Gadelica,* I, p. 319.

assemblée... à savoir le festin de Tara [1] à *Samain* — car c'était la Pâque des Païens — et tous les hommes d'Irlande aidaient le roi à tenir cette assemblée [2]. »

Il n'est guère difficile d'identifier l'assemblée annuelle dans la forêt des Carnutes, que signale César dans ses *Commentaires*, avec cette fête de *Samain* si célèbre dans toute l'Irlande ancienne. On y trouve les mêmes caractéristiques. Et cette fête est impensable sans la présence des Druides. « Le festin de Tara était une assemblée royale et générale, comme un parlement, et tous les docteurs (= Druides) se rencontraient tous les trois ans à Tara lors de *Samain* pour y ordonner et renouveler les règlements et les lois, et pour y approuver les annales et les archives d'Irlande. On préparait aussi un siège pour chaque noble d'Irlande suivant son rang et son titre. On y préparait encore un siège pour chaque chef qui commandait les guerriers au service du roi ou des seigneurs d'Irlande. C'était encore la coutume au festin de Tara que fût mis à mort quiconque commettait violence ou vol, qui frappait quelqu'un ou qui attaquait par les armes, le roi seul ayant le pouvoir, et personne d'autre, de lui pardonner une telle action. Ils avaient coutume encore de passer six jours à boire ensemble avant la séance de l'assemblée royale, c'est-à-dire trois jours avant *Samain* et trois jours après, concluant la paix et nouant des liens d'amitié entre eux [3]. » Et n'oublions pas que, d'après les témoignages de l'époque chrétienne, cette fête de *Samain* était jugée comme « une cérémonie d'idolâtrie que les païens avaient coutume de célébrer avec des incantations nombreuses, des invocations magiques et plusieurs autres superstitions idolâtres, les rois, les princes, les chefs, les seigneurs, les nobles de la nation, et un plus grand nombre

1. Capitale et centre théorique de l'Irlande, dans le royaume non moins théorique de Midhe (Meath, c'est-à-dire « milieu »). C'est une colline sacrée depuis les temps préhistoriques, un *omphallos* où se réunissaient les hommes d'Irlande lorsqu'il s'agissait de prendre des décisions supranationales.
2. W. Stokes, *Irische Texte*, III, p. 198.
3. Keating, *History of Ireland*, éd. Dinneen, II, p. 132.

encore d'incantateurs, de devins et de toutes sortes de magiciens et de docteurs ayant été appelés... »[1].

Cette affluence de magiciens, d'incantateurs, de docteurs et de devins, qui appartiennent tous à la classe druidique, est en rapport étroit avec ce que raconte César à propos de l'assemblée chez les Carnutes. Et, de plus, dans la suite de ses *Commentaires,* César donne le titre particulier d'un Druide nommé Cotuatos, l'un des chefs de la rébellion de 52 av. J.-C. qui va ouvrir la campagne de Vercingétorix. Ce Druide est en effet présenté comme un *gutuater.* Le terme est attesté ailleurs, sur quatre inscriptions gallo-romaines, une fois considéré comme un nom propre (au Puy-en-Velay) et trois fois comme un nom commun. Dans l'un des cas, la formule *Gutuater Martis* ne laisse aucun doute sur la fonction sacerdotale : il s'agit d'un prêtre voué à Mars, celui-ci recouvrant une divinité gauloise indigène, probablement Toutatis ou Teutatès. Le mot en lui-même n'a rien de mystérieux, car on y trouve le terme *gutu-,* qui signifie littéralement « voix », et le terme *-ater* (ou *tater,* apparenté à la racine indo-européenne du nom du père). Ce prêtre est donc le « Père de la Voix », ou encore le « Père de la Parole », c'est-à-dire qu'il est chargé de la prédication, ou bien qu'il a pour fonction de prononcer des incantations, des louanges ou des satires, le tout étant de nature éminemment magique. Dans cette dernière acception, le *gutuater* a son équivalent en Irlande avec l'incantateur. Mais on retrouve ce *gutuater* dans des circonstances qui précisent bien à la fois le rôle de centre religieux tenu par le territoire des Carnutes et la part qu'ont prise les Carnutes dans la dernière phase de la Guerre des Gaules, en l'an 52.

La Gaule est à peu près occupée par les Romains depuis six ans. Il y a eu des révoltes continuelles, mais très localisées, et la célèbre guerre contre les Vénètes, au cours de laquelle César n'a obtenu la victoire que par suite d'une saute de vent, les navires vénètes ne naviguant qu'à la voile. Mais, dans l'ombre, une révolte générale se prépare chez la plupart des peuples

1. W. Stokes, *The Tripartite Life of Patrick,* II, p. 278.

de la Gaule, révolte dont l'âme et le moteur sont réunis en un seul personnage, Vercingétorix. Mais ce jeune chef arverne ne peut rien faire sans le concours du clergé druidique. On a remarqué que César ne fait pas souvent allusion au rôle joué par les Druides au cours des campagnes de la Guerre des Gaules. Cependant, les Druides sont derrière la scène, toujours prêts à intervenir, car ils sont la conscience de la société celtique. Et l'on s'en aperçoit bien en 52, car la révolte va effectivement être provoquée par des Druides, précisément sur le territoire des Carnutes.

L'occasion est favorable. César est retenu à Rome. Les légions hivernent tranquillement, et leurs chefs n'ont pas le pouvoir de prendre des initiatives, sauf de se défendre en cas d'attaque. Alors, chez tous les peuples de la Celtique (la Gaule entre la Seine et la Garonne) et de la Belgique (la Gaule entre la Seine et le Rhin), c'est un chassé-croisé d'émissaires. « L'occupation excite ces hommes qui ne supportaient qu'avec impatience d'être soumis au peuple romain. Ils commencent à faire des projets de guerre avec plus de liberté et de hardiesse. Les chefs gaulois s'entendent pour tenir des conciliabules dans les dieux écartés, au milieu des bois » (César, VII, 1). On remarquera que ces conciliabules se tiennent dans des « lieux écartés » et « au milieu des bois », ce qui est caractéristique des sanctuaires druidiques. C'est donc dans des établissements religieux, au milieu des forêts, près du *nemeton*, c'est-à-dire de la « clairière sacrée », et bien entendu sous l'égide des Druides, que se tiennent les conférences secrètes des chefs gaulois. L'indication est précieuse, car elle donne le ton exact de la révolte de 52, et surtout sa dimension religieuse. Et après les réunions éparses sur toute l'étendue de la Gaule, du moins chez les peuples qui participaient au complot, on en vient à une réunion générale. César ne dit pas où se tint cette réunion, mais le contexte indique assez clairement qu'elle dut avoir pour cadre la forêt des Carnutes. « Après maintes discussions sur ces projets, les Carnutes déclarent que pour le salut de la patrie, il n'est pas de danger qu'ils n'acceptent, et ils promettent d'être au premier rang des révoltés... Puisque, pour le moment, on ne peut se garantir mutuellement par un échange d'otages, car cela risquerait d'ébruiter leur projet, que du moins, disent-ils, on s'engage par des serments solennels, autour des étendards réunis en faisceaux — cérémonie qui noue chez eux le plus sacré des liens — à ne pas les abandonner une fois les hostilités commencées. On félicite à l'envi les Carnutes : le serment est prêté par toute l'assistance, et l'on se prépare après avoir fixé la date du soulèvement » (César, VII).

L'aspect religieux de l'engagement des chefs gaulois aparaît on ne peut plus net. Et ce sont les Carnutes, dépositaires en quelque sorte du symbole de la religion druidique en Gaule, qui s'offrent à donner le signal, en engageant eux-mêmes leur responsabilité pleine et entière. Et, pour une fois, le secret fut bien gardé : aucun espion de César ne fut informé de ce qui se tramait dans les clairières sacrées du pays des Carnutes. Et le plan proposé par les Carnutes est exécuté dans les moindres lignes. « Quand arrive le jour fixé, les Carnutes, entraînés par Cotuatos et Conconnétodumnos, hommes dont on ne pouvait attendre que des folies, se jettent, à un signal donné, dans Genabum, massacrent les citoyens romains qui s'y étaient établis pour faire du commerce, mettent leurs biens au pillage » (César, VII, 3).

Il semble que Genabum (Orléans, sans aucun doute) a été choisi pour sa valeur exemplaire : ce n'est pas à proprement parler une ville — car il n'y a pas de villes véritables en Gaule indépendante —, mais une forteresse-refuge et un important relais commercial sur la Loire, à l'intersection du chemin de terre qui va du nord vers le sud (le fameux chemin médiéval de Saint-Jacques) et de la voie d'eau qui relie l'océan Atlantique au bassin de la Saône et donc à la Provincia Romana. Les Romains y ont établi des comptoirs commerciaux dont l'influence grandit chaque jour. En somme, détruire ces comptoirs était détruire symboliquement l'influence romaine dans cette région, et du même coup débarrasser le territoire carnute, domaine sacré, des éléments étrangers qui le profanaient. L'aspect religieux de cette opération, qui est au fond une sorte de sacrifice expiatoire, apparaît encore plus net si l'on pense que l'un des chefs de la rébellion était Cotuatos, un *gutuater*, c'est-à-dire un « incantateur », nécessairement prêtre, membre de la classe prépondérante, celle des Druides. D'ailleurs, l'année suivante, ce *gutuater* paiera fort cher son intervention, victime qu'il sera de la vengeance des Romains. C'est Hirtius, le continuateur de César, qui parle : « Arrivé chez les Carnutes, César demande qu'on lui livre, pour le châtier, le *gutuater*, principal coupable et responsable de la guerre. On l'amène promptement au camp. César, malgré une naturelle clémence, est contraint de le livrer au supplice par les soldats accourus en foule : ils mettent à son compte tous les maux soufferts au cours de la guerre, et il eut fallu qu'il fût d'abord frappé de verges jusqu'à perdre connaissance, avant que la hache l'achevât » (VIII, 38).

On connaît la suite : c'est l'épopée de Vercingétorix, d'abord triomphale, puis désastreuse, au moment de l'affaire d'Alésia [1]. Mais il convenait de rappeler que dans cette guerre de libération de la Gaule, les Carnutes avaient joué, dès le premier instant, un rôle de premier plan, et que ce rôle était à la fois politique, militaire, mais surtout religieux, ce qui ne fait que mettre en relief l'importance de cet *omphallos* ou de ce *nemeton* qui se trouvait en plein cœur du pays des Carnutes, très probablement dans une clairière au milieu de la forêt.

Mais quelle forêt ? La Beauce est actuellement, et depuis plusieurs siècles, une vaste plaine de cultures, vouée essentiellement au blé et aux céréales. Les traces de forêt qu'on y discerne encore se résument à quelques boqueteaux maigres dispersés un peu partout. Seul le pourtour de l'ancien pays des Carnutes conserve suffisamment de massifs forestiers pour qu'on puisse parler de « Forêt des Carnutes ». Certes, on prétend que le mot « Beauce », anciennement *Belsa*, signifie « clairière ». Mais une clairière d'une telle

1. Pour tous ces événements, voir J. Markale, *Vercingétorix*, Paris, Hachette, 1982, surtout à partir de la p. 178.

dimension mériterait davantage le nom de « plaine ». Tout cela paraît bien étrange, d'autant plus que César ne mentionne aucunement le lieu où se tenaient ces fameuses assemblées annuelles des Druides. Et là, on demeure réduit à des hypothèses dont aucune n'est vraiment satisfaisante.

Nous ne sommes plus à l'époque où l'on voyait, dans toutes les campagnes, des « autels druidiques » sur le moindre dolmen enfoui dans les broussailles, ou des tables de sacrifices sanglants sur les fameuses « pierres à bassins » qui abondent dans certaines régions. Mais il ne faudrait pas non plus tomber dans l'excès inverse et voir dans toute construction en brique romaine un temple gaulois.

Il ne s'agit pas d'une supposition, mais d'une réalité historique et archéologique : avant d'être occupés par les Romains ou assimilés par les Grecs, les Celtes n'ont jamais eu de temples bâtis. Il n'y a aucune référence à des édifices cultuels dans les récits épiques irlandais ou gallois. Les auteurs grecs et latins n'ont jamais signalé de temples gaulois avant la conquête. Le célèbre « temple d'Apollon » qui se trouvait dans l'île de Bretagne est le monument de Stonehenge : c'est une construction de l'Âge de Bronze, et de plus, il s'agit d'un temple en plein air. Tite-Live fait allusion à un temple des Boïens en Gaule celtique, et Polybe à un temple des Insubres, mais à chaque fois, référence est faite à un lieu dans une forêt, sans aucune précision d'aspect ou d'architecture. César, qui savait de quoi il parlait, désigne le sanctuaire gaulois par le terme de *locus consecratus* (VI, 13 et 16) : s'il s'était agi d'un temple bâti à la romaine, il n'aurait pas manqué de le faire remarquer. Les seuls bâtiments cultuels qu'on puisse attribuer aux Celtes de l'indépendance se trouvent limités à la région méditerranéenne, là où, comme à Entremont, près d'Aix-en-Provence, ils étaient en contact avec les Grecs et les Romains et subissaient leur influence.

C'est seulement après la Guerre des Gaules que des temples bâtis apparaissent, notamment des temples carrés. Mais ils concernent les divinités romaines et n'ont plus grand-chose à voir avec la religion druidique. Du reste, la mise à l'écart des Druides, interdit légalisé au temps de Tibère, supprime toute référence druidique dans la vie sociale et religieuse. S'il y avait encore des lieux de culte celtique, ils devaient être soigneusement cachés, bien à l'abri des regards indiscrets des autorités. C'est d'ailleurs ce que révèle Lucain dans *La Pharsale,* quand il signale une enceinte sacrée située au plus profond d'une forêt. Mais on voit aussi apparaître des temples ronds et des temples octogonaux sur le sol gaulois, alors qu'on n'en trouve point (hormis les sanctuaires dédiés à Vesta) sur le territoire purement romain. Cela prouve quelque chose, un souvenir, une habitude. On a proposé que les temples ronds rendaient compte d'un ancien rite de circumambulation. Ce rite est d'ailleurs attesté dans la plupart des religions archaïques : on tournait autour du tombeau d'un héros comme pour entourer ce tombeau d'une zone de protection, ou comme pour marquer symboliquement une portion de terre considérée comme l'Autre Monde. Ainsi les premiers temples bâtis auraient été établis autour du tombeau d'un héros, ce qui expliquerait d'ailleurs le déambulatoire des églises chrétiennes ultérieures, lesquelles, on le sait, ont été, la plupart du temps, édifiées autour de la tombe d'un saint ou d'un martyr. Mais cela ne prouve rien. Les Irlandais, d'après les récits épiques, avaient coutume d'élever un pilier funéraire, en bois ou en pierre, à l'endroit où un héros avait trouvé la mort, mais non forcément sur son tombeau, et ensuite de chanter les louanges du défunt en tournant autour du pilier. C'est un rite de funérailles et d'hommage qui n'a rien de bien spécifique. Mais en Irlande, où il n'y a eu aucune occupation romaine, on n'a retrouvé aucun temple bâti. Les cérémonies se déroulaient en plein air, sur des tertres sacrés, ou au milieu des bois, ce qui n'empêchait certainement pas de marquer l'endroit par l'érection d'un pilier de bois ou de pierre, ou encore par un cercle de pierres. Quant aux chambres souterraines des tertres mégalithiques (dolmens et allées couvertes), dans lesquelles les Irlandais du paganisme plaçaient la demeure des dieux, elles n'ont jamais été des lieux de culte : par principe, elles étaient réservées aux dieux, et, de plus, la plupart du temps, l'entrée de ces monuments était cachée, donc inaccessible. On a également proposé la solution suivante : les temples étaient bâtis en bois, et il est ainsi normal de ne point en retrouver les traces. Mais aucun récit irlandais ne signale la chose, ce qui est quand même surprenant.

En Grande-Bretagne, le problème est légèrement différent dans la mesure où, pendant l'occupation romaine, une grande tolérance a été laissée aux Bretons, qui ont pu pratiquer leur culte en toute liberté. On a donc retrouvé les vestiges d'un certain nombre de « temples » d'esprit plus ou moins druidique, mais dont l'architecture n'en comporte pas moins la marque de l'influence romaine. D'ailleurs, quand, à la fin du IVe siècle, saint Ninian évangélisa les Pictes du sud (dans les Basses-Terres de l'Écosse actuelle), il construisit une église qui fit sensation : elle était *candida casa,* c'est-à-dire « maison blanche ». On peut comprendre qu'elle était bâtie en pierre, et que c'était une nouveauté. Ce détail prouve que la notion de temple bâti, du moins en pierre, était étrangère à l'usage du monde celtique primitif. Et quand Dion Cassius constate que les Bretons de la reine Boudicca (Boadicée) offrent des sacrifices aux dieux dans des temples, il emploie le mot grec *hiera,* qui ne signifie pas autre chose que le *locus consecratus* latin de César. Par contre, il mentionne, comme beaucoup d'autres auteurs, des « bois sacrés », et il utilise le terme *alsos,* qui est l'équivalent des mots latins *lucus* et *nemus.*

Précisément, nous retrouvons le mot *nemus* dans sa formulation celtique. L'un des envahisseurs mythiques de l'Irlande est un certain *Nemed,* c'est-à-dire « sacré » en langue gaélique. Le terme provient de la même racine indo-européenne qui a donné le latin *nemus.* Cette racine signifie « ciel » au sens spirituel du terme, d'où le gaélique *niam,* le gallois *nef* et le breton *nenv* (qui se prononce *nan*). Le sanctuaire celtique par excellence paraît avoir été le *nemeton,* qui désigne la clairière sacrée, céleste, au cœur d'une forêt. D'après ce qu'on sait, les Druides, tout en participant à la vie collective de leur groupe social, vivaient à l'écart, et n'officiaient jamais dans le cadre d'un village ou d'une agglomération. En Grande-Bretagne, l'établissement druidique de l'île de Môn (Anglesey), et qui était un important groupement de Druides avec leurs familles, se trouvait dans une forêt. Quand Lucain parle d'un sanctuaire gaulois près de Marseille, il le place dans une forêt : c'est là, dit-il, que l'on pratique d'horribles sacrifices et que se trouvent des statues grossières représentant les dieux *(simulacra maesta deorum)*. Un prêtre officie dans ce sanctuaire retiré et secret, en l'honneur du *dominus loci*. Et puis, surtout, « le peuple ne venait jamais à proximité de l'endroit du culte et il l'abandonnait aux dieux... Le prêtre lui-même en appréhendait l'approche : il craignait de venir auprès du maître du bois sacré » (*Pharsale*, I, v. 339 et suiv.). Lucain précise d'ailleurs autre chose : « Les Druides habitent dans des bois profonds *(nemora alta)* et se retirent dans des forêts inhabitées. Ils pratiquent des rites barbares et une sorte de culte sinistre » (I, v. 452 et suiv.). On sait que plus tard, sur le manuscrit de Lucain, un scoliaste inconnu a ajouté des détails sur ce « culte sinistre », en particulier sur les sacrifices aux dieux Taranis, Toutatis et Esus. Mais Lucain ajoute : « Ils adorent les dieux dans les bois sans faire usage de temples. » C'est net et précis. Et il emploie le terme *nemus*, ce qui nous renvoie au *nemeton* gaulois.

Que représente exactement le *nemeton ?* « Le sanctuaire celtique est plus lié à une notion symbolique ou effective de " centre " qu'à une forme ou à un aspect matériel puisqu'il est exprimé dans sa totalité par le mot qui désigne le *sacré :* en tant que lieu géographique précis ; en tant que moment dans le temps calendaire ; en tant que personne, individu distingué du reste de la société [1]. » Les Celtes ont eu le sentiment qu'il était vain ou stupide de vouloir enfermer le ou les dieux dans un endroit clos. Par contre, ils ont pensé qu'il existait des lieux, symboliques ou réels, où le monde des humains pouvait s'ouvrir au monde des dieux, et inversement. Le *nemeton* est ce lieu d'échange sacré. Il est aussi bien la clairière dans

1. Guyonvarc'h-Le Roux, *Les Druides*, Rennes, 1978, p. 217.

la forêt que la forêt tout entière, que le sommet d'un tertre, qu'une île au milieu de la mer. Combien de sanctuaires chrétiens, églises ou chapelles modestes, ont dû être érigés sur l'emplacement d'un ancien *nemeton !* Quant aux sources, et aux lieux qui entourent les sources, c'étaient aussi des endroits privilégiés, puisqu'en plus de la communication avec le ciel *(nem)*, on y trouvait le contact avec les forces vives, fécondantes et « maternelles » surgies mystérieusement du centre de la terre. En ce sens, la Fontaine de Barenton, dans l'antique forêt de Brocéliande, illustre parfaitement l'idée que se faisaient les Celtes du *nemeton* dans sa totalité [1].

Or tout *nemeton* est centre du monde. La notion d'*omphallos* coïncide exactement avec celle de sanctuaire, et peu importe que ces sanctuaires soient innombrables : ils sont à la fois uniques et multiples (comme les églises chrétiennes), puisque, pour reprendre la célèbre formule, la divinité est un cercle dont le centre est partout et la circonférence nulle part. L'endroit où l'on établit un contact avec le monde invisible, le monde divin, est nécessairement un centre absolu à partir duquel peuvent rayonner les forces mises en jeu. Mais c'est l'homme qui établit ce centre, en fonction de ses sentiments. Le *nemeton* n'est jamais choisi au hasard. La plupart du temps, il se trouve à l'emplacement d'un sanctuaire préhistorique, car la tradition du sacré veut que certains lieux privilégiés le demeurent même si l'idéologie religieuse change. On peut ici parler de « courants telluriques », de « forces magnétiques », cela existe, sans pour cela faire référence à des notions plus ou moins confuses d'ésotérisme. Les lieux sacrés sont réellement des lieux privilégiés, soit qu'il s'y passe des « événements surnaturels » (c'est le cas dans le sanctuaire marial de Lourdes) que nous ne comprenons pas, soit que la force psychique des individus qui y ont pratiqué des rituels depuis des siècles ait fini par imprégner l'en-

1. L'ancien nom de Barenton est *Belenton*, où l'on reconnaît le nom de Bel (Belenos), épithète du dieu celtique de la lumière et une contraction de *nemeton*. La Fontaine de Barenton est une « clairière sacrée de Bel ».

droit de ce qu'on appelle une *aura*, ou un *égrégore* (cela semble le cas à Chartres). Mais, de toute façon, les traditions ne manquent pas quant à des lieux sacrés, qu'ils soient « blancs », c'est-à-dire saints, qu'ils soient « noirs », c'est-à-dire maudits.

Mais ce *nemeton* est toujours à l'écart, même quand il n'y a pas lieu de craindre un pouvoir politique hostile. Ce n'est pas à la suite de l'occupation romaine que les Druides gaulois se sont installés dans les forêts. Tout concorde à prouver que cet écartement du sanctuaire druidique correspondait à une volonté délibérée. Cela se réfère à l'idée du *désert*. Le Christianisme romain a faussé notre compréhension du phénomène. Ce Christianisme s'est développé dans le contexte socioculturel et politique de l'Empire romain, c'est-à-dire dans le cadre d'une civilisation de type intégralement *urbain*, avec des composantes hellénistiques, donc sous influence de la *polis* grecque. Il y a eu, dès l'intrusion du message évangélique dans les cités grecques et romaines, une rupture consommée avec la nature. Et les premiers mystiques chrétiens l'ont fort bien ressenti, eux qui, à commencer par saint Paul, sont allés faire retraite *dans le désert*. Or, le désert, au sens étymologique, c'est ce qui est abandonné, tout ce qui n'est pas soumis à l'activité humaine. Actuellement encore, dans le vocabulaire rural, le désert désigne un endroit abandonné, en friche, et où la végétation non contrôlée prend le dessus. Mais cela n'implique nullement l'idée de sécheresse et de désolation, de manque d'eau et de végétation. Se retirer dans le désert, c'est accomplir un retour vers la nature. C'est ce qu'ont fait les premiers ermites chrétiens. Mais comme les plus célèbres se trouvaient dans les pays arides et secs, la confusion s'est emparée des esprits : pour pratiquer l'érémétisme, il fallait aller dans les solitudes de la Haute-Égypte, au Sahara ou en Libye. C'est oublier qu'il y a des déserts aux portes des grandes villes. C'est ce qu'avaient compris les moines du Moyen Âge, en établissant leurs monastères dans des endroits retirés, abandonnés par le commun des mortels, mais finalement très proches des agglomérations. Ils ne faisaient que suivre l'exemple des ermites irlandais ou bretons qui, eux aussi, suivaient l'exemple des Druides. Certains monastères chrétiens d'Irlande ont même pris l'appellation de *dysert*, ce qui est fort significatif.

Cette conception du sanctuaire qui peut être partout et nulle part, mais qui est toujours le centre du monde, et qui est toujours en contact avec une nature brute, est l'une des spécificités du Druidisme. Il faut s'en souvenir si l'on veut comprendre quelque chose au phénomène de Chartres, isolée au centre d'une Beauce qui était une clairière en plein cœur d'une mystérieuse forêt sacrée parce que naturelle. Cette conception témoigne d'une prise de conscience que l'être humain est en relation constante avec le cosmos, qu'il n'est jamais seul, même s'il s'affirme *monos* au milieu du désert : au contraire, se retranchant du domaine des agitations qui ne sont qu'illusions, il y rencontre le grand *Tout* qui est la divinité, quelle qu'elle soit et sous quelque nom qu'on puisse l'invoquer. Cela montre également l'inanité de certains commentaires sur le « naturisme primaire » de la religion des Druides, assimilée à un ensemble de rites propitiatoires pour conjurer des forces naturelles mais invisibles. Cette conception du sanctuaire celtique prouve, au contraire, une réflexion métaphysique et théologique de grande envergure, et qui ne s'est jamais effacée de la mémoire des hommes puisqu'elle réapparaît, étrangement vivante, dans le cadre du Christianisme.

Mais ce sanctuaire, ce *nemeton* dans le désert, c'est aussi un centre d'enseignement. En Gaule, comme dans les autres pays celtiques, l'éducation est confiée à la première fonction indo-européenne, c'est-à-dire, en l'occurrence, à la classe druidique. Ce sont donc les Druides qui instruisent la jeunesse. « Les jeunes gens, dit César, viennent en foule s'instruire auprès d'eux, et on les honore grandement » (VI, 13). « Beaucoup viennent spontanément suivre leurs leçons, beaucoup leur sont envoyés par leurs familles » (VI, 14). Le mot « Druide » n'a rien à voir avec le nom grec du chêne, comme l'a prétendu Pline l'Ancien. Il provient d'un ancien *dru-wides* comprenant un premier terme superlatif et un second apparenté au latin *videre* et au grec *idein*, « voir ». Littéralement, les Druides sont les « Très Voyants », ou les « Très Savants », ce qui en indique long sur leur fonction. Les Gaulois « ont aussi des philosophes et des théologiens très honorés, et qu'ils appellent Druides. Ces philosophes ont une grande autorité dans les affaires de la paix aussi bien que dans celles de la guerre » (Diodore de Sicile, V, 31). Les Druides sont en effet les dépositaires d'un savoir encyclopédique qui touche à toutes les disciplines connues à cette époque : « Ils se livrent à de nombreuses spéculations sur les astres et leurs mouvements, sur les dimensions du monde et celles de la terre, sur la nature des choses, sur la puissance des dieux et sur leurs attributions, et ils transmettent ces doctrines à la jeunesse » (César, VI, 14). Et cet enseignement est uniquement oral puisque les Druides interdisaient l'usage de l'écriture : « Ils me paraissent avoir établi cet usage pour deux raisons, parce qu'ils ne veulent pas que leur doctrine soit divulguée, ni que, d'autre part, leurs élèves, se fiant à l'écriture, négligent leur mémoire. Car c'est une chose courante : quand on est aidé par des textes écrits, on s'applique moins à retenir par cœur et on laisse se rouiller la mémoire » (César, VI, 14). Cela explique la durée des études : « On dit qu'auprès d'eux, les jeunes gens apprennent par cœur un nombre considérable de vers. Aussi plus d'un reste-t-il vingt ans à l'école » (César, VI, 14). C'est aussi ce qui explique l'art de la parole chez les Celtes : « L'art de la parole, dit un Druide au philosophe grec Lucien de Samosate, nous ne l'identifions pas, nous autres Celtes, comme vous les Grecs, à Hermès, mais à Héraklès parce qu'il est de beaucoup plus fort qu'Hermès... Nous pensons qu'Héraklès lui-même devenu sage a, par son éloquence, accompli tous ses exploits et, par la persuasion, forcé la plupart des obstacles. Ses flèches rapides sont, à mon avis, les discours acérés, percutants et rapides qui blessent les âmes ; d'ailleurs, vous dites vous-mêmes que les paroles ont des ailes » (Lucien, *Héraklès*). D'ailleurs, « si l'on prend les Gaulois par la persuasion, ils se laissent amener facilement à faire ce qui est utile, témoin l'application qu'ils montrent aujourd'hui pour l'étude des lettres et de l'éloquence » (Strabon, IV 4).

On peut également faire une curieuse constatation : bien que le mot « Druide » n'ait rien de commun avec le nom du chêne (n'en déplaise à ceux qui continuent à répandre cette insanité !), il existe, dans toutes les langues celtiques un indéniable lien entre le mot qui signifie *science* et le mot qui signifie *arbre*. La racine indo-européenne °*wid* est en effet voisine du mot gaulois *vidu*, qui signifie « arbre », mot qui donnera *koed* en gallois et en vannetais, et *koad* dans les autres dialectes bretons. Il n'est d'ailleurs pas difficile de reconnaître ce terme dans le pays chartrain lui-même, dans le nom du Perche *Gouët*, qui désigne la partie occidentale du territoire des Carnutes. S'agit-il d'une simple rencontre homophonique ? S'agit-il de kabbale phonétique ? Il est facile de conclure à une simple homonymie, mais alors comment expliquer cette même ambiguïté dans d'autres langues indo-européennes, en particulier à propos de l'Odin germanique ? Cet Odin-Wotan (en saxon, *Woden*) remonte à un ancien °*Wôthanaz* attesté par Tacite, et les germanistes y voient la racine °*wut* qui signifie « fureur sacrée », donc « science totale », ce qui est bien dans le caractère prêté à l'Odin des sagas nordiques, lui qui est devenu volontairement borgne pour être « maître des runes », c'est-à-dire magiquement voyant. Il n'est d'ailleurs pas inutile de préciser que les runes sont des inscriptions magiques comme par hasard gravées dans du bois, de la même façon que les incantations faites sur des branches, notamment de coudrier et d'if, par les satiristes irlandais. Et la racine °*wut* présente une bien étrange parenté avec le nom germanique du bois, reconnaissable dans l'anglais *wood*. D'ailleurs, l'un des poèmes de l'*Edda* scandinave nous décrit Odin pendu à un arbre (rituel chamanique que l'on retrouve dans l'Irlande païenne) et se libérant par la force des runes qu'il se met à incanter. Odin-Wotan est le dieu du Savoir, le dieu-magicien par excellence, qui n'est pas sans faire penser à Gwyddyon, fils de Dôn (la Déesse-Mère), héros de la quatrième branche du *Mabinogi* gallois [1]. Car le nom de Gwyddyon, s'il se réfère à une racine °*gwid,* signifiant « science » (breton armoricain *gwiziek,* « savant »), peut aussi bien provenir de la racine du *vidu* gaulois, dans le sens d'arbre (et devenu *coit* en moyen-gallois avant de prendre la forme *coed*). Ce serait d'autant plus vrai que Gwyddyon est le héros de l'étrange poème gallois attribué au barde Taliesin, le *Cad Goddeu,* ou « Combat des Arbrisseaux » [2], où on le voit métamorphoser les guerriers bretons en arbres, grâce à sa magie, ou plutôt à sa science magique.

Si Odin-Wotan et Gwyddyon sont liés à la fois à l'idée de science et à celle du bois, eux qui sont de véritables dieux-druides, il n'est pas invraisemblable de penser que le nom des Druides, et aussi leur fonction, ont la même ambivalence. Les relations entre la Science, surtout la science religieuse et magique, et l'élément végétal n'ont rien qui puisse étonner. Le mythe fondamental de l'Arbre de la Connaissance imprègne les traditions de tous les peuples. Et si les Druides sont les *très savants,* ils sont aussi les « Hommes de l'Arbre », ceux qui officient et enseignent dans les clairières sacrées, au milieu des forêts. A ce moment-là peut s'expliquer la présence et surtout la magnificience de cette cathédrale Notre-Dame de Chartres. Sans tomber dans le romantisme de Chateaubriand qui voyait dans les voûtes gothiques une exaltation de la forêt, on peut pourtant se poser certaines questions sur la continuité qui veut qu'une « forêt de pierre » tout entière vouée à la Vierge de la Sagesse ait été érigée en plein cœur d'une ancienne forêt sacrée du temps des Druides.

Ces considérations d'ordre général mettent d'ailleurs en relief l'importance du sanctuaire des Carnutes, à la fois lieu de culte, lieu de rassemblement, lieu de connaissance et *omphallos* de la Gaule. Le problème est de savoir où il se situait exactement. Le témoignage de César, on l'a vu, est incontestable sur la réa-

---

1. Voir J. Markale, *L'Épopée celtique en Bretagne,* 3e éd., Paris, Payot, 1983, pp. 59-76.
2. Voir J. Markale, *Les Grands Bardes gallois,* nouv. éd., Paris, Picollec, 1981, pp. 74-81.

lité de ce sanctuaire, mais malheureusement, le proconsul n'en donne pas le site.

On a donc dit que le mot Beauce signifiait « clairière ». Mais l'étude toponymique de la Beauce fait apparaître une absence presque totale de noms d'origine gauloise, en dehors de la vallée de l'Eure elle-même. La toponymie de la Beauce est éminemment « française », pas même gallo-romaine, et très peu gallo-franque. Une explication s'impose alors d'elle-même : les villages et les bourgs qu'on y trouve sont de fondation récente. Cela signifie que l'endroit était auparavant à peu près inhabité, et l'on est évidemment tenté de dire qu'à cet emplacement s'élevait une vaste forêt, laquelle a été défrichée tardivement. Il est fort probable que la Beauce puisse représenter le territoire de l'ancienne forêt des Carnutes.

On a proposé deux sites possibles pour le sanctuaire dont parle César. Le premier est Saint-Benoît-sur-Loire, c'est-à-dire l'ancien Fleury-sur-Loire, aux confins sud-est du pays des Carnutes. Certains arguments en faveur de cette identification ne sont pas négligeables. D'abord, César dit que le sanctuaire se trouvait sur les limites du pays des Carnutes. Or Fleury est proche de la frontière des Carnutes et des Senons de Sens. Ensuite, comme le faisait remarquer le grand celtisant Joseph Loth, Fleury-sur-Loire est à égale distance du Lac de Constance, du Raz de Sein, des Bouches du Rhin et de la vallée de la Garonne : c'est le centre exact de la Gaule primitive, non seulement près de la frontière avec les Senons, mais aussi des frontières avec les Bituriges et les Éduens. Mais cela ne prouve rien, puisqu'un *omphallos* peut n'être pas au centre géographique d'un territoire : l'exemple de Tara, en Irlande, le montre suffisamment. Mais en plus, Fleury-sur-Loire se trouve au centre d'un triangle dans lequel on a pu faire d'importantes découvertes archéologiques concernant des objets gaulois, les trouvailles de Neuvy-en-Sulias étant particulièrement révélatrices d'une terre sacrée [1]. Enfin, l'érection

1. Ce sont de petits objets rituels en bronze actuellement au Musée de

du fameux monastère devenu Saint-Benoît-sur-Loire à cet emplacement ne peut être due au hasard. On sait que les Bénédictins, premier ordre monastique organisé de l'Occident, se sont fondus très rapidement avec les Colombaniens, d'origine irlandaise, qui furent, à l'époque mérovingienne, et sous l'impulsion de saint Colomban et de ses disciples, l'élément le plus actif du Christianisme. Mais il est bien certain que de nombreux usages et de nombreuses conceptions d'esprit celtique sont passés, par ce canal, dans le monachisme continental. Il suffit d'ailleurs d'examiner les chapiteaux romans de Saint-Benoît-sur-Loire pour y découvrir une influence celtique irlandaise indéniable, ne serait-ce que sur le plan de l'ornementation symbolique. Et l'on ne peut oublier que cette abbaye de Fleury a été l'un des phares de la Chrétienté occidentale, l'un des pôles religieux et même politiques de la Gaule, puis de la France de la première partie du Moyen Âge, avant d'être dépassée et écartée par les fondations de Cluny et enfin de Cîteaux. Faire de l'abbaye romane de Fleury-sur-Loire la continuation du sanctuaire sacré des Carnutes n'a rien d'incongru, bien au contraire.

Il y a cependant une objection majeure, qui ne tient pas au site ni à l'importance de l'abbaye bénédictine, ni aux réminiscences celtiques qu'on y peut observer. *L'endroit était connu de César,* lequel y est passé plusieurs fois avec ses troupes. Premièrement, ce n'était pas un lieu à l'écart, au milieu des forêts, il était au voisinage même d'un itinéraire très fréquenté, et deuxièmement, si cela était, si cela avait été l'emplacement de ce grand sanctuaire central, vu son importance, *César n'aurait pas manqué de le signaler.*

Une seconde hypothèse place le sanctuaire des Carnutes à Suèvres, dans le Loir-et-Cher, sur les bords de la Loire, à l'est de Blois. Suèvres est l'antique *Sodobria,* autrement dit *Sodo-Brivum,* à l'intersection de nombreuses voies romaines, donc de chemins gaulois rénovés par les Romains, de Paris à Blois, de

---

l'Orléanais, à Orléans. Mais si leur esprit est nettement celtique, leur facture est gallo-romaine, donc postérieure à la conquête.

Chartres à Bourges et Poitiers, d'Orléans à Tours. Suèvres se trouve aux limites orientales du pays des Carnutes, mais pourtant assez loin des frontières avec les Bituriges, au sud, et avec les *Turones,* à l'ouest. Le territoire autour de Suèvres est également très riche en trouvailles archéologiques, et l'on peut y remarquer de nombreux vestiges de constructions préhistoriques, gauloises et romaines. De plus, on y a découvert une curieuse pierre gravée de motifs symboliques qui évoque à n'en pas douter un *omphallos,* comme la fameuse Pierre de Fâl à Tara, en Irlande, ou la non moins célèbre Pierre de Meigle en Écosse, ou encore l'*omphallos* de Kermaria, en Bretagne, ou enfin, encore en Irlande, dans le comté de Galway, la Pierre de Turoë [1].

Mais l'identification de Suèvres en tant que sanctuaire central des Carnutes se heurte également à une très grave objection. Si le sanctuaire avait été à cet emplacement, étant donné son importance et sa célébrité, il se serait prolongé, comme à Saint-Benoît-sur-Loire, par un édifice chrétien. Or, il n'y a plus rien à Suèvres, qui n'est qu'une petite bourgade comme les autres. La permanence des cultes, le souci d'assurer la permanence de la conception du « nombril » du monde, cela aurait dû contribuer à faire de Suèvres un important lieu religieux. Or, ce n'est absolument pas le cas. Et cela ne milite nullement en faveur de cette localisation.

Alors, où est donc ce fantomatique et pourtant réel sanctuaire de toute la Gaule qui pouvait rassembler une foule de Druides et de fidèles en cette fête de *Samain* que toutes les descriptions s'accordent à décrire comme grandioses ? Une troisième hypothèse s'impose : Chartres.

---

1. La Pierre de Fâl, sur la colline de Tara, était la pierre magique qui « criait lorsqu'un futur roi s'asseyait sur elle ». C'était une pierre sacrée dans le centre idéal du monde, où s'opérait la fusion entre le visible et l'invisible. La Pierre de Meigle, qui est d'origine picte, propose le partage du monde en quatre directions, quatre personnages formant une authentique svastika. La Pierre de Kermaria, actuellement au Musée de Quimper, est de facture gallo-romaine, mais avec des archaïsmes. Quant à la Pierre de Turoë, actuellement dans un champ, et qui n'est pas à sa place d'origine, elle est recouverte de motifs symboliques qu'on ne peut déchiffrer.

Un premier argument en faveur du site de Chartres est celui de la Beauce, ancienne forêt défrichée tardivement. La situation du site de Chartres est idéale pour un sanctuaire, et d'ailleurs, Chartres est toujours un sanctuaire. Un second élément est constitué par le fait que Chartres est le seul endroit à avoir conservé le nom des Carnutes. On a beau nous dire que Genabum était l'établissement le plus important des Carnutes, ce n'est pas Genabum qui perpétue le nom du peuple qui l'habitait. Pourquoi donc Chartres, qui ne paraît pas avoir été, au temps de César, une agglomération de grande importance, César ne la signalant même pas ? Il est probable que le rôle d'Autricum était un rôle beaucoup plus religieux qu'économique ou militaire, et ce rôle religieux, la ville n'a jamais cessé de l'exercer. Un troisième argument est celui que Chartres ne se trouve pas au centre de l'ancien pays des Carnutes, mais très au nord, et finalement non loin des frontières des *Aulerci Cenomani* et de celles des *Aulerci Eburovices*. Au point de vue géographique, rien ne s'oppose à ce que le tertre d'Autricum ait été le centre religieux dont parle César, à l'écart des grands itinéraires, et en plein cœur d'une forêt jusqu'alors plus ou moins impénétrable.

Mais il y a un quatrième argument qui, sous des apparences détournées, n'en reste pas moins intéressant. Il s'agit de la présence, à l'est de la ville, sur un monticule à peu près jumeau du tertre où s'élève la cathédrale, d'une tradition concernant un mystérieux saint du nom de Chéron, et qui aurait été l'apôtre du pays chartrain. La légende de saint Chéron est assurément édifiante. Il était originaire de Rome, d'une riche famille ; il avait fait de bonnes études et avait été ordonné diacre. Ayant distribué ses biens aux pauvres (thème classique dans ce genre d'histoire), il avait été envoyé en Gaule par saint Clément, en compagnie de saint Denis et de saint Pothin. La référence à « saint » Denis, qui n'est autre que la christianisation du dieu démembré de la tradition préhellénique Dionysos, a déjà de quoi faire réfléchir quant à la valeur historique de cette légende. Passons... Pendant son voyage, Chéron accomplit plusieurs miracles, et, dès son arrivée à Chartres, où se trouvait déjà une petite communauté chrétienne, il guérit un paralytique, ce qui entraîna d'emblée de nombreuses conversions. Ayant décidé d'aller jusqu'à Paris, il s'arrêta sur une butte située à l'est de la ville, et demanda à ses compagnons, au cas où il viendrait à mourir, de l'ensevelir en cet endroit même. Or, quelques lieues plus loin, en un endroit appelé depuis Saint-Chéron-du-Chemin, le malheureux saint fut attaqué par des brigands et décapité. Le lendemain, ses amis, prévenus en rêve de ce qui s'était passé, s'étaient rendus au lieu choisi par Chéron pour sa sépulture : et ils y avaient découvert le corps du saint miraculeusement transporté par des Anges. Ils procédèrent donc à l'inhumation. Le lieu devint Saint-Chéron, un monastère s'édifia sur le tertre, et de nombreux miracles furent obtenus par l'intercession du saint.

Belle et pieuse histoire... Elle a été surtout répandue à partir du IXe siècle, et elle a bien servi le clergé chartrain. Le malheur veut que tout cela résulte d'une confusion, laquelle serait assez drôle en elle-même et ne prêterait qu'à sourire si elle n'apportait pas un élément important concernant le site primitif du sanctuaire des Carnutes. En effet, sur le tertre dit de Saint-Chéron, « il existait en ce lieu, voisin du départ de la route se dirigeant sur Paris, un cimetière antique où purent être enterrés des Chrétiens et qui devint très tôt un endroit vénéré que l'on appelait en gallo-latin *sanctus caraunus*. Lorsqu'on eut oublié la langue gauloise, ce terme cessa d'être compris et quelqu'un imagina que Caraunus était un nom d'homme, celui précisément d'un de ceux qui étaient enterrés là et auquel la piété inventa une vie édifiante d'apôtre et de martyr » [1]. Autrement dit, le nom de Chéron dérive de *caraunus,* mais ce n'est pas un nom propre, c'est un nom commun *dont le radical est strictement le même que celui du nom des Carnutes.* Et l'expression *sanctus caraunus* veut simplement dire « tertre saint », « tertre sacré ». Ce n'est pas négligeable quand on sait que le

1. R. Joly, *Histoire de Chartres,* p. 218.

mot « Carnutes » peut signifier les « Hommes des tertres ». Cela devient tout à fait éloquent lorsqu'on se rappelle que les sanctuaires sacrés des Gaulois se trouvaient dans des clairières, et la plupart du temps sur des tertres qui étaient déjà des lieux saints, soit par tradition, soit par présence de tombeaux très anciens. En Irlande, le tertre de Tara, centre religieux et politique, était *aussi* un lieu de sépulture datant des temps préhistoriques. Or, ici, sur le tertre dit de Saint-Chéron, il y avait autrefois un *charnier,* ce terme provenant de la même racine *carn,* c'est-à-dire un cimetière préhistorique ou même gaulois. Et il est probable que l'appellation *sanctus Caraunus* remontait à la plus haute antiquité [1].

Ainsi donc, sur l'emplacement de Chartres, on en a la certitude, existait, à l'époque des Carnutes, un *tertre funéraire* sur la butte appelée maintenant Saint-Chéron. Et l'on sait également que non loin de là, un des quartiers de la ville est appelé « quartier des Pierres Couvertes », ce qui est la preuve absolue qu'il y avait en cet endroit un certain nombre de monuments mégalithiques, des dolmens ou des allées couvertes en particulier, ce qui, une fois de plus, justifierait le nom des Carnutes. Et, dans ces conditions, pourquoi n'en aurait-il pas été de même sur le tertre sur lequel se dresse actuellement la cathédrale ? Si l'on admet cette hypothèse, elle aurait au moins le mérite de démontrer que ce n'est pas par hasard qu'on a élevé une telle cathédrale à cet emplacement, et ensuite que jamais un culte ancien ne disparaît complètement : il se transforme et s'adapte à l'idéologie nouvelle.

Il est impossible de croire un seul instant que le

1. Tout cela a été démontré par l'abbé Guy Villette dans une étude faite en 1975, et bien entendu demeurée non publiée parce que gênante, mais qui est déposée au service de toponymie des Archives Nationales, aux Archives Départementales et à la Bibliothèque municipale de Chartres. Il faut remarquer que toute fouille est impossible actuellement à Saint-Chéron, le site ayant été entièrement bouleversé au cours des nombreuses opérations de construction.

fameux sanctuaire dans lequel se réunissaient les Druides au temps de César et de Vercingétorix ait disparu sans laisser de traces. Ces traces existent nécessairement. Et c'est la présence même de cette mystérieuse cathédrale de Chartes.

II

L'ITINÉRAIRE DE GARGANTUA

Il y a un détail curieux sur le pavage de la cathédrale de Chartres, au centre du labyrinthe qu'on tente de masquer au regard des visiteurs, un *clou* de cuivre que chaque 24 juin, à midi, un rayon de lumière, filtrant à travers un vitrail, vient frapper. Il n'en fallait pas plus pour susciter de nombreux commentaires, d'une façon qui n'est pas toujours très heureuse parce que sacrifiant délibérément toute vraisemblance à des théories ésotériques invérifiables. Quand on prend soin de se renseigner sur l'origine de ce clou, on s'aperçoit qu'il s'agit du rescapé d'un ensemble de trois boutons de cuivre placés là en 1701 par un certain chanoine Estienne. Cet étrange ecclésiastique était féru de mécanique et d'astronomie, et il avait obtenu l'autorisation d'installer une « méridienne » à l'intérieur de la cathédrale. Pour ce faire, il avait également dû percer un trou dans la bordure d'un vitrail afin de laisser passer un rayon dont il est facile de repérer l'impact sur le sol à différentes époques de l'année, notamment aux solstices et aux équinoxes. Des « méridiennes » de ce genre, et parfois plus complexes, existent dans d'autres monuments religieux, comme à l'église Saint-Sulpice de Paris, de même qu'il y a eu d'autres labyrinthes dans des cathédrales, ne serait-ce qu'à Reims ou à Amiens.

L'explication de ce clou et du rayon de lumière qui vient le frapper le jour de la Saint-Jean d'été est donc parfaitement rationnelle, sans qu'il soit utile de faire appel à des notions aussi fumeuses que mystérieuses empruntées aux traditions ésotériques à la mode. Mais ce n'est pas faire injure à la mémoire du chanoine Estienne de prétendre que celui-ci, en agissant de la sorte, avait peut-être une certaine idée à transmettre. Car, après tout, même s'il s'agit d'une simple méridienne, c'est le concept de point central, d'*omphallos* qui ressort de tout cela, et tout se passe comme si le chanoine Estienne avait voulu renforcer, par un dispositif de nature scientifique, la certitude que la cathédrale est un point idéal et sacré dans les turbulences du cosmos.

Car il s'agit bien d'une référence cosmique. Le symbolisme du labyrinthe est très expressif : il représente l'univers dans tous ses méandres, avec toute sa complexité, mais aussi dans son unité primordiale, car la totalité y est contenue. Et, de plus, cet univers simple et complexe est projeté sur la terre, mettant en évidence le principe bien connu que « tout ce qui est en bas est comme ce qui est en haut ». L'être humain, pénétrant dans le labyrinthe, explore l'univers et cherche sa propre voie. C'est alors qu'intervient la Lumière. Ce n'est donc pas par hasard si le chanoine Estienne a voulu se servir des méandres de ce labyrinthe de Chartres pour y faire déverser un rayon de lumière, même si le but avoué était purement scientifique, astronomique. Ce rayon de lumière n'est-il pas Thésée confronté au Minotaure ou encore Apollon, dans la caverne delphienne, luttant contre le serpent Python ?

Tout cela a une correspondance très étroite avec la mythologie gauloise et la tradition populaire qui en est incontestablement l'héritière. Et c'est ici que l'on peut faire intervenir le personnage de Gargantua, même si, à première vue, il ne semble pas que ce géant, habilement récupéré par Rabelais, ait rien en commun avec un sanctuaire vouée à la Vierge Marie. Il faudrait cependant se souvenir que la Vierge Marie est très souvent représentée en train de fouler aux pieds un serpent, voire de lui écraser la tête.

Il existe en effet dans la statuaire gallo-romaine d'inspiration celtique — et spécifiquement celtique malgré la technique romaine — un groupe plastique, connu essentiellement dans la Gaule de l'est, que l'on a coutume de nommer « le Cavalier à l'Anguipède ». Il s'agit d'un dieu cavalier qui terrasse un monstre à figure de géant, mais à queue de serpent. Ce dieu, d'après les dédicaces, est *Jupiter Optimus Maximus*, c'est-à-dire « Jupiter très bon et très grand ». Évidemment, il n'a rien qui rappelle le Jupiter romain. Il recouvre nécessairement une divinité gauloise. « Le symbolisme de ces monuments est manifestement d'ordre cosmique, métaphysique... Quant au groupe lui-même qui surmonte l'ensemble, il exprime le triomphe de la lumière céleste, qui voit tout, sur les forces souterraines et cachées (car le géant paraît sortir du sol et sa nature serpentiforme souligne son caractère chtonien, le jour l'emportant sur la nuit, les forces pures sur les forces impures, peut-être la vie éternelle sur la mort et, occasionnellement, la victoire de la paix impériale sur le monde barbare). Cette expression-là de la puissance complexe de Jupiter, c'est en Gaule seulement qu'on l'a trouvée jusqu'à présent [1]. » Or, ce personnage divin assimilé à Jupiter est bien connu dans les récits mythologiques irlandais : il s'agit de Dagda, le « dieu bon », dont l'une des épithètes est Ollathir, c'est-à-dire « Père de tous ». C'est une sorte de géant, glouton, vorace, à la puissance sexuelle décuplée, père de la fameuse Brigit (nommée également Étain et Boann), déesse de la Poésie, de la Musique, de l'Éloquence et des Techniques (une sorte de Minerve), avec laquelle, de façon symbolique fort révélatrice, il a des relations incestueuses qui donnent naissance au dieu Oengus, le Mac Oc, c'est-à-dire le « Jeune Fils ». Le mythe de Dagda, fort complexe, fournit cependant la clef du problème posé par celle qu'on pourrait appeler la « Vierge des Druides ».

---

1. Paul-Marie Duval, *Les Dieux de la Gaule*, nouv. éd., Paris, Payot, 1978, p. 74.

Mais, sur le continent, l'entité divine Dagda est représentée par le personnage de Gargantua.

On sait que Gargantua n'est pas une invention de Rabelais. C'est un géant de la tradition populaire qui a laissé son souvenir non seulement dans l'inconscient collectif mais également dans la toponymie française, bien avant que Rabelais, en 1534, publie son fameux ouvrage où, brodant sur des thèmes préexistants, il a fait servir ce personnage folklorique à l'expression de ses propres idées sur l'humanisme, la tradition, la philosophie et aussi sur la religion. Deux ans avant que Rabelais publie à Lyon son *Gargantua,* était paru dans la même ville un court récit anonyme (probablement dû à un certain Billon d'Issoudun) intitulé *Les Grandes et Inestimables Chroniques du Grand et Énorme Géant Gargantua.* Le personnage était connu. Et l'époque était favorable à l'exploitation des thèmes populaires, comme le montre le succès non seulement de Rabelais, mais d'auteurs comme Bonaventure des Périers et Marguerite de Navarre, qui puisaient abondamment dans ce qu'on appelle le folklore.

Le nom de Gargantua est celtique. Il se retrouve sous une forme simple *Gargan* dans de nombreux toponymes, non seulement de France mais d'Europe (par exemple, le *Monte Gargano* en Italie). Contrairement à ce qu'on affirme la plupart du temps, ce nom n'est pas un dérivé du latin *gurgem,* « gorge » (étymologie provoquée par la gloutonnerie du personnage) mais provient de deux mots celtiques, bien reconnaissables en breton armoricain, *gar* et *cam,* littéralement « à la cuisse courbe », autrement dit « boiteux » [1]. Gar-

1. De la même façon, la mère de Gargantua, Gargamelle, a un nom qui provient des mêmes termes. Gargamelle est la « géante boiteuse ». J'ai soutenu cette étymologie, la première fois en 1975, dans ma *Tradition celtique en Bretagne armoricaine,* Paris, Payot, pp. 22-26, à partir d'un conte populaire de Camors (Morbihan) qui présentait un curieux personnage, le *Gergant,* lequel se débarrassait de ses ennemis en leur jetant du sel. On sait que c'est la caractéristique du diable médiéval Pantagruel, que Rabelais n'a pas inventé non plus, et dont il fait le fils de Gargantua. J'ai repris cette étymologie dans *Le Druidisme,* Paris, Payot, 1985, pp. 122-127. Jusqu'à présent, peu d'auteurs ont repris cette étymologie, même pour la contester, mis à part Claude Gaignebet, dans son magistral et capital ouvrage sur Rabelais, intitulé *A plus haute Science* (Maisonneuve, Paris, 1986). Ce livre est un monument exceptionnel qui permet d'entrevoir l'importance de

gantua est un des visages du dieu indo-européen boiteux dépositaire du « feu secret », c'est-à-dire de la lumière de l'intelligence, et dont la tare physique rend compte *a contrario* de la puissance exceptionnelle [1]. Et dans les textes grecs concernant les Gaulois, ceux de Diodore de Sicile en particulier, il est recouvert du nom d'Héraklès, grand voyageur et pourfendeur de monstres, mais aussi héros civilisateur, fondateur de la ville sacrée d'Alésia [2].

On sait que Rabelais, dans son *Gargantua,* fait du géant, ou plutôt de sa jument, la cause de l'abattage des arbres dans ce qui est devenu la Beauce. Ici, Rabelais n'invente rien : sa source se trouve dans *Les Grandes et Inestimables Chroniques.* Mais les circonstances ne sont pas exactement les mêmes, et il semble que le récit anonyme paru en 1532 soit plus proche d'un schéma mythologique demeuré très présent dans la mémoire collective.

Ce récit se rattache en effet à la tradition celtique arthurienne et fait intervenir l'enchanteur Merlin. Voyant le roi Arthur aux prises avec des ennemis redoutables, en l'occurrence des géants (détail qui corrobore la tradition insulaire britannique à propos d'une invasion de l'île de Bretagne par des géants), il décide de lui venir en aide et de lui *fabriquer* littéralement un géant. Le récit est tout à fait étrange et

---

Rabelais dans la transmission des traditions populaires et le rôle qu'il a joué dans un essai de réforme d'un Christianisme moribond régénéré aux sources vives de la mythologie.

1. L'exemple le plus caractéristique est celui d'Odin-Wotan qui acquiert son don de voyance en acceptant d'être borgne.

2. Alésia est un nom générique donné à plusieurs forteresses-sanctuaires de la Gaule. Sur ce territoire de l'ancienne Gaule, il y a neuf Alésia, dont Alise-Sainte-Reine de Bourgogne. Mais personne, hormis les pseudo-archéologues de Napoléon III, n'a jamais dit qu'Alise-Sainte-Reine était l'Alésia de Vercingétorix et de César. Tous les textes concordent pour nier cette identification et pour placer cette Alésia dans le Jura, probablement à Alaise ou à Salins-les-Bains, comme peuvent en témoigner les patientes recherches entreprises par M. Guichot, de Besançon, ardent défenseur du site du Fort-Saint-André, colline au-dessus de Salins-les-Bains, site qui semble actuellement le plus propice. On sait que l'authentique Gergovie, placée sur le plateau de Merdogne par un décret de Napoléon III, se trouvait en réalité sur l'oppidum des Côtes, au-dessus de Clermont-Ferrand. Ce qui est important, dans la légende de Gargantua, c'est de constater que le personnage est lié à la fondation d'un sanctuaire, fait révélateur de son rôle divin.

mérite qu'on s'y attarde quelque peu. « Merlin se fit porter sur la plus haute montagne d'orient, et emmena une ampoule du sang de Lancelot, qu'il avait recueilli de ses plaies... En outre, la rognure des ongles de la belle Guenièvre, épouse du roi Arthur, qui pesaient l'estimation de dix livres. » On dirait de la grosse farce. Il n'en est rien : Lancelot est *le meilleur chevalier du monde,* et Guenièvre *le modèle absolu de toutes les femmes,* sur le plan profane, s'entend, puisque c'est la Vierge Marie, qui, sur un plan supérieur, occupe cette place. Et surtout, il faut retenir l'indication de *la plus haute montagne d'orient.*

« Merlin fit une enclume d'acier grosse comme une tour, et les marteaux convenables jusqu'au nombre de trois, lesquels, par son art, ils frappaient si impétueusement sur l'enclume qu'il semblait que ce fût foudre qui descendît du ciel. » Ensuite, il « fit apporter les ossements d'une baleine mâle, et les arrosa du sang de ladite ampoule, et les mit sur l'enclume ; et rapidement furent réduits lesdits ossements et mis en poudre ; et alors par la chaleur du soleil, de l'enclume et des marteaux, fut engendré le père de Gargantua. Après, Merlin fit apporter les os d'une baleine femelle et mêla les susdits ongles de la reine, puis mit le tout sur l'enclume comme il avait déjà fait, et de cette poudre fut faite la mère dudit Gargantua ». Et Merlin n'oublie pas non plus de former une « grande jument » grâce à une carcasse qu'il découvre sur la montagne.

Le détail de la baleine mâle et celui de la baleine femelle ont de quoi faire sourire. Mais toute la littérature du début du XVIe siècle repose sur une accumulation de jeux de mots, et Rabelais n'en est que l'expression la plus connue. Ce qui fait voir qu'il n'y a pas de plaisanterie dans cette histoire, c'est l'intervention du soleil, lequel a son rôle à jouer dans la *fabrication* proprement artisanale de Grandgousier et de Gargamelle, puisque c'est d'eux qu'il s'agit. En effet, dans « baleine », on retrouve le nom, ou plutôt l'épithète du dieu de la lumière chez les Gaulois, Bélénos, c'est-à-dire le « Brillant », dont la parèdre est Bélisama, la « très Brillante ». Si l'on comprend bien cette « fable », la *fabrication* de Grandgousier et de

Gargamelle, puis la conception de Gargantua, *sur la plus haute montagne d'orient*, vont avoir plus d'un lien avec la course du soleil dans le ciel, d'autant plus que tout cela aboutira au Mont-Saint-Michel, c'est-à-dire à l'ouest du monde. L'itinéraire de Gargantua ne serait-il pas le parcours de la Lumière à l'intérieur d'un cycle déterminé ?

Le récit anonyme de Lyon devient alors fort scabreux. Mais on aboutit à la naissance de Gargantua. Lorsque celui-ci atteint l'âge de sept ans, selon les conseils de Merlin, Grandgousier, Gargamelle et l'enfant géant, montés sur la grande jument, quittent la montagne d'orient et se dirigent vers l'ouest. C'est là que l'itinéraire devient intéressant. En effet, après un grand bond de la jument qui les conduit à Rome (pourquoi pas ?), voici les voyageurs en Suisse, en Allemagne, puis en Lorraine. La géographie est fantaisiste, bien qu'elle soit, de l'aveu de l'auteur, à l'usage de « tous bons chevaliers et gentilshommes », façon élégante de dire qu'il faut lire entre les lignes. De là, la direction à prendre est très précise : il faut aller vers la Champagne et la Beauce pour aboutir au Mont-Saint-Michel. On n'a pas manqué de reconstituer cet itinéraire de Gargantua, simplement signalé dans le texte, à l'aide des précieuses indications fournies par la toponymie et l'étude des traditions populaires. Les lieux-dits marqués par Gargantua sont innombrables, mais il faut choisir. Et, incontestablement, la grande jument fait passer Gargantua et ses parents par Grand, dans la Haute-Saône, qui est un *locus consecratus*, un de ces sanctuaires dédiés à *Grannus*, l'un des surnoms de l'Apollon gaulois. Or le mot *grannus* est incontestablement de même origine que le terme gaélique *grian*, qui veut dire « soleil », et dont un dérivé se retrouve dans le nom de l'héroïne de l'époque irlandaise Grainné, prototype d'Yseult la Blonde. De plus, on a découvert à Grand une fort intéressante statue du « Cavalier de l'Anguipède », ce qui nous ramène évidemment au labyrinthe de Chartres.

L'itinéraire se poursuit. Voici Troyes, en Champagne, Troyes, ville mystérieuse où le dénommé Chrétien, juif converti, a, le premier en date, osé écrire quelque chose sur le Graal, et, également le premier, a voulu systématiquement que Lancelot du Lac fût l'amant de la reine Guenièvre, ce qui n'était pas le cas dans les versions primitives de la légende arthurienne, Troyes qui a été un centre important de propagation de la Kabbale juive médiévale, Troyes qui a vu se développer les premiers groupes cathares et se réunir les premiers Templiers. Indéniablement, le passage de Gargantua dans la ville de Troyes a une valeur symbolique, rattachant la légende du géant à bien d'autres traditions. Mais de là, toujours en direction du soleil couchant, il faut gagner Sens, la ville-forteresse des Sénons (= les « Anciens »), ville qui devint capitale de la quatrième Lyonnaise et métropole religieuse d'une bonne partie de la Gaule, y compris la cité des *Parisii* et celles des Carnutes. Il y a une voie romaine qui va de Sens à Orléans, et cette voie frôle Château-Landon, où *Les Grandes Chroniques* veulent que Gargantua ait livré bataille, puis passe à Sceaux du Gâtinais qui est un ancien centre thermal *(Aquae Segestae)*. L'étape suivante est Toury, où se trouve un dolmen appelé « gravois de Gargantua ». On raconte aussi que le géant puisa de l'eau dans l'étang de Moret, et que le lendemain, il revint combler le trou qu'il avait fait en aspirant toute l'eau. Mais nous voici maintenant aux limites de la Champagne et de la Beauce, c'est-à-dire sur les frontières du pays des Senons et de celui des Carnutes. « Quand la grande jument fut dans les forêts de Champagne, les mouches se prirent à la piquer au cul, elle qui avait la queue de deux cents brasses, et grosse à l'avenant. Alors se prit à émoucher, et vous eussiez vu tomber ces gros chênes, menu comme grêle ; et tant continua ladite bête, qu'il ne demeura arbre debout, et que tout fut roué par terre. Et *autant en fit en la Beauce, car à présent n'y a nul bois, et sont contraints les gens du pays à se chauffer de feurre ou de chaume.* » Et, dans cette Beauce, on compte au moins une douzaine de mégalithes dont l'origine est attribuée à Gargantua. Et il y a aussi des traditions : « Un jour, Gargantua voyageait en Beauce, portant sur le dos un fardeau de bois. Pris de faim, il pria une vieille qu'il rencontra et qui menait un troupeau de bœufs, de lui donner à manger. La vieille lui offrit de se rassasier sur le troupeau, et il le dévora en entier. En récompense, il laissa à la bergère sa charge de bois avec laquelle elle se chauffa tout l'hiver [1]. » On croirait entendre une version très altérée de la vieille légende d'Hercule dérobant les bœufs de Cacus et les cachant dans une grotte.

Voici donc Grandgousier, Gargamelle et Gargantua dans la Beauce. Le fait que la jument abatte les arbres de l'antique forêt des Carnutes doit être considéré comme une image symbolique d'une action civilisatrice. Mais cette action peut être double : d'une part, il s'agit de défricher pour permettre la culture du blé, d'autre part, il s'agit aussi d'implanter en cet endroit désert une *richesse spirituelle* que, dans son personnage même, Gargantua représente. De même qu'Héraklès, dans les récits gaulois oraux transposés par le Grec Diodore de Sicile, se montrait héros civilisateur en épousant la fille du roi et en rétablissant la paix et l'harmonie dans un pays encore sauvage, où il fondait un sanctuaire, en l'occurrence Alésia, Gargantua laisse de son passage dans le pays des Carnutes une métamorphose essentielle du paysage, mais aussi la fameuse *clairière* qui était celle des Druides. Il semble que le récit anonyme des *Grandes Chroniques* ait vraiment insisté sur ce passage dans la Beauce. Et, de là, Gargantua va poursuivre son voyage vers l'ouest. Il arrive dans le Perche. Comme il neigeait, relate un conte populaire recueilli par Filleul-Pétigny, le grand folkloriste de la Beauce et du Perche, la neige empêchait le géant de marcher rapidement. Alors, il se déchaussa, et ses deux bottes sont restées sur place, près de Mortagne-au-Perche : elles sont maintenant deux buttes qui ont pour noms Champaillaume et *Chartrage*. Le dernier nom est significatif quant à l'itinéraire de Gargantua.

La suite du voyage est sans histoires, si l'on peut dire : Gargantua et ses parents suivent le « chemin montais », qui est l'itinéraire de pèlerinage vers le

1. *Bulletin de la Société des excursions scientifiques*, V, 1904, p. 78.

Mont-Saint-Michel, passant par Sées, ancienne capitale des *Sagii,* demeuré siège d'un évêché. De là, il faut traverser les grandes forêts normandes, par la lande de Goult et Carrouges, qui est un *quadrivium,* près duquel existe une roche très dure présentant une sorte de dépression en forme de rainure dont on dit que c'est l'empreinte du chariot de Gargantua. Puis, c'est la forêt des Andaines, et Domfront, avec sa « Brèche à Gargantua », laquelle, selon la tradition locale, portait en l'un de ses flancs l'ouverture qui menait à une « Grotte du Dragon ». Ensuite, c'est Mortain, où rôde le souvenir d'un mystérieux saint Gorgon, qui pourrait bien être une forme christianisée du géant, et Saint-Hilaire-du-Harcouët, non loin de la rivière la Sée dont les flots passent pour avoir été « gonflés » par l'urine de Gargantua. La route est ouverte sur le Mont-Saint-Michel, sur le Mont-Dol et sur Tombelaine, qui sont, chacun le sait, trois rochers jetés par Gargantua lors de sa grande colère contre les habitants du pays. Mais il ne faudrait pas oublier que Tombelaine porte le nom ancien qu'avait le Mont-Saint-Michel, et que c'était un « Mont Bélénos ».

« Certaines faits topographiques frappent l'observateur d'étonnement. Sauf omission, la France ne possède que deux endroits qui s'appellent Tomb(e)laine. Une grande distance les sépare : l'un est le rocher déjà souvent nommé dans la baie du Mont-Saint-Michel, l'autre est Tomblaine en Lorraine, à un gué de la Meurthe, un peu en amont de Nancy, gué encore important au XVe siècle et où l'on a retiré de l'eau une hache perforée polie ; la butte a pu être rasée ; en tout cas, ce qui frappe, c'est que, à un décigrade près, le Tomblaine lorrain et le Tombelaine normand sont sur le même parallèle, le 65 G 7 ou 8 [1]. » C'est dire que l'itinéraire de Gargantua, tel qu'il est décrit dans *Les Grandes Chroniques,* n'est pas dû au hasard. Il part en quelque sorte du voisinage du Mont-Donon, haut lieu spirituel celtique, pour aboutir au Mont-Tombe, c'est-à-dire à un Mont-Bélénos, également haut lieu de la

1. Henri Dontenville, *La mythologie française,* nouv. éd., Paris, Payot, 1973, p. 112.

spiritualité celtique avant de devenir l'un des plus remarquables sanctuaires chrétiens de tout l'Occident. Et cet itinéraire passe nécessairement par la Beauce, c'est-à-dire par le pays des Carnutes, lequel abritait le grand sanctuaire central de toute la Gaule. Il y a là de quoi faire réfléchir : cet itinéraire est nécessairement *sacré,* symbolique ; il va d'est en ouest en suivant le soleil ; il part d'un sanctuaire consacré à Bélénos pour aboutir à un autre sanctuaire consacré à Bélénos.

Et cet itinéraire passe par la Beauce. On ne précise pas le nom de Chartres, mais il est assez significatif que tout autour de Chartres, les mégalithes attribués à Gargantua soient nombreux. Et que penser de la butte de *Chartrage* à Mortagne-au-Perche, en dehors du pays des Carnutes mais dans la direction du soleil couchant ?

Une première constatation consiste à mettre en évidence que Bélénos doit avoir quelque chose de commun avec Gargantua. Il faut rappeler que *Belenos* n'est qu'une épithète, signifiant « brillant », et que cette épithète peut être attribuée en fait à n'importe quelle divinité pourvu que celle-ci évoque suffisamment l'idée de *lumière.* Certes, l'itinéraire de Gargantua ressemble à s'y méprendre à une course solaire diurne, mais cela ne veut pas dire que Gargantua-Bélénos (l'attribution de l'épithète s'impose) soit un dieu solaire. En fait, chez les Celtes, *il n'y a jamais eu de dieu solaire,* n'en déplaise à ceux qui prennent à la lettre les nomenclatures des auteurs latins qui ne peuvent faire autrement que de recouvrir les noms gaulois par des noms romains, puisqu'ils s'adressent à des Romains. Le passage de Gargantua à Grand devrait nous éclairer en effet sur ce délicat sujet : ce sont les Romains qui ont identifié Grannus à Apollon. Ils ont bien identifié Borvo, épithète du dieu des sources, à ce même Apollon. Et il est fort possible que le Mont Bélénos, avant de devenir Mont-Tombe et Mont-Saint-Michel, ait été un Mont Mercure : est-ce à dire que les Romains ont également identifié Bélénos à Mercure ? Quand on sait que le Mercure gaulois n'est autre que le dieu pan-celtique Lug, le « Multiple Artisan », personnage *rayonnant* mais non pas *solaire,* cela n'a rien d'impossible, d'autant plus que bien souvent,

Mercure a été détrôné par saint Michel, l'Archange brillant, mais qui, en aucun cas, ne peut être confondu avec un quelconque symbole solaire. Or *Grannus,* qui a laissé son nom à la ville de Grand, est une forme masculine qui rend compte de la tendance qu'avaient les Romains de considérer comme mâles les plus importantes de leurs entités divines. Personne n'a jamais dit que les Gaulois, avant l'arrivée des Romains, vénéraient à Grand un *dieu* solaire du nom de Grannus. La forme masculine cache peut-être une forme féminine. Après tout, la mythologie romaine n'est pas exempte de telles inversions, et le fameux Janus pourrait bien être une masculinisation d'une antique déesse des Commencements du nom de Di-Anus, littéralement « divinité vieille femme ». Pourquoi ne pas se référer au mot irlandais *grian* qui signifie « soleil » ! *Il est féminin, comme le sont tous les noms du soleil dans toutes les langues celtiques et dans toutes les langues germaniques.*

Il est donc impensable *linguistiquement* que les Celtes, pas plus que les Germains, aient eu un *dieu solaire.* Un épisode rapporté dans le *Livre des Conquêtes,* vaste compilation réalisée au XIIe siècle, en Irlande, des traditions les plus archaïques, est significatif à cet égard. Il s'agit de l'arrivée en Irlande des « Fils de Milé », c'est-à-dire des Gaëls. Ils se trouvent en présence des Tuatha Dé Danann, les occupants antérieurs, qui sont en fait la race des dieux celtes. Or les Tuatha Dé Danann (c'est-à-dire les « peuples de la déesse Dana, toujours le concept de déesse-mère) ont trois rois qui se nomment Mac Cuill, Mac Cecht et Mac Greine, petit-fils du Dagda (donc l'équivalent de Gargantua), et qui sont mariés à trois reines, Banba, Eriu et Fotla (trois éponymes de l'Irlande). Et le texte précise : « Mac Cuill, c'est-à-dire Sethor, le coudrier était son dieu ; Mac Cecht, c'est-à-dire Tethor, la charrue était son dieu ; Mac Greine, c'est-à-dire Cethor, le soleil était son dieu [1]. » En tant que « Fils du Coudrier », Mac Cuill est représentatif de la fonc-

---

1. C.-J. Guyonvarc'h, *Textes mythologiques irlandais,* Rennes, 1980, I, p. 14.

tion druidique, le coudrier *(coll)* étant un arbre utilisé dans les pratiques magiques et divinatoires. En tant que « Fils de la Charrue », Mac Cecht est représentatif de la classe des producteurs, avec d'ailleurs ceci de particulier : sa fonction concerne l'agriculture. Il serait donc un dieu laboureur, ce qui est exceptionnel chez les Irlandais, essentiellement peuple d'éleveurs et non d'agriculteurs, et ce qui constituerait la seule mention d'une telle divinité dans la mythologie irlandaise. Enfin, en tant que « Fils du Soleil » (on devrait dire « Fils de la Soleil »), Mac Greine ne peut représenter que la seconde classe, celle des guerriers. Car nous retrouvons là la tripartition fonctionnelle commune à tous les peuples indo-européens. Le tout est de savoir pourquoi la classe guerrière est sous le patronage du (ou de la) soleil.

L'explication réside entièrement dans le rôle de la Femme, non pas tellement dans la société celtique, mais dans les mythes fondateurs de cette société. La Femme apparaît en effet comme la détentrice réelle de la Souveraineté, et elle répartit cette souveraineté autour d'elle, sur les guerriers qui sont donc les *agents* moteurs de cette potentialité. Cela est assez net dans certaines épopées irlandaises, notamment celles qui concernent la reine Medbh de Connaught, qui « prodigue l'amitié de ses cuisses » à tout guerrier dont elle a besoin pour assurer le succès d'une expédition, ou pour garantir l'intégrité des biens collectifs de son peuple. C'est également latent dans l'épopée médiévale arthurienne, où la reine Guenièvre est le centre absolu de la chevalerie arthurienne, provoquant chacun des chevaliers à œuvrer pour le bien de la collectivité qu'elle incarne symboliquement. C'est enfin ce qui ressort d'une analyse poussée du fameux « Amour courtois » des XIIe et XIIIe siècles, où l'on voit la Dame, centre et pivot de toute action, de tout exploit, de toute transcendance. Et cet Amour courtois, mode littéraire bien sûr, mais également philosophie des rapports entre l'Homme et la Femme [1], s'est révélé au

1. Voir J. Markale, *L'Amour courtois ou le couple infernal*, Paris, Imago, 1987.

moment même où le culte de la Vierge Marie, modèle absolu de toutes les femmes, s'imposait de la façon que l'on sait dans l'Europe chrétienne. Le symbolisme est clair : le Soleil est dispensateur de chaleur et de lumière, et c'est autour de lui que gravitent les astres qui lui doivent leur vie, leur mouvement. L'exemple d'Yseult la Blonde, image historicisée d'une ancienne déesse solaire, est là pour nous le prouver [illegible] certaines versions de la légende, Tristan ne pouvait pas vivre plus d'un mois sans contact physique avec Yseult, sinon, il perdait sa force et mourait. N'est-ce pas là l'indication que Tristan est un *homme-lune* tandis qu'Yseult est une *femme-soleil ?* Il en est de même dans la mythologie germano-scandinave. Quand le héros Sirgurd-Siegfried, après avoir tué le dragon Fafnir et son initiateur Regin, donc en possession de pouvoirs surnaturels, délivre la Valkyrie endormie, le mythe devient très précis, même si les trois ou quatre versions de l'épisode divergent sur des détails. Cette Valkyrie, revêtue d'une cuirasse guerrière, se trouve au milieu d'une forteresse entourée d'un rempart de flammes. Le héros franchit les flammes et délivre — ou conquiert — la Valkyrie. Et, par la suite, le destin de Siegfried-Sigurd sera lié indéniablement et inexorablement à celui de la Valkyrie, comme celui de Tristan est lié à Yseult la Blonde, après l'épreuve du philtre [1]. Le symbolisme est clair : la forteresse entourée de flammes est l'image du soleil, et la Valkyrie, qui se trouve au centre, est la déesse-soleil. Et comme on le sait, les Valkyries, ces « chercheuses de héros », sont essentiellement des femmes guerrières. Ce n'est peut-être pas sans rapport avec une des fonctions de la Vierge Marie à Chartres précisément. « Nous ne voyons pas que la Vierge de Chartres ait été jamais associée à la fertilité de la terre. Et, au contraire, nous constatons qu'elle a été une guerrière ; elle avait contribué à la victoire de Bouvines ; elle détermina Édouard III à signer la paix de Brétigny ; sa réplique de la porte Drouaise mit en fuite les Huguenots [2]. » Il

1. Voir J. Markale, *Siegfried ou l'Or du Rhin*, Paris, Retz, 1984.
2. E. Saillens, *Nos Vierges noires*, p. 199.

ne faut jamais oublier que Notre-Dame de Chartres est une Vierge triomphante.

C'est dire la complexité qui entoure le personnage divin solaire chez les Celtes. Cela pose d'ailleurs le problème d'une façon générale pour tous les Indo-Européens. Il n'est pas certain que, du moins à l'origine, les Grecs, et encore moins les Latins, aient eu un véritable dieu solaire. Chez les Germains, c'est encore plus vague, et il ne suffit pas de classer tel ou tel personnage comme un « héros solaire » pour résoudre l'énigme. Chez les Indo-Iraniens, la situation est tout aussi confuse, en dépit du Surya indien d'introduction récente, et d'Ahura-Mazda, qui est surtout la Lumière ontologique opposée à Arhimane le ténébreux, dans le cadre du système philosophique zoroastrien. Le Mithra de l'époque romaine, le *sol invictus,* n'a plus rien à voir avec le Mithra védique, et il se contente d'emprunter au soleil son symbolisme. Quant aux Scythes, demeurés beaucoup plus archaïques, ils avaient une *déesse solaire,* la fameuse et cruelle « Diane scythique » qui anime la légende d'Oreste et d'Iphigénie, et dont les Grecs ont fait leur Artémis, en adoucissant considérablement son caractère et surtout, par une sorte de transfert astrologique, en lui donnant les traits d'une déesse lunaire. Il n'existe pas chez les Indo-Européens de mythe comparable à celui d'Osiris. Est-ce à dire que le culte solaire n'est pas d'origine indo-européenne ?

Il est difficile de répondre de façon catégorique. Il semble bien que le culte solaire, d'origine nordique, soit surtout le fait des populations antérieures aux Celtes, en particulier les constructeurs de mégalithes et les peuples de l'Âge du Bronze. En tout cas, il est prouvé, grâce à des trouvailles archéologiques, que ce culte solaire était particulièrement florissant sur les bords de la Baltique, pendant tout l'Âge du Bronze. On peut donc émettre des hypothèses. On a dit ainsi que Bélénos « pourrait bien être le représentant celtisé de la religion solaire de l'Âge du Bronze » [1]. Et le

---

1. Guy Rachet, *La Gaule celtique, des origines à 50 av. J.-C.,* Paris, 1975, p. 148.

fameux Temple de Stonehenge, en Grande-Bretagne, qui date des derniers temps du Néolothique et a été aménagé pendant l'Âge du Bronze, est assurément un bon exemple de cette dévotion archaïque à l'astre du jour [1]. Mais en dehors des preuves matérielles de l'existence de ce culte, nous ne savons strictement rien des implications métaphysiques qui le justifient.

Ce Bélénos gaulois, qui semble si important, a une sorte d'équivalent féminin, *Bélisama* (très brillante) qui a laissé des traces dans la toponymie, ne serait-ce que dans le Perche, à Bellême (Orne), non loin d'une source sacrée dans la forêt, source dédiée à des « dieux infernaux ». A Vaison-la-Romaine, dans le pays des Gaulois Voconces, on a découvert une inscription en caractères grecs à *Bélisami*. A Saint-Lizier (Ariège), important centre religieux du Moyen Âge, une autre inscription, en latin cette fois, fait de Bélisama le surnom de Minerve. Mais à Bath, en Grande-Bretagne, endroit célèbre par le culte des eaux, on vénérait, au temps des Britto-Romains, une déesse du nom de *Sul*, que Solin assimile également à Minerve, en précisant qu'une flamme perpétuelle brûlait dans son temple, ce qui n'est pas sans rappeler le feu qu'on entretenait à Kildare (Irlande) en l'honneur de la déesse Brigit, plus tard, dans l'abbaye chrétienne, en souvenir de sainte Brigitte. De toute évidence, Sul est un des noms du soleil et désigne une déesse-soleil. Alors, pourquoi Minerve, laquelle, on le sait, fait partie des cinq divinités gauloises citées par César dans ses *Commentaires ?* On a proposé d'y voir un rapport avec l'éclat du feu, Minerve, fille du dieu du ciel, personnifiant l'éclair. Ce n'est pas très convaincant. Il vaudrait peut-être mieux envisager le problème sous l'angle de la Minerve celtique, qui est incontestablement la Brigit irlandaise, et qui est une *déesse triple*, c'est-à-dire à trois visages ou à trois noms, usage très commun aux Celtes, notamment les Gaulois, qui représentaient toujours leurs déesses-mères (les *matronae*) par groupe de trois. Or, cette triple Brigit, fille

---

1. Voir, dans la même collection, *Carnac et l'énigme de l'Atlantide*, Paris, 1987.

de Dagda, est à la fois Boann (la Boyne, rivière divinisée), Bodbh (la corneille) et Morrigane (« la grande reine », déesse de l'amour et de la guerre). Mais en tant que Brigit (« la puissante »), elle est aussi Étain (la renaissante) et Macha (la déesse cavalière). Et ce qui est intéressant, ce sont les fonctions de cette divinité : elle est à la fois poétesse (donc druide), guerrière et maîtresse des sciences et des techniques. Elle recouvre donc à elle seule *toutes les fonctions* indo-européennes. S'il y a une image qui a provoqué l'élaboration de la Théotokos, c'est bien celle de Brigit : la puissante Déesse au caractère solaire et lumineux, dispensatrice de connaissance, de force et de sagesse, n'est-elle pas, sur un plan métaphysique, l'exact correspondant de cette Vierge Marie rayonnante, triomphante et « Trône de la Sagesse », qu'on a tenu à représenter à Chartres ?

Cela donne toute son importance à l'itinéraire de Gargantua, tel qu'il nous est parvenu dans ce récit anonyme du XVIe siècle, mais qui transpose une longue suite de traditions remontant très loin dans ce que certains appellent une mythologie française, et qui est en réalité d'essence celtique. Gargantua, présenté comme un héros civilisateur, n'en perd pas moins son caractère ambigu : il construit, mais il détruit. Or c'est exactement la caractéristique du Dagda irlandais, qui est son équivalent. Dagda possède en effet une massue d'un genre très spécial : lorsque le dieu frappe par un bout de cette massue, il tue son adversaire. Mais s'il frappe un mort par l'autre bout de cette massue, il le ressuscite. Belle image de l'ambivalence des divinités ! Et Dagda-Gargantua, au cours de son itinéraire — qui pourrait être un véritable pèlerinage aux sources — institue en quelque sorte des sanctuaires : Tomblaine, Saint-Benoît-sur-Loire, Cléry, près d'Orléans (où il y a eu une célèbre Vierge Noire), Chartres, Mortagne-au-Perche, non loin de Bellême, avec la butte de Chartrage, Sées (où était vénérée une célèbre statue de Notre-Dame), Carrouges, où, comme dans tout carrefour, une Hécate devait protéger les voyageurs nocturnes, Domfront (où se trouve une très belle église romane de Notre-Dame-sur-l'Eau), Mortain, avec le souvenir du mystérieux « saint » Gorgon, le Mont-Saint-Michel enfin, cet ancien Tombelaine. Cet itinéraire-pèlerinage suit la course du soleil. Gargantua donne à son parcours une coloration lumineuse. Et, en passant à Chartres, il établit la *clairière,* c'est-à-dire la *Beauce,* avec tout ce que cela comporte de connotation avec le grand sanctuaire central de la Gaule dans le pays des Carnutes, ces « Hommes des Tertres », qui, de tous temps, ont conservé à la fois le souvenir des défunts inhumés dans les tertres, et les rituels complexes d'évocation du divin.

Gargantua est un héros lumineux, image folklorisée d'un ancien dieu qui apporte aux hommes non seulement la lumière du soleil, mais la lumière de l'Intelligence, le Feu divin, ce Feu secret des Alchimistes. Gargantua est le dieu boiteux des vieilles mythologies indo-européennes. Mais la tare physique qui le caractérise magnifie en quelque sorte sa puissance et sa capacité d'être le plus rapide, le plus habile, de la même façon qu'Odin, le borgne, était le Voyant par excellence, celui qui voit *ailleurs*. Dans la statuaire des chapelles de Bretagne armoricaine, le barde aveugle saint Hervé est souvent représenté conduit par un chien qui le guide matériellement, mais il tient à la main un livre. Et il est capable de lire ce Livre, car il s'agit d'un livre immatériel, symbole de la Sagesse et de la Connaissance intérieure. De la même façon, il faut peut-être comprendre la Vierge Noire comme affligée d'une tare apparente qui masque et magnifie d'autant mieux sa puissance. Si elle est revêtue de noir, n'est-ce pas pour mieux faire comprendre qu'en elle est contenue la Lumière ?

La cathédrale de Chartres répond à cette question par l'affirmative, car tout est ici conçu, bâti et organisé pour que brille la divine Sagesse, celle qui se trouve cachée sous les traits obscurs de la Vierge. On a beau ouvrir des portes pour pénétrer à l'intérieur du sanctuaire, il faut bien se résoudre à admettre qu'en définitive, ce n'est pas le plus important : car il y a toujours une porte *en dedans*. L'invitation des constructeurs de Chartres est donc très nette : cherchez la porte *réelle,* celle de la Lumière.

III

NOTRE-DAME DE SOUS-TERRE

A Chartres, si la statue dite Notre-Dame du Pilier est la plus ancienne, et si elle est une Vierge Noire, c'est cependant Notre-Dame de Sous-Terre qui excite le plus l'imagination, et en tout cas la piété des fidèles. Car la date récente de la statue visible dans la crypte de cathédrale ne peut faire oublier que c'est Notre-Dame de Sous-Terre qui, parallèlement à la relique dite « Chemise de la Vierge », a provoqué, dès le haut Moyen Âge, la piété populaire et le succès du pèlerinage.

Il va sans dire que l'appellation « Notre-Dame de Sous-Terre » n'est pas étrangère à cette notoriété. Il y a là quelque chose de mystérieux et de secret, non pas tellement parce qu'on peut se livrer à de nombreux commentaires sur la possible découverte, dans une grotte, d'une statue remontant à la plus haute antiquité, mais parce que cette notion *souterraine* parle à l'inconscient collectif. La Vierge est le modèle et l'exemple le plus parfait de la Mère. Quoi donc de plus normal d'y associer le « souterrain », la grotte, qui est le symbole féminin et maternel le plus courant, le plus répandu, et finalement le plus concret qui soit pour rendre compte que l'humanité est fille de la Terre-Mère ?

Pourtant, tout ce qui concerne Notre-Dame de

Sous-Terre se perd dans un flou artistique du plus bel effet, et les historiens, aussi bien que les théologiens, ont bien du mal à se repérer dans un labyrinthe qui, sans aucun jeu de mots, risque de rester aussi énigmatique que celui qu'on peut voir sur le pavage de la cathédrale actuelle. Si l'on a fait de Gargantua une sorte de pèlerin de la Beauce, lui qui est l'image d'une ancienne divinité celtique bien antérieure au Christianisme, il faut bien admettre que son passage à Chartres ne pouvait être dû au hasard. Et si le clergé chartrain, au cours du Moyen Âge, et même après, a fait tout ce qu'il fallait pour accréditer l'idée que Notre-Dame de Chartres n'était pas une Vierge comme les autres, qu'elle était unique et surtout qu'elle était « préchrétienne », c'est bien parce qu'il avait en sa possession des éléments peut-être mystérieux et secrets, mais néanmoins significatifs d'un état de fait parfaitement historique. Que ces éléments aient été douteux et tout au moins suspects de paganisme, c'est incontestable. Que ces éléments « païens » aient été récupérés et transposés parce qu'on ne pouvait les extirper de la mémoire populaire ancestrale, c'est absolument hors de doute. La statue de Notre-Dame de Sous-Terre, quoi qu'on puisse en dire, quelle que soit son origine exacte, quelles que soient les motivations qui ont conduit le clergé à la magnifier, pose certains problèmes qui touchent autant l'histoire des religions et la doctrine religieuse elle-même que l'archéologie ou l'histoire proprement dite.

Pour examiner ces différents problèmes, il faut recourir aux textes, et chercher parmi ceux-ci, sinon les plus fiables (il ne peut y avoir, dans le domaine religieux, aucune fiabilité scientifique), du moins les plus anciens : ils peuvent éclairer utilement les tenants et les aboutissants d'un culte marial qui a une réalité historique, même si cette réalité ne peut être prouvée qu'en des périodes relativement récentes.

Or, c'est un document de 1389 seulement, document connu sous le titre de *Vieille Chronique,* qui nous atteste, de façon formelle, le culte rendu à Notre-Dame de Sous-Terre. Il s'agit d'un recueil de traditions concernant les origines de Chartres, écrit par un clerc anonyme, sur ordre de l'évêque d'alors, Jean Lefèvre [1]. Dans le manuscrit du *Cartulaire de Chartres,* ce texte est intercalé entre une liste de miracles survenus dans la cathédrale et un obituaire. Le but de l'évêque de Chartres était de couper court aux légendes qui circulaient à cette époque et de faire en quelque sorte le point de la situation, tout au moins officiellement, et dans la plus pure orthodoxie. L'auteur prétend avoir interrogé les vieilles personnes qui lui ont dit que l'église de Chartres avait été fondée bien avant la naissance du Christ, en l'honneur d'une Vierge sur le point d'enfanter un sauveur. Ces mêmes personnes ont ajouté qu'un prince du pays, approuvant cette fondation, avait fait faire pour l'église l'image d'une Vierge tenant un enfant dans son giron, laquelle avait été placée dans un lieu secret, à côté des idoles, et vénérée aussitôt par tous les gens d'alentour, les *pontifes des idoles* présidant aux cérémonies qui se déroulaient à cet endroit. Il faut remarquer, car c'est très important, que le mot *druides* n'apparaît pas sur le manuscrit : il n'existe que sur un feuillet intercalé au XVIe siècle. Ce qui est sûr, c'est que ce manuscrit de 1389 fait état d'une dévotion mariale *antérieure au Christianisme,* et précise que cette dévotion était parallèle au culte des idoles.

Il n'est pas inutile de signaler que, quelques décennies avant la rédaction de cette *Vieille Chronique,* en 1322, les chapitres de presque toutes les églises du royaume de France avaient soutenu, devant le pape Jean XXII, les prétentions de l'église de Chartres à être la plus ancienne de toute la France. On en arrivait même à déclarer : « Attendu que la Bienheureuse Vierge, mère de Dieu, avait élu pour temple vénérable, lorsqu'elle vivait parmi les hommes, l'église de Chartres... » C'est assez incroyable quand on songe que nombre d'églises ou de monastères de l'époque se disputaient entre eux pour affirmer leur antériorité.

---

1. Le titre exact est : « *Tractatum de aliquibus nobilitatem Carnotensis ecclesiae tangentibus* », c'est-à-dire « Traité de certaines choses touchant la noblesse de l'église des Carnutes ». Voir M. Jusselin, *Les traditions de l'église de Chartres,* Société archéologique d'Eure-et-Loir, *Mémoires,* XV, pp. 1 et suiv., ainsi que pp. 100 et suiv.

Que signifie donc le consensus autour de Chartres ? Oubliait-on que la première église des Gaules avait été celle de Lyon ? Il fallait, pour présenter de telles revendications, avoir, sinon des preuves historiques, du moins des arguments confondants !

Tout cela est bien mystérieux. D'ailleurs, où se situe donc ce « lieu secret » dans lequel fut placée l'image de la Vierge sur le point d'enfanter ? Ce ne peut être que la crypte. « Les deux merveilles de Chartres étaient la Tunique de la Vierge (sa *chainze*), donnée par Charles le Chauve, et la crypte ; la première, simple relique, merveille toute chrétienne ; la seconde, reliquat du paganisme. Certes, les cryptes ne manquent pas en France, mais celle-ci était incomparable, car on y voyait un puits miraculeux de cent pieds de profondeur, et un caveau appelé Prison de saint Savinien et de saint Potentien, séparé du puits par une épaisse muraille percée d'un étroit passage. Dans ce caveau où les fidèles n'entraient pas, régnait, illuminée par des cierges, une petite image noire immémoriale [1]. » C'est beaucoup s'avancer que dire que cette image était noire, mais néanmoins, on peut poser comme hypothèse qu'effectivement une statue primitive — qui n'a rien à voir avec celle qui fut décrite par la suite — pouvait avoir été déposée dans une crypte, ou plutôt dans une grotte creusée de main d'homme ou naturelle. L'archéologue Merlet pensait, au début de ce siècle, qu'il y avait eu une arrière-crypte qui aurait pu servir de *martyrium* à une basilique primitive. Il ajoutait d'ailleurs : « Il y a de sérieuses raisons de croire que dans les premiers siècles de notre ère, il exista à proximité de la source sacrée un temple dédié à une divinité locale. » Pour appuyer son argument, Merlet cite à ce propos un historien chartrain du XVIe siècle, un nommé Duparc, qui rapporte que, de son temps, sous le grand autel de l'église, « s'est trouvé des vestiges des anciens autels des idoles ». Mais, au XVIe siècle, l'archéologue scientifique n'en était qu'à ses balbutiements : la question

1. E. Saillens, *Nos Vierges noires*, p. 197.

est de savoir si c'étaient des vestiges païens ou des substructures paléo-chrétiennes.

Le voisinage du puits est intriguant. « Des deux éléments mystérieux de la crypte, le puits et la statue, le puits était certainement le plus ancien. Il fut longtemps le plus puissant. Au XIe siècle, on l'appelait encore le Lieu Fort, *Locus Fortis*. Le jour où se fut constituée la légende suivant laquelle des chrétiens avaient été jetés dans ce puits... le nom devint le " Puits des Saints-Forts ", marquant un recul des souvenirs païens. Au XVIIe siècle, le puits et la " prison " étaient enfin englobés dans l'appellation " les Saints-Lieux-Forts " [1]. » Mais au XVIIe siècle, nécessairement avant la date de 1655, le puits fut comblé, sans doute pour éviter des rituels jugés trop païens, et la « prison » fut close d'un mur si épais qu'il cachait l'ouverture du puits.

Il a fallu attendre 1901 pour que, au cours de fouilles systématiques des sous-sols de la cathédrale, le puits fût retrouvé par l'archéologue René Merlet. Il s'agit bien de celui auquel font allusion les textes anciens. Il est situé dans la galerie nord de la crypte du XIe siècle, dite de Fulbert, dans la deuxième travée rectiligne à partir du couloir courbe qui correspond au déambulatoire de la cathédrale. Ce que l'on voit actuellement du puits date des premières années du XXe siècle, que ce soit sa margelle ou la niche qui l'abrite en partie. Car toute la partie supérieure avait été volontairement ruinée au XVIIe siècle. La section du puits était carrée à l'origine et mesurait 1,20 mètre de côté. Il s'achevait sur une sorte de cuvette ovoïde creusée dans un lit de silex. Il a été creusé sans revêtement de maçonnerie, dans le tuf très résistant formé par la couche supérieure du calcaire de la Beauce. D'après des relevés topographiques récents, le fond du puits se situe un peu plus bas que le niveau de l'Eure, à peu près deux mètres demi. Et ce qui est important, ce puits, d'après René Merlet, rappelle étrangement ceux qui ont été retrouvés sur l'emplacement d'anciens oppidums gaulois.

---

1. E. Saillens, *Nos Vierges noires*, pp. 197-198.

L'appellation de Lieu-Fort viendrait, toujours selon Merlet, du voisinage des fortifications gallo-romaines. Le site sur lequel est bâtie la cathédrale pourrait bien être l'emplacement d'une de ces forteresses gauloises, le chevet du sanctuaire étant bâti au point culminant du tertre, à 155 mètres d'altitude. On sait, par le témoignage de différents auteurs chartrains, que les habitants de la ville avaient la plus grande confiance dans la vertu de l'eau de ce puits. Du XIe au XIIIe siècle, et même plus tard encore, on venait faire des neuvaines dans la galerie septentrionale de la crypte où l'on avait établi, à proximité de l'autel de la Vierge et du puits, une sorte d'hôpital pour y recevoir les malades et les infirmes. On désignait cet hôpital sous le nom d'Hôpital des Saints-Lieux-Forts. On sait aussi que Fulbert fut guéri du « mal des ardents » après avoir bu l'eau de ce puits miraculeux, ce qui expliquerait qu'il ait voulu enclore dans la crypte de la cathédrale nouvelle ce puits qui, jusqu'alors, était en dehors des murs.

Vers la fin du XIIe siècle, l'appellation de « Puits des Saints-Forts » a prévalu. C'était évidemment sous l'influence de la légende concernant saint Savinien et saint Potentien, ainsi que les fondateurs supposés de l'église chartraine. Les premiers chrétiens convertis auraient été jetés dans ce puits. Une autre version fait remonter ces faits, nous l'avons vu, à l'époque de l'invasion des Vikings. Tout est flou dans cette tradition du Puits-Fort, mais il faut bien considérer que bien avant qu'on eût songé à le mettre sous le patronage des Saints-Forts, le puits était déjà considéré comme miraculeux, et l'on y venait en pèlerinage, d'après ce que raconte un chroniqueur de la fin du XIe siècle, le moine Paul, de tous les horizons du pays chartrain, ce qui suppose une antiquité remontant certainement au paganisme.

D'ailleurs, le pays chartrain n'est pas peu riche en fontaines et sources sacrées. Dans son ouvrage sur *La Religion des Gaulois,* Alexandre Bertrand en compte quarante-quatre dans tout le département d'Eure-et-Loir. Et il ajoute ce commentaire (p. 198) : « Il est bien remarquable que la majorité des sources du pays chartrain, ancien centre du Druidisme, soient situées dans les villages, anciennes dépendances d'abbayes dont les abbés n'auraient pas toléré ces superstitions s'ils ne les avaient pas trouvées à l'état de traditions sacrées... Plusieurs de ces sources devinrent des baptistères ; sur d'autres s'élevèrent des chapelles et des églises. Ici la source est sous le porche, là sous la chaire, ailleurs sous le maître-autel lui-même. » C'est vraisemblablement ce qui s'est passé à Chartres. Et c'est ainsi que la Madone chartraine devint, selon le mot de René Merlet, « pour les Français du nord la Vierge par excellence, distincte de toutes les autres ».

Il y a cependant là quelque chose de bizarre. « Le puits était considéré à tort ou à raison comme respectable et suffisamment lié à l'histoire religieuse de Chartres, pour que, lors de reconstructions successives, au Moyen Âge, on ait décidé de le conserver, malgré les difficultés techniques rencontrées. D'autre part, si ses vertus miraculeuses étaient reconnues, on ne comprend pas qu'il ait été détruit au XVIIe siècle, justement à une époque où l'on s'ingéniait à voir partout la marque de l'Antiquité [1]. » Oui, on ne comprend pas.

Il faut donc en revenir à cette statue de Notre-Dame de Sous-Terre. Une anecdote historique ne manque pas d'être surprenante. Aux environs de 1013, un écolâtre chartrain du nom de Bernard, qui avait été l'élève de Fulbert, et enseignait lui-même à Angers, visitait le Midi occitan en compagnie d'un autre clerc du nord. Or, à Aurillac et à Conques, il fut, nous dit-on, horriblement choqué de voir dans les églises d'autres images que celle du Crucifié, offertes à la vénération des fidèles. Son compagnon et lui s'indignent et adoptent en fait la même attitude que le Gaulois Brennus pénétrant dans un temple grec et s'esclaffant devant la représentation des dieux. Et ils prononcent même le mot d'idolâtrie.

La réaction des deux clercs semble très significative : s'ils s'offusquent de voir des représentations de

---

1. J. Villette, « Ce que nous savons du puits de la grotte de la cathédrale », *Notre-Dame de Chartres*, n° 22, 1975, p. 18.

la Vierge à Aurillac et à Conques, c'est qu'il n'y en a pas dans les sanctuaires qu'ils ont l'habitude de fréquenter, autrement dit à Chartres en particulier. Cela veut dire qu'au début du XIe siècle, à Chartres, il n'existait pas de statue de Notre-Dame de Sous-Terre, pas plus que d'autres images de la Vierge Marie d'ailleurs. Il est fort possible que le clergé de cette époque, tout au moins dans la France du nord, fût encore dans l'état d'esprit qui animait l'Église gallicane au temps de l'empereur Louis le Pieux. La seule dévotion officiellement admise à Chartres était celle d'une relique, la « Chemise de la Vierge ». L'écolâtre Bernard considérait donc comme inexistante la dévotion que certains pouvaient rendre à un puits et à une statuette situés *en dehors de l'enceinte du sanctuaire*. Mais l'on sait d'autre part que Bernard, ayant visité Conques plusieurs fois, fut témoin de miracles, qu'il en fut très ému, et qu'il revint de son voyage beaucoup mieux disposé envers la sculpture dans les églises. De plus, après l'incendie de la vieille cathédrale carolingienne, le puits et la statue furent englobés dans la crypte de la cathédrale, par la volonté de Fulbert, lui-même guéri miraculeusement par l'eau du puits. Et, pour la décoration du nouvel édifice, on fit appel à des artistes qui avaient travaillé à Moissac, ce qui laisse supposer que désormais, à Chartres, la statuaire était admise à l'intérieur des sanctuaires.

L'archéologie contemporaine penche pour l'existence d'une statue de Notre-Dame de Sous-Terre antérieure au début du XIe siècle, c'est-à-dire à l'époque de Fulbert. « Ce culte, rendu simultanément à une statue et à un puits d'aspect très archaïque, existait dès le IXe siècle ; antérieurement, les renseignements écrits font défaut... La cathédrale aurait été, à l'exemple de tant d'autres églises, élevée sur l'emplacement d'un sanctuaire païen. Quant à la statue de la divinité honorée dans ce sanctuaire, si elle ressemblait à l'image de la Vierge devant enfanter, c'est qu'elle appartenait vraisemblablement au groupe des déesses-mères, dont certains spécimens font songer à un simulacre de la Mère de Dieu assise et allaitant l'Enfant divin [1]. » Pourquoi pas ? Mais ce que Merlet ignorait, ou plutôt ce qu'il n'a pas remarqué, c'est que le fameux groupe des déesses-mères, dont on peut voir de multiples exemplaires dans tous les musées d'Europe, n'est pas gaulois, mais gallo-romain. Si la statue primitive de Chartres datait du temps des Druides, ce qu'indique la tradition locale, ce ne pouvait pas être une statue de déesse-mère gallo-romaine datant d'une époque où les Druides, pourchassés et pratiquement interdits d'enseignement, avaient presque tous disparu. Ce n'est pas une hypothèse, mais une réalité : *les Celtes du temps de l'indépendance n'ont jamais représenté leurs dieux sous forme humaine ;* les témoignages de César, de Diodore de Sicile et de Lucain sont suffisamment probants sur ce point pour qu'on ne puisse les discuter.

La seule possibilité serait que ce soit un groupe plastique de l'époque gallo-romaine, ce qui ne veut pas dire que l'esprit de cette sculpture n'ait point été gaulois. Simple question de datation, mais elle est importante dans la mesure où l'on met en cause les Druides dans l'érection de cette *Virgo Paritura*. Et cela ne met aucunement en doute l'existence, à Chartres, sur l'emplacement de la cathédrale actuelle, ou sur l'emplacement de la crypte, d'un sanctuaire païen dédié à une divinité féminine maternelle. Après tout, l'un des Pères de l'Église, Justin, déclare dans sa *Première Apologie* (LXIV, 1) que, même à son époque, « on élève près des sources la statue de la vierge Korê et dont on fait la fille de Zeus ; c'est là invention de démons ». La référence diabolique est classique en de telles circonstances, mais c'est bien là une indication précieuse : les païens (Grecs en l'occurrence) érigeaient des statues à des divinités féminines près des sources. Par-delà se profile tout le culte des fontaines sacrées. Par-delà se révèle la continuité des cultes quelle que soit l'idéologie dominante. Et l'on n'oubliera pas de remarquer que, pour un Père de l'Église, pourtant conscient de raconter des « diableries », Korê est une *vierge*. Faudrait-il sous-entendre que la notion

1. R. Merlet, *La Cathédrale de Chartres*, Paris, 1909, pp. 9-11.

de Vierge accolée comme il se doit à Marie n'est pas une notion chrétienne, mais qu'elle existait depuis bien longtemps dans toutes les religions qui ont précédé le Christianisme ? Assurément oui, et nous le savons, même si notre jugement est perverti par l'usage immodéré du mot « vierge » dans son sens le plus étroit, c'est-à-dire de femme qui n'a jamais été pénétrée par un homme. Le Christianisme, en accentuant la « virginité » de Marie, et en la réservant à la notion exclusivement physique, a dénaturé complètement le sens du mot qui, rappelons-le, se réfère à une racine (celle du latin *vir* et *vires*) qui signifie seulement « fort » ou « puissant ». Et pourtant, à Chartres même, tout est mis en place, dans la cathédrale, pour mettre en valeur cette *puissance* incomparable de la Vierge Marie. Alors, pourquoi ne pas reconnaître que la dévotion à Marie, mère de Jésus, a pu succéder à une dévotion à une Vierge puissante, mère d'un dieu sauveur ou régénérateur de l'univers ? Sans aller chercher Korê (Proserpine), fille de Déméter (Cérès) et les mystères d'Éleusis, on peut supposer que, chez les Celtes, avant l'occupation romaine, existait la même croyance en une entité divine féminine dispensatrice d'abondance et de prospérité, tant spirituelles que matérielles. Le tout est de savoir si cette entité divine était représentée par une statue figurative et réaliste qui serait gallo-romaine, ou par un de ces *simulacra* dont parlent César et Lucain, c'est-à-dire par un pilier de bois ou de pierre informe mais chargé de toute une *aura* mystique.

Toujours d'après René Merlet, la statue dont il est fait mention en 1389 paraît, selon les descriptions qui en ont été faites, avoir été « d'un travail très barbare », peut-être même « la réplique d'une œuvre plus ancienne. On ne peut s'empêcher d'être frappé par les analogies qu'elle présentait avec certaines figurines gallo-romaines, je veux parler de ces statuettes en terre cuite ou même en bois, qui ont été découvertes à différentes reprises en notre pays » [1]. Oui, mais les figurines en terre cuite sont de dimensions très

---

1. R. Merlet, *La Cathédrale de Chartres*, p. 7.

réduites et ne peuvent convenir à un culte public : la plupart du temps, ces statuettes étaient des objets d'art réservés aux particuliers, ou bien ornaient les autels domestiques de certains foyers [1]. « Cette réplique reproduisit sans doute dès l'origine la couleur de son antique modèle, attendu qu'elle était de poirier [2], le seul bois de chez nous qui se laisse noircir parfaitement. Autour de la Majesté noire, dont l'origine païenne n'était pas tout à fait oubliée, une légende se forma qui arrangeait tout ; cette légende d'ailleurs n'impliquait rien qui fût contraire au dogme : l'Église a toujours cru à une révélation primitive. Il peut seulement être expédient ou non d'en sauvegarder les symboles préchrétiens [3]. » Mais on ne peut trancher, car si Notre-Dame du Pilier est indubitablement une Vierge Noire, il n'a jamais été prouvé que Notre-Dame de Sous-Terre fût de même nature.

C'est ici qu'il convient de recourir aux plus anciens témoignages descriptifs. Si, dans la *Vieille Chronique* de 1389, il n'était fait aucune mention des Druides, les voici qui surgissent en force à la fin du XVIe siècle. Il est probable que le goût de l'Antiquité classique mis à la mode par les hommes de la Renaissance n'avait pas empêché ceux-ci de s'intéresser aux vestiges « gaulois ». Du Bellay avait vanté les mérites des vieilles épopées nationales du Moyen Âge, au nom de la « défense et l'illustration de la langue française ». Bonaventure des Périers, Marguerite de Navarre, Noël du Fail, Rabelais et bien d'autres auteurs demeurés anonymes, avaient puisé largement dans le fonds traditionnel colporté dans les campagnes françaises. Et surtout, les monuments megalithiques commençaient à intriguer sérieusement les intellectuels qui y voyaient bien entendu des constructions préromaines, donc gauloises, et qui imaginaient les dolmens comme de

1. Il y a des exemples nombreux de culte domestique, en particulier dans les soubassements des maisons qui ont été fouillées à Alise-Sainte-Reine. Mais ces figurines en terre cuite portent la marque de la romanité, même si elles peuvent exprimer une conception celtique très différente.

2. Cela n'est aucunement prouvé, mais c'est une hypothèse tout à fait plausible.

3. E. Saillens, *Nos Vierges noires*, p. 61.

grandes tables à sacrifices sanglants, alors que le peuple continuait à les croire des « tables de géants » ou autres « crottes de Gargantua ». Et donc, à l'époque d'Henri IV, en 1609 très exactement, un certain Rouillard publie un curieux ouvrage sur les antiquités chartraines qu'il intitule *Parthénie,* comportant d'ailleurs un frontispice qui représente la *Virgo Paritura* dans la grotte des Druides, tout près du Puits des Saints-Forts, avec de curieux personnages agenouillés qui évoquent soi-disant des Druides. Rouillard paraît très documenté sur les Druides et sur leurs coutumes, leurs rituels et leur système de pensée. Il identifie nettement et pour la première fois Chartres comme étant le sanctuaire central des Carnutes dont parle César, mais il établit une différence entre le sanctuaire lui-même et le « collège » druidique : « Quant à leurs écoles, elles étaient en la ville de Dreux et hameaux circumvoisins qui sont à l'entrée de la forêt, appelés encore dès à présent les maisons des Druides ; car ils avaient choisi telles solitudes, comme éloignées du bruit et accès populaire, conséquemment plus propres pour vaquer à l'étude de la Philosophie [1]. »

Bien que tout cela résulte d'une fausse étymologie du nom de Dreux, que Rouillard fait dériver du mot Druides (en réalité, c'est le nom du peuple des Durocasses, clients des Carnutes), rien ne s'oppose à ce que la forêt de Dreux ait abrité des écoles druidiques. Ce serait même tout à fait probable, et les vestiges de l'époque celtique découverts dans la forêt de Dreux et aux alentours immédiats, notamment à Fort-Harrouard, ne pourraient qu'appuyer cette hypothèse. De plus, il est intéressant de constater qu'au XVIe siècle, on voulait différencier le sanctuaire, réservé au culte et aux assemblées, et l'école, havre de paix et de tranquillité tout à fait favorable aux longues études qui attendaient les apprentis druides. Mais Rouillard est vraiment le premier, également, à signaler que la statue vénérée dans la cathédrale de Chartres est due aux Druides. Il prétend même qu'elle fut érigée « cent ans avant la naissance de Notre-Seigneur ». Si tel était le

1. Rouillard, *Parthénie,* p. 26, v°.

cas, la statue en question ne serait point gallo-romaine, mais uniquement celtique, puisque les Romains n'avaient pas encore mis les pieds en « Gaule chevelue » (par opposition à la *Gallia Togata* qui était la *Provincia Romana,* autrement dit la « Narbonnaise »). Et, dans ces conditions, elle n'aurait point été figurative. Un autre historien du XVIIe siècle, Charles Challine, va beaucoup plus loin, prétendant que « d'aucuns veulent que cette image ait été consacrée à la Vierge plus de vingt siècles avant qu'elle fût venue au monde ». Cette exagération est intéressante dans la mesure où certaines traditions pouvaient faire remonter la statue à une époque de bien loin antérieure aux Celtes : dans ce cas, il faudrait envisager *une représentation féminine datant du Néolithique finissant, c'est-à-dire de l'époque mégalithique,* ce qui n'est pas le moins du monde absurde, comme on le verra. Cependant, pour un troisième historien, Savard, auteur d'une autre *Parthénie* restée inédite, c'est seulement deux siècles avant la naissance de Marie que l'érection de la statue a eu lieu. Cela nous renvoie nettement aux Druides. Mais il y a un curieux détail dans le texte de Savard. Il nous apprend en effet que, lorsque les prophéties furent accomplie, trois chartrains, « un lévite druide, un jursconsulte et un édile », furent envoyés vers Marie. Il est étrange de reconnaître dans ces trois ambassadeurs les représentants des trois fonctions indo-européennes. *Et cela pose d'ailleurs certaines questions sur les fameux Rois Mages :* étaient-ils *seulement* des Perses, ou n'était-ce pas plutôt des prêtres et des philosophes appartenant à divers peuples et à diverses religions ? Étant donné que dans la plupart des textes de l'Antiquité classique, les Druides sont souvent nommés « philosophes » ou « mages », on est en droit de soutenir l'hypothèse qu'il y avait des Celtes parmi les Rois Mages.

Cela dit, les trois ambassadeurs chartrains, selon Savard, se seraient ainsi adressés à la Vierge Marie : « Vous saurez donc, illustre Dame, que nos pères érigèrent un autel dans une forêt antique, taillèrent une image d'une fille qui tient un enfant entre ses bras, et le dédièrent à une Vierge qui devait enfanter ; et afin que la postérité en conservât l'heureuse mémoire, ils ajoutèrent cet écrit : *Virgini Pariturae* [1]. » Et l'on sait d'autre part que cette fameuse dédicace ne se trouvait pas sur la statue elle-même, mais sur le socle.

Un autre témoignage est dû au chanoine Estienne, celui qui voulut établir une méridienne à l'intérieur de la cathédrale et plaça trois clous de cuivre dans le labyrinthe. Ses préoccupations scientifiques ne l'empêchaient pas de rêver sur les Druides. Il était d'ailleurs beaucoup moins « innocent » qu'il ne paraît à première vue, car, dans un texte qu'il écrivit en 1682, il prit grand soin de décrire « les endroits où les Druides faisaient leurs sacrifices ». Ses sources sont les auteurs grecs et latins, et il s'inspire particulièrement de Lucain, dont un passage de *La Pharsale* semble avoir concentré son attention : « Il y avait un bois sacré qui, depuis un âge très reculé, n'avait jamais été profané. Il entourait de ses rameaux entrelacés un air ténébreux et des ombres glacées, impénétrables au soleil. Il n'est point occupé par les Pans, habitants des campagnes, les Sylvains, maîtres des forêts ou les Nymphes, mais par des sanctuaires de dieux aux rites barbares ; des autels sont dressés sur des tertres sinistres et tous les arbres sont purifiés par le sang humain. S'il faut en croire l'Antiquité admiratrice des êtres célestes, les oiseaux craignent de percher sur les branches de ce bois et les bêtes sauvages de coucher dans ces repaires ; le vent ne s'abat pas sur les futaies, ni la foudre qui jaillit des sombres nuages. Ces arbres qui ne présentent leur feuillage à aucune brise inspirent une horreur toute particulière. Une eau abondante tombe des noires fontaines. Les mornes statues *(simulacra)* des dieux sont sans art et se dressent, informes, sur des troncs coupés. La moisissure même et la pâleur qui apparaît sur les arbres pourris frappent de stupeur. Ce que l'on craint ainsi, ce ne sont pas les divinités dont une tradition sacrée a vulgarisé les traits, tant ajoute aux terreurs de ne pas connaître les dieux qu'on doit redouter ! Déjà la renommée rap-

---

1. *Mémoires de la Société archéologique d'Eure-et-Loir*, VI, p. 64 (article de A. Lecocq, intitulé *Recherches sur une ambassade chartraine à Nazareth*).

portait que des tremblements de terre faisaient mugir le fond des cavernes, que des ifs courbés se redressaient, que les bois, sans brûler, brillaient de la lueur des incendies, que des dragons, enlaçant les troncs, rampaient çà et là. Les populations n'en approchent pas pour célébrer leur culte sur place, elles l'ont cédé aux dieux. Que Phébus soit au milieu de sa course ou qu'une nuit épaisse occupe le ciel, le prêtre lui-même en redoute l'accès et craint de surprendre le maître de ce bois » (*Pharsale,* III, v. 399-425). Nous voici en pleine fantasmagorie : le *nemeton* est un endroit hors du Temps et de l'Espace, et surtout en dehors du monde habituel. C'est là que le Sacré se manifeste, mais seulement à ceux qui y ont accès, c'est-à-dire les prêtres. Et Lucain insiste bien sur le fait que les statues des dieux sont informes. Il en donne même l'explication : une divinité dont on ne peut visualiser les traits est beaucoup plus mystérieuse, donc elle est davantage crainte et vénérée. C'est la confirmation du refus des Celtes de fixer dans le concret ce qui est incommunicable, ineffable et incompréhensible, l'infinitude de Dieu. Une telle conception ne pouvait que rendre le clergé chrétien sensible à la religion druidique. Mais, on le sait, le peuple a besoin de concret. Le peuple veut des images qui servent de support matériel à ses méditations ou à ses prières.

C'est donc là, dans ces « sinistres bois sacrés », près de fontaines jaillissantes, que les « antiquaires » du XVIIe siècle vont opérer cette subtile synthèse entre l'antique Druidisme et le Christianisme triomphant. Le chanoine Estienne affirme que « ce fut en ces lieux que les mages de l'Antiquité élevèrent cette belle figure en l'honneur d'une Vierge qui devait enfanter, plus de trois ou quatre cents ans avant sa naissance » [1]. Si l'on comprend bien, la dévotion à cette *Virgo Paritura* ne dispense pas de la dévotion aux autres divinités représentées par des *simulacra,* c'est-à-dire des piliers de bois ou de pierre. Tout cela est bien

1. L. Merlet, *Catalogue des reliques et joyaux de Notre-Dame de Chartres,* p. 171, d'après un manuscrit (G 403) des Archives Départementales d'Eure-et-Loir.

étrange, et un autre chanoine du même siècle, du nom de Souchet, prétendait que la croyance en cette statue de la Vierge érigée par les Druides était une « erreur populaire » [1]. Mais alors, pourquoi d'autres « antiquaires », qui de plus appartenaient au clergé, s'efforçaient-ils d'affirmer la réalité de cette statue et le patronage des Druides ? Il y a là une contradiction apparente. En fait, quelle que soit l'allure de la statue prêtée aux Druides, on ne peut douter qu'il ait existé quelque chose bien avant l'introduction du Christianisme, et dans le cadre de la religion druidique.

Les deux plus anciennes descriptions de la statue de Notre-Dame de Sous-Terre datent de la fin du XVIIe siècle. Ces descriptions concernent donc la statue telle qu'elle était à cette époque-là, et non point forcément la figure originelle, bien entendu. Mais cela peut donner une certaine idée de ce qu'on avait voulu vraiment représenter. La plus détaillée et la plus précise de ces descriptions est celle de l'historien Pintard. « La vénérable image qui s'y voit élevée dans une niche au-dessus de l'autel (dans la crypte) est faite de bois qui paraît être de poirier que la fumée des cierges et des lampes qui y sont journellement allumés peuvent avoir rendue couleur basanée. La Vierge y est représentée assise dans une chaise tenant son fils assis sur ses genoux qui de la main droite donne la bénéfiction et de la main gauche porte le globe du monde ; il a la tête nue et les cheveux courts ; la robe qui lui couvre le corps est toute close et replissée par la ceinture ; son visage, ses mains, et ses pieds qui sont découverts ont pris une couleur olivâtre brune ; la Vierge est revêtue par-dessus sa robe d'un manteau à l'antique en forme de dalmatique qui se retroussant sur les bras semble arrondi par le devant sur les genoux jusqu'où elle descend ; le voile qui lui couvre la tête porte sur les deux épaules d'où il se rejette sur le dos ; son visage est extrêmement bien fait et bien proportionné en ovale de même couleur que celui du Fils ; sa couronne est toute simple garnie par le haut de fleurons en forme de feuilles d'ache ; la chaise est à quatre

1. Souchet, *Histoire du diocèse de la ville de Chartres*, I, p. 172.

piliers dont ceux de derrière ont vingt-trois pouces de hauteur et ceux de devant dix-sept pouces, toute la figure a vingt-huit pouces neuf lignes de hauteur sur un pied de largeur [1] comprise la chaise ; toute la figure est creuse par-derrière comme si c'était une écorce d'arbre de trois pouces d'épaisseur grossièrement travaillée en sculptures sauf les visages qui sont bien finis [2]. »

Le chanoine Estienne donne une description à peu près identique de cette statue. Il ajoute cependant quelques détails : les feuillages de la couronne sont des feuilles de chêne ; la Vierge est chaussée, tandis que l'Enfant a les pieds nus ; enfin, les yeux de la Vierge sont fermés tandis que ceux de Jésus sont ouverts. Et le chanoine astronome de proposer cette curieuse interprétation : « Ces anciens philosophes (c'est-à-dire les Druides) n'ont représenté cette mère vierge avec les yeux clos que pour marquer que celle qu'ils honoraient sous cette figure n'était pas encore au monde, et ils n'ont ouvert les yeux de son enfant que pour faire connaître qu'ils le croyaient existant avant tous les siècles et de toute éternité. »

Cette réflexion est à la fois théologique et métaphysique. Elle en dit d'ailleurs long sur les motivations profondes du chanoine Estienne qui tenait tant à prouver une dévotion préchrétienne à la Vierge de la part des « philosophes » druides. Il s'agit ici de la reconnaissance que la Vierge est effectivement la première créature de Dieu, celle qui existe depuis que le monde est monde. Mais son existence est potentielle tant qu'elle n'accepte pas de recevoir l'Esprit saint et de concevoir l'Enfant-Dieu. Pour parler en langage philosophique, la Vierge Marie a toujours été *immanence,* ce qui est marqué par ses yeux fermés, et elle ne deviendra *permanence* qu'au moment où elle acceptera d'être la Mère de Dieu, moment où enfin elle pourra ouvrir les yeux. Quant à Jésus, étant Dieu, il

1. Ce qui fait approximativement une hauteur de 0,77 m sur une largeur de 0,32 m, le socle étant compris dans ces mensurations.
2. Pintard, *Histoire chronologique de la ville de Chartres,* manuscrit autographe, Bibliothèque Municipale de Chartres, N.A. ms. 29, p. 37.

est éternel, donc il assume à la fois l'*immanence* et la *permanence*.

L'idée est fort belle. Effectivement, le dessin qui accompagne le manuscrit du chanoine Estienne nous montre une Vierge aux yeux clos. Ce dessin date de 1682. On constate seulement que la couronne n'est pas de feuilles de chêne, mais de glands. Un an auparavant, un autre dessin, inséré dans le manuscrit de Pintard, était à peu près le même. Dû à un certain Claude Chauveau, ce dessin représente la Vierge non de face, mais légèrement de profil, vers la gauche. L'ensemble est inversé, ce qui indique que l'auteur l'avait fait pour servir de modèle à la gravure d'une planche. On possède également quelques exemplaires d'une gravure de la même époque et signée Leroux : là aussi, la Vierge a les yeux fermés, mais la couronne est ornée de feuilles de chêne. Quant à la copie de cette statue, celle qui se trouve actuellement au Carmel de Chartres, elle corrobore les descriptions de Pintard et du chanoine Estienne : la Vierge a les yeux clos et sa couronne est ornée de feuilles de chêne.

Mais alors, pourquoi, dans le frontispice de sa *Parthénie,* en 1609, Rouillard a-t-il fait représenter un groupe totalement différent ? On ne reconnaît plus rien. La Vierge est ornée d'un voile et sa tête est entourée d'une auréole, tandis que la tête de l'Enfant est nimbée de flammes. Jésus est d'ailleurs debout sur le genou gauche de sa mère. Et, bien entendu, le groupe se trouve sur une sorte de socle sur lequel se lit l'inscription « Autel des Druides », et l'ensemble est encastré dans l'ouverture d'une grotte, le Puits des Saints-Forts étant représenté tout à côté.

La Notre-Dame de Sous-Terre décrite par Pintard et le chanoine Estienne, et dessinée par plusieurs artistes du XVIIe siècle, appartient, par ses caractéristiques, au type même des Vierges de Majesté qui ont commencé à se répandre en France et en Europe au début du XIIe siècle. Il ne peut y avoir aucun doute là-dessus. C'est donc la preuve que cette statue n'était pas ancienne, et qu'elle remplaçait une autre image vénérée avant cette date. Pourquoi l'avait-on remplacée ? On peut supposer que la statue archaïque présentait trop de détails relevant du paganisme pour figurer dans un sanctuaire chrétien. Et Rouillard, en 1609, le savait fort bien, lui qui, dans son frontispice, procédait en quelque sorte à une idéalisation (et non pas à une reconstitution) de la figure primitive. Le frontispice de Rouillard est une sorte d'aveu : la statue vénérée à son époque en remplaçait une autre.

Alors la question se pose : comment était cette statue archaïque qui avait soi-disant été érigée par les Druides longtemps avant la naissance de Marie ?

D'emblée, on peut émettre deux réponses, lesquelles sont incompatibles, mais logiques, et de toute façon hypothétiques :

1. L'antique Notre-Dame de Sous-Terre était un groupe gallo-romain représentant une Déesse-Mère gauloise tenant son enfant sur ses genoux. Mais, dans ce cas, il ne peut y avoir aucune référence aux Druides, car les Druides n'officiaient plus, du moins ouvertement et officiellement, dans la Gaule romaine.

2. L'antique Notre-Dame de Sous-Terre était une sorte de *simulacrum,* c'est-à-dire une « idole » de bois ou de pierre érigée au temps de la Gaule indépendante par les Druides. Mais, dans ce cas, cette idole ne pouvait pas être anthropomorphique et l'on ne pouvait pas vraiment savoir ce qu'elle représentait à moins qu'une tenace tradition orale n'en ait conservé le souvenir.

Ces deux réponses — hypothétiques, rappelons-le — sont logiques, contradictoires entre elles, et ne sont guère satisfaisantes. La première élimine les Druides, ce qui n'est pas conforme à la tradition chartraine. La seconde élimine l'image *concrète,* ce qui n'est pas conforme à une tradition dite populaire, cette tradition populaire s'attachant toujours à des objets concrets et représentatifs. Et pourtant, il semble prouvé que, depuis les origines, la ville de Chartres ait passé pour un sanctuaire voué à la Vierge. On s'est même efforcé, tout au long du Moyen Âge, et pas seulement à Chartres même, d'affirmer cette antériorité du culte marial dans le pays des Carnutes. Ce ne peut pas être un simple caprice, ni la volonté des Chartrains de se mettre en valeur. Il doit certainement y avoir quelque chose de vrai dans toute cette histoire, *il doit donc y avoir autre chose.*

Il est nécessaire alors de pénétrer au cœur du problème. Jusqu'à la fin du XIXe siècle — et encore de nos jours dans certains milieux où le syncrétisme « ésotérique » fait des ravages —, on a cru, et on croit, le Druidisme lié aux monuments mégalithiques. De là l'imagerie d'Épinal où l'on voit le Druide barbu sacrifier ses victimes sur un dolmen considéré comme une table sacrificielle. L'archéologie a fait justice de ces erreurs. Mais si la tradition populaire a relié le Druidisme aux mégalithes, antérieurs d'au moins deux millénaires, c'est peut-être parce qu'il y avait entre eux un certain rapport, même vague et tout à fait secondaire. Après tout, les textes mythologiques irlandais font des tertres mégalithiques les demeures des anciens dieux : cette localisation n'est certainement pas due au hasard, et assurément, elle pose un problème qu'on ne peut esquiver en se retranchant seulement derrière des certitudes archéologiques. Après tout, certains sanctuaires romains sont devenus des églises chrétiennes, et l'on sait que la plupart des chapelles chrétiennes se trouvent à l'emplacement de lieux de culte plus anciens, aussi bien gréco-romains que celtiques ou préhistoriques. Il y a eu aussi réemploi, réutilisation de certains monuments, et les exemples ne manquent pas sur ce sujet. De plus, les religions ne meurent jamais complètement : de l'ancienne, il reste toujours des éléments de croyances ou de rituels, des habitudes acquises en quelque sorte, dans la nouvelle qui s'installe en triomphatrice. Il n'y aurait donc rien d'étonnant à ce que la religion druidique ait recueilli un certain héritage des populations que les Celtes ont trouvé installées avant eux sur les territoires qu'ils ont occupés en Europe occidentale vers le VIIe siècle avant notre ère. Ces populations autochtones, les Celtes ne les ont pas éliminées. Ils les ont assimilées, ce qui suppose qu'ils ont également assimilé des modes de vie et des modes de pensée. Et c'est cette conjonction qui a été à la base de cette communauté nouvelle qu'on appelle la civilisation celtique, dont le Druidisme était une des composantes.

Ce qui reste bien entendu à déterminer, c'est la proportion exacte de cet héritage. Mais on a vu déjà que le culte solaire, tel qu'il apparaît dans cette civilisation celtique, semble un héritage de l'Âge du Bronze : Bélénos est davantage un dieu pré-indo-européen qu'un dieu celte. Et le célèbre Kernunnos, le dieu aux cornes de cerf, symbolisant et incarnant la troisième fonction indo-européenne, celle des producteurs, ne semble pas du tout celtique : il recouvre la divinité protectrice des populations autochtones assimilées et *mises au travail* par les Celtes conquérants.

Dans ces conditions, le culte de la Vierge à Chartres, s'il est indubitablement chrétien dans sa forme médiévale et dans sa forme actuelle, a très bien pu être non moins indubitablement gallo-romain, après avoir été gaulois, et *après avoir été préhistorique*. Il s'agit peut-être d'un héritage qui remonte à des millénaires et non point seulement à quelques siècles. La pierre d'achoppement de tout le problème est constituée par l'image primitive de la *Virgo Paritura* qui ne pouvait être que concrète, réaliste, figurative. Elle ne pouvait pas être gauloise. Pourquoi ne remonterait-elle pas plus loin dans le temps ? A l'époque mégalithique, il n'y avait pas d'interdit sur l'anthropomorphisme : les pétroglyphes découverts dans les dolmens, bien qu'ils puissent accuser une tendance au schématisme, sont la plupart du temps figuratifs. Dans de nombreux mégalithes du Morbihan et d'Irlande, on reconnaît même l'image d'une divinité féminine, celle que les archéologues appellent l'Idole en forme d'écusson, et qui semble avoir été une représentation classique de la Déesse de la Vie et de la Mort, à la fois dispensatrice des biens terrestres et protectrice des défunts dans un Autre Monde symbolisé par la chambre dolménique ou la grotte. Et cette image de la Déesse néolithique est parfaitement visible dans une allée couverte située non loin de Chartres, dans la vallée de l'Eure, au milieu d'un champ, sur la commune de Changé-Saint-Piat. On peut y reconnaître la même forme générale que sur les supports des Pierres Plates en Locmariaquer (Morbihan) qui sont les plus typiques du genre, ou sur le fameux pilier du Manéer-Hroëck, toujours en Locmariaquer, où cette idole est compliquée de signes mystérieux qui indiquent nettement son caractère sacré et divin. Il n'est pas absurde de supposer que les Druides, officiant sur des tertres sacrés préhistoriques, aient assimilé cette image ancienne de la divinité féminine. Il n'est pas moins absurde de supposer qu'ils aient intégré à leurs cérémonies le culte de cette Déesse des Commencements. On en vient donc à formuler, à propos de la statue de Chartres, une autre explication, tout aussi hypothétique que les autres, parfaitement logique elle aussi, mais qui a le mérite d'établir la permanence des croyances et des cultes en certains endroits privilégiés.

3. Notre-Dame de Sous-Terre, dans sa forme primitive, était non pas une *statue* (que les Druides n'auraient jamais érigée), mais une pierre gravée, un *pétroglyphe* qui se trouvait sur le support d'un dolmen, ou sur une des parois d'une grotte, à l'emplacement même de la cathédrale actuelle et non loin d'un puits sacré dont l'eau passait pour être miraculeuse.

La tradition chartraine, populaire et cléricale à la fois, insiste sur la *grotte* dans laquelle les Druides auraient placé l'image de la *Virgo Paritura*. Cela a provoqué bien des rêveries sur les souterrains de Chartres. On a prétendu que les caves, nombreuses dans le sous-sol de Chartres, étaient les vestiges d'antiques galeries qui communiquaient avec la cathédrale et qui débouchaient même en dehors de l'enceinte de la vieille ville. On a imaginé des « temples secrets », des « saints des saints » réservés à des « initiés » (on ne nous dit jamais à quoi ces gens sont initiés) qui, seuls, en connaissent les entrées secrètes. De là à imaginer les cérémonies les plus bizarres, célébrées en plein XXe siècle par les authentiques détenteurs de la spiritualité occidentale, il n'y a pas loin... Et cela a été fait.

La réalité semble beaucoup moins fantasmatique, même si elle demeure mystérieuse. Il faudrait des preuves. Mais, ces preuves, est-on en mesure de les mettre au jour ? Certes, on pratique des fouilles systématiques dans le sous-sol de la cathédrale, mais ces fouilles ne peuvent être que des sondages. Il est impossible de pratiquer ici ce qu'on peut faire en plein air, sur un site préhistorique que ne surmonte aucune construction. Toucher au sous-sol de la cathédrale, c'est compromettre l'équilibre de la construction, et ce n'est guère souhaitable. Cela ne veut pas dire, d'ailleurs, que certains chercheurs n'aient point trouvé *quelque chose* sous la crypte, et surtout sous la cathédrale primitive carolingienne. Il est difficile d'affirmer, il est difficile également de battre en brèche certaines certitudes qu'on croyait nettement établies, et pour toujours. Il est difficile d'interpréter ce qui surgit du plus lointain passé.

Cependant, on peut affirmer, à titre d'*hypothèse,* que sous la cathédrale Notre-Dame de Chartres, plus exactement sous l'emplacement où se trouve la statue de Notre-Dame de Sous-Terre, dans la crypte, près du Puits des Saints-Forts, il existe un dolmen — probablement écrasé — ou une grotte creusée dans le calcaire — probablement comblée — qui contenait un pétroglyphe représentant une Déesse-Mère, sans aucun doute une de ces figurations bien connues de l'Idole néolithique en forme d'écusson, et qui était l'objet d'un culte fervent depuis les temps les plus reculés. Notre-Dame la Vierge, c'est la Mère universelle, la Première Née, celle que les hommes ont toujours considérée comme la *Materia Prima* de tous les êtres et de toutes les choses. En quoi la présence d'une telle représentation de Notre-Dame de Sous-Terre, quelque part, sous la cathédrale actuelle, serait-elle contraire à l'exaltation de la Vierge puissante et triomphante, ce Trône de la Sagesse qui brille de tous ses feux dans l'admirable sanctuaire de Chartres ?

IV

LA VIERGE DES DRUIDES

Si le clergé chartrain, au Moyen Âge, mais surtout à la fin du XVIe siècle, s'est donné autant de mal pour affirmer que la Vierge de Chartres avait été honorée, bien avant la naissance de Marie, par les Druides du pays des Carnutes, c'est qu'il y avait une raison. D'une part, il existait une tradition populaire qui ne mettait pas en doute que le culte marial à Chartres avait précédé l'introduction du Christianisme. D'autre part, c'était une façon intelligente de démontrer que, malgré les différences d'interprétations et de justifications, le message spirituel délivré à l'Humanité est unique et qu'il se réfère aux mêmes implications théologiques et métaphysiques.

C'était déjà un louable souci d'œcuménisme qui tenait compte non seulement des familles dispersées à l'intérieur même du Christianisme, mais des grandes options philosophiques qui se partagent le monde. Et c'était aussi reconnaître qu'en pénétrant en Occident, le message évangélique avait trouvé un terrain intellectuel et spirituel très favorable, le personnage du Christ venant à point nommé pour accomplir ce qui devait être accompli, à savoir les projections spéculatives des prêtres païens qui avaient eu pour mission de préparer les peuples à l'audition et à la compréhension de la « Bonne Nouvelle ». Les Druides, cela se conçoit aisément, se trouvaient tout naturellement désignés pour être les intermédiaires privilégiés entre un Christianisme qui s'affirmait dépositaire d'une Vérité une et définitive, et une tentative spirituelle consistant en une recherche acharnée de cette Vérité par des moyens en quelque sorte de fortune. La thèse soutenue était donc celle-ci : les Druides ont œuvré pour préparer les peuples à la Révélation suprême.

On peut contester cette vue de l'esprit. Elle a cependant existé. Et l'exemple que nous donne le Christianisme celtique, c'est-à-dire tel qu'il a été vécu par les populations d'origine celtique, tendrait presque à donner raison à ce genre de prétention, car il est historiquement prouvé que le passage du Druidisme au Christianisme s'est effectué sans heurt, sans contrainte, et de façon absolument naturelle [1]. C'est dire qu'il existait certains point communs entre les deux doctrines. Et l'on sait que les Druides, même si par la suite ils ont été dépréciés et mis au rang de simples magiciens, ont toujours passé, dans l'Antiquité, pour des philosophes d'une très haute valeur [2]. Le patronage requis des Druides pour le culte — et même la doctrine — de la Vierge Marie est donc la confirmation qu'on attachait, dans certains milieux ecclésiastiques, un grand prix à cette filiation d'apparence saugrenue.

Certes, les clercs du XVIIe siècle qui ont défendu cette filiation ne connaissaient que peu de chose sur la doctrine druidique. Ils la voyaient à travers les quelques témoignages des Grecs et des Latins, et surtout à travers la tradition populaire, fidèle conservatrice des schémas mythiques, mais piètre gardienne

---

1. C'est notamment significatif pour l'Irlande qui, n'ayant jamais été occupée par les Romains, s'est convertie très facilement à la doctrine chrétienne, alors que rien ne l'y obligeait, et qui, de plus, s'est montrée la plus ardente des propagandistes du Christianisme à travers un continent à l'époque des Mérovingiens. Voir J. Markale, *Le Christianisme celtique et ses survivances populaires*, Paris, Imago, 1984.

2. Même s'ils n'ont pas compris la doctrine druidique, les auteurs de l'Antiquité grecque et romaine en ont toujours fait un remarquable éloge. Ils l'apparentaient à la doctrine de Pythagore, certains prétendant que Pythagore avait été l'élève des Druides, d'autres que c'étaient les Druides qui s'inspiraient de Pythagore. Voir J. Markale, *Le Druidisme*, Paris, Payot, 1985.

des détails d'interprétation. Il semble bien que ce soit le schéma d'ensemble qui les ait conduit à suivre cette voie, mais il est bien certain qu'ils auraient été incapables d'expliquer pourquoi et comment le culte et la réflexion sur la Vierge Marie remontaient si loin dans le temps brumeux des Druides et autres philosophes assimilés.

Nous en savons aujourd'hui davantage sur le sujet, surtout depuis qu'on s'est avisé que les vieux récits mythologiques irlandais — qui corroborent de façon précise les données fragmentaires grecques et latines — ont été dépouillés, traduits et commentés. Il y a là une masse de renseignements tous plus précieux les uns que les autres, et qui peuvent permettre, sinon une explication définitive, du moins un éclaircissement considérable sur la continuité du culte marial, de la plus lointaine Préhistoire jusqu'à nos jours.

Un élément de base est d'abord à considérer : dans le processus mythique du peuplement de l'Irlande, considérée à elle seule comme l'image du monde, on constate cinq invasions postdiluviennes, correspondant à cinq stades de civilisation, d'évolution de l'esprit humain. Mais il y avait eu une première invasion, avant le Déluge, invasion personnifiée par une Femme Primordiale du nom de Cessair (ce qui signifie « grêle »). Dans cette première invasion, qui ne dure que cinquante jours (qu'on pense à la Pentecôte), « cinquante femmes et trois hommes, tel était le nombre de ceux qui étaient dans ce navire », comme dit le *Livre des Conquêtes*. L'élément féminin domine donc, et Cessair représente assez bien, métaphysiquement parlant, le concept, tant de fois débattu à l'intérieur du Christianisme, de la Vierge, premier être créé par Dieu avant que le monde fût créé. Cessair n'est autre que la Vierge Universelle, la Mère de tout, la Démiurge primordiale.

Il faut évidemment remarquer que, dans cette conception des choses, le mot « vierge » n'a absolument pas le sens qu'il a pris dans le Christianisme, *et seulement dans le Christianisme*. Toutes les autres traditions se moquent éperdument de la virginité physique, sinon pour en faire une plus-value de la femme livrée « vierge » à son mari, lequel sera donc le *premier* à en faire une véritable femme. D'ailleurs, le mot « vierge » provient d'une racine indo-européenne qui exprime la « force », la « puissance », et qu'on l'on retrouve dans le latin *vir,* le « mâle » *virtus,* le « courage », *vires,* les « forces », dans le mot grec *ergon,* « travail », « énergie » (d'un ancien °*werg*), dans le gaélique *fîr,* « homme mâle » et *ferg,* « activité ». Littéralement, la Vierge est la « Puissante », et c'est tout. Mais cela indique suffisamment la *potentialité* qu'elle représente. Et c'est dans cette acception du terme qu'il convient de comprendre les spéculations des Pères de l'Église déclarant Marie vierge avant la conception de Jésus et toujours vierge après la naissance de l'Enfant-Dieu. Le reste, y compris les commentaires faussement moralisateurs des sermonneurs professionnels, n'est que poudre aux yeux, pour ne pas dire lavage de cerveau aux motivations plutôt obscures.

Cela dit, on peut donc affirmer que Cessair est une image de la Vierge primordiale, l'un des aspects de la Déesse des Commencements. Mais son histoire est très brève, presque inexistante. C'est sous d'autres traits qu'on doit la retrouver au cours de l'histoire mythologique des Gaëls. Bien des personnages peuvent prétendre à ce titre, ne serait-ce que la Dana, mère des grands dieux de l'Irlande, les fameux Tuatha dé Danann. Ce nom de Dana, qui est Dôn au Pays de Galles, est archétypal : on le retrouve un peu partout. C'est la Danaé des Grecs, lesquels sont eux aussi des *Danaoï,* c'est-à-dire des « fils de Dana » *(Timeo Danaos et dona ferentes...).* C'est la Tanit des Phéniciens. C'est l'Anna Purna des Indiens et l'Anna Parenna des Romains, l'*Anis* de la vieille cité d'Anicium, c'est-à-dire Le Puy-en-Velay, la *Black Annis* du folklore du Yorshire et la « sainte » Anne de la Tradition chrétienne, revue et corrigée par les Bretons armoricains, grand-mère de Jésus, certes, mais qui a tendance, dans certains cas, à supplanter sa fille Marie dans la ferveur populaire. Au XVIIe siècle, époque où précisément, près d'Auray, le paysan Nicolazic découvrit « miraculeusement » une statue de « sainte » Anne, après avoir vu celle-ci lui apparaître plusieurs fois, le jésuite Christophe de Véga bâtissait tout un schéma mythico-théologique sur la mère de Marie : « Au commencement, Dieu créa le ciel et la terre (Joachim et Anne, parents de Marie). Or la terre était informe et vide (Anne était stérile), et les ténèbres (l'affliction et la confusion) étaient sur la face de l'abîme (sur la face d'Anne) et l'Esprit du Seigneur se mouvait sur les eaux (sur les eaux des larmes d'Anne, pour la consoler). Et Dieu dit : « Que la Lumière soit » (que soit Marie, la Vierge bénie). Et le rassemblement des eaux (le rassemblement des grâces), Dieu voulut l'appeler *maria*, les « mers » (ou Marie) [1]. Voilà qui est, comme on dit, tiré par les cheveux. Mais le jeu de mot, seulement valable en latin, entre le neutre pluriel *maria*, les « mers », et le féminin singulier *Maria*, « Marie », vaudrait à lui seul un vaste commentaire. On sait que tout cela découle d'un évangile apocryphe que l'on appelle le « Protévangile de Jacques ». Ce n'en est pas moins intéressant.

Il existe cependant un épisode mythologique irlandais peu connu qui peut éclairer ce thème de la Vierge. Il figure tout au début d'un récit consacré à l'une des plus belles histoires d'amour de l'Irlande, l'histoire de la belle Etain et du roi de l'Autre Monde Mider. Ce prologue raconte la conception d'un des personnages les plus curieux de la tradition gaélique, Oengus, le Mac Oc. Mais l'ensemble baigne dans une atmosphère trouble d'adultère et d'inceste qui n'est guère propice à une mise en parallèle avec les Saintes Écritures, du moins si on le prend à la lettre. Or, il y a loin de la lettre à l'esprit, et beaucoup de points communs entre ce qui paraît à première vue totalement contraire.

« Il y avait un roi célèbre sur l'Irlande, de la race des Tuatha Dé Danann, du nom d'Eochaid Ollathir. Il avait aussi pour nom le Dagda, car c'était lui qui faisait des miracles et qui leur mesurait les tempêtes et les récoltes... Il y avait une femme chez Elcmar de Brug : Ethné était son nom. Un autre nom qu'elle avait était Boann. Le Dagda désira pour lui son amitié

1. Cité par E. Saillens, *Nos Vierges Noires*, p. 201.

charnelle. La femme aurait cédé au Dagda si elle n'avait pas eu peur d'Elcmar tant son pouvoir était grand. Le Dagda envoya alors Elcmar en voyage... Le Dagda mit de grands charmes sur Elcmar qui s'éloignait pour qu'il ne revînt pas à temps, c'est-à-dire tôt. Il l'éloigna de l'obscurité de la nuit et le garda de la faim et de la soif. Il mit sur lui de longues errances si bien que neuf mois furent comme un jour. Car il avait dit qu'il reviendrait entre le jour et la nuit. Le Dagda alla pendant ce temps à la femme d'Elcmar et elle lui engendra un fils, du nom d'Oengus. La femme était guérie de ses souffrances quand Elcmar revint. Il ne remarqua pas sa faute en elle, c'est-à-dire qu'elle avait couché avec le Dagda. Cependant le Dagda emmena son fils, pour qu'il fût élevé dans la maison de Mider, à Bri Leith... Il avait aussi pour nom le Mac Oc, car sa mère avait dit : Jeune est le fils qui a été engendré au début du jour et qui est né entre lui et le soir [1]. »

Ce récit appelle quelques explications. D'abord, *Mac Oc* signifie « jeune fils ». Mais son autre nom *Oengus* veut dire « choix unique ». *Elcmar,* lui, est le frère de Dagda. Son nom signifie « sombre ». Mais il est également connu sous le nom de *Nechtan,* qui est la forme gaélique de *Neptunus.* Sous cette appellation, il est une divinité des eaux douces, mais en tant qu'Elcmar, il est possesseur de la Brugh, tertre mégalithique fameux entre tous, puisqu'il s'agit de Newgrange, au-dessus de la vallée de la Boyne, laquelle rivière porte d'ailleurs le nom de Boann (ou Boinn). Le nom de *Dagda* signifie « bon dieu », et son surnom *Ollathir,* « père de tous », ce qui fait penser à l'épithète du dieu germanique Odin-Wotan qui est *Alfadir,* de même signification. Et l'on sait que Dagda, l'un des plus puissants parmi les Tuatha Dé Danann, a pour équivalent en Gaule le célèbre Gargantua. Quant à Ethné-Boann, son personnage est des plus complexes. *Boann* ou *Boinn* est en effet le nom de la rivière Boyne, et ce nom peut se décomposer en deux termes, *Bo-Vinda,* ce qui veut dire la « Vache Blanche ». C'est

1. Trad. Guyonvarc'h, *Textes mythologiques irlandais,* I, p. 242.

selon toute probabilité, cet ancien *Bo-Vinda* qui est à l'origine du nom arthurien *Viviane,* la fée qui « enserre » Merlin l'Enchanteur, et qui est aussi la célèbre « Dame du Lac », mère adoptive de Lancelot du Lac, et dispensatrice de l'épée de souveraineté Excalibur *(Kaledfoulch,* « dure foudre »*).* Cependant, en Irlande même, Boann, en dehors d'Ethné, apparaît sous bien d'autres noms : elle est aussi Etain, puis Macha, et encore Bodbh, la « Corneille ». Et elle est encore plus connue sous le nom de *Brigit,* la « Puissante », maîtresse de la Poésie, des Arts et des Techniques, et vierge guerrière. Or *Brigit est en réalité la fille de Dagda.* On voit la complexité du scénario mythique mis ici en place : le Père engendre un Fils avec sa propre Fille, sous le couvert en quelque sorte d'un père putatif qui est Elcmar. Cela rappelle quelque chose, bien évidemment. Le Christianisme n'enseigne-t-il pas que Dieu le Père crée Marie et que par l'intervention de l'Esprit saint, il engendre en Marie son fils unique Jésus ? Autrement dit Dieu-Père crée Marie (sa fille) et s'unit à elle sous l'aspect de l'Esprit saint pour engendrer le Fils. En vertu du principe dogmatique de la Trinité (un seul Dieu en trois personnes), on ne peut arriver qu'à cette conclusion : Dieu est à la fois le Père, l'Époux et le Fils de la Vierge Marie. Cela peut paraître très choquant pour qui prend à la lettre la lecture des textes sacrés, mais on sait que, dans ce genre de récits, les symboles empruntent toujours des formulations hardies révélatrices d'un message qui ne peut être exprimé directement.

De plus, dans cet épisode mythologique irlandais, le Mac Oc apparaît nettement comme la figure d'un jeune dieu : c'est en fait Dagda régénéré, puisqu'il est passé par une nouvelle naissance, puisqu'il a été engendré dans l'espace d'un jour symbolique équivalent en fait à l'éternité. D'ailleurs, la suite de l'histoire nous éclaire là-dessus. Car Oengus réclame de son père un héritage. Et le père, c'est-à-dire Dagda, s'arrange pour lui donner la royauté de la Brugh par Elcmar lui-même, au moyen d'un jeu subtil auquel se laisse prendre Elcmar. En effet, Oengus réclame la royauté de la Brugh pendant l'espace d'un jour. Mais comme c'est la fête de *Samain,* le temps est aboli, et le jour symbolique devient l'équivalent de l'éternité. Le Mac Oc sera donc le seul et unique possesseur de la Brugh, ce qui signifie qu'il règne à son tour sur le monde des tertres, celui des dieux.

C'est cependant le personnage de Boann qui mérite le plus d'attention. Il n'est évidemment pas question de sa virginité physique, et le récit a plutôt tendance à exagérer la « faute » commise, qui est l'adultère au détriment d'Elcmar. Or, il existe plusieurs textes concernant la « purification » de Boann. Ces textes sont très altérés parce qu'ils proviennent d'anciennes versions qui ne devaient plus être bien comprises des transcripteurs, des moines irlandais du Moyen Âge, donc quelque peu gênés par des données archaïques appartenant à un système de pensée assez différent. On apprend donc que Nechtan, autre nom d'Elcmar, mari de Boann, possède (il est une divinité des eaux douces) une fontaine merveilleuse, la source de Segais. On voit tout de suite le rapport existant entre la Vierge et la Fontaine, ou le Puits. Et Boann, après la naissance d'Oengus, veut se purifier. Quand on pense que Boann n'est autre que la déesse Brigit, et que cette Brigit a été plus ou moins confondue avec la mystérieuse sainte Brigitte de Kildare dont la fête tombe le premier jour de février, c'est-à-dire exactement à la date de la fête celtique païenne d'*Imbolc* (qui était d'ailleurs en l'honneur de Brigit), on ne peut manquer de se poser certaines questions, d'autant plus que le 2 février, dans le calendrier chrétien, c'est la Chandeleur, *fête de la Purification de la Vierge Marie* après son accouchement. Il y a là beaucoup trop de coïncidences pour que cela ne cache pas une continuité de culte et de croyance. Ensuite, Boann veut aller se purifier : « J'irai jusqu'à la belle source de Segais *pour que ma chasteté soit hors de doute.* J'irai trois fois dans le sens contraire du soleil autour de la source vivante, sans mensonge [1]. »

Ici deux remarques s'imposent. La première, c'est

1. Trad. Guyonvarc'h, *Textes mythologiques irlandais, I, p. 269.*

que Boann veut affirmer nettement, devant les dieux comme devant les hommes, sa *chasteté* (et non pas sa virginité), comme si elle n'avait pas donné naissance au Mac Oc, et en toute bonne foi. Ce qui rappelle les spéculations des Pères de l'Église sur Marie, déclarée finalement toujours vierge, même après la naissance de Jésus. La seconde remarque concerne le rite de circumambulation qui est décrit ici, dans le sens inverse de la course du soleil. Ce rite existe toujours en Bretagne armoricaine dans les usages concernant certaines fontaines guérisseuses. Cette circumambulation, à l'envers du soleil, indique clairement une volonté de régénération, de retour en arrière, de *réintégration pure,* ce qui peut faire considérer la source de Segais comme une Fontaine de Jouvence. Mais comme dit un autre texte irlandais, c'était « une source secrète qui était dans la prairie du *sidh* de Nechtan. Quiconque y allait n'en revenait pas sans que ses yeux éclatassent, à moins que ce ne fussent Nechtan et ses trois échansons ». L'opération magique de rajeunissement et de purification n'est donc pas à la portée de tout le monde, ni sans danger. « Une fois Boann alla par orgueil, pour éprouver les pouvoirs de la source, et elle dit qu'il n'y avait pas de pouvoir secret qui atteignît le pouvoir de sa beauté. Elle fit le tour de la source, vers la gauche, par trois fois. Trois vagues se brisèrent sur elle, hors de la source. Elles lui enlevèrent une cuisse, une main et un œil. Elle se tourna vers la mer, fuyant sa honte, et l'eau la suivit jusqu'à l'embouchure de la Boyne [1]. » Et c'est depuis lors qu'existe le fleuve Boyne auquel Boann a donné son nom. Évidemment, la légende prétend expliquer mythologiquement l'origine du fleuve, et ce genre de procédé est entrêmement courant. Mais il semble que le ou les transcripteurs de la légende aient voulu accentuer la culpabilité de Boann en présentant ce qui se passe comme un châtiment bien mérité. En réalité, le récit est tout le contraire d'un procès-verbal de punition. Boann *se dissout dans les eaux,* c'est-à-dire réintègre son état de pureté originelle. La signification

1. *Textes mythologiques irlandais,* p. 270.

du texte est très claire : *Boann disparaît en tant que Vache Blanche (Bo-Vinda).* Il ne lui reste plus qu'à réapparaître sous un autre aspect.

Elle a en effet accompli sa mission qui était de donner le jour à Oengus, le « Jeune Fils », le « Choix unique ». Celui-ci est doué de l'Éternelle Jeunesse. Il est l'image de l'Être rénové, revêtu de son « habit de lumière ». Pour en arriver là, il fallait une sorte de rituel sacrificiel qui est décrit symboliquement par l'inceste-adultère du Père et de la Fille, puis par la prise de possession du *sidh* de la Brugh par Oengus. Car Oengus, ayant été conçu et mis au monde pendant l'espace d'un jour et d'une nuit, représentant l'éternité, acquiert la possession du monde dans le même espace symbolique. Le Temps, qui est perpétuel, est le fils de l'Éternité, comme l'Être vient du Non-Être et le Fini de l'Infini. Le mythe d'Oengus est construit sur le même schéma que le mythe christique : si Dagda représente le non-exprimé, le non-incarné, le Mac Oc, lui, est l'exprimé et l'incarné dans le temps réel de la durée. C'est reconnaître le rôle essentiel de Boann dans cette affaire, et c'est justifier ensuite sa disparition dans les eaux de la rivière, véritable dissolution qui atteste son entière « virginité ».

Mais étant donné que la Vierge est immanence, elle peut et doit s'incarner elle-même de nouveau. La tradition mythologique des Gaëls la fait donc réapparaître sous d'autres aspects, pour accomplir la suite de sa mission. La voici sous les traits d'Etain, fille d'un roi d'Irlande, dont est amoureux Mider, le père adoptif d'Oengus. Conformément aux usages, c'est Oengus qui négocie la « cession » d'Etain par son père à Mider. Mais Oengus, de ce fait, devient le garant et le protecteur d'Etain. Or Mider a déjà une épouse, et celle-ci, jalouse, s'arrange, par magie, à faire disparaître la jeune fille, la métamorphosant en insecte. Cet insecte est recueilli par Oengus qui la place dans une « Chambre de Soleil », c'est-à-dire « dans une pièce aux fenêtres brillantes », dans laquelle se trouvent des « herbes odorantes et merveilleuses ». Cette « Chambre de Soleil », qui figure dans d'autres textes irlandais ainsi que dans le récit français de la *Folie Tristan*, est une sorte d'athanor alchimique dans lequel s'accomplit la maturation de la Matière Première. Revenue à un état primitif (l'insecte), la Vierge Etain doit accomplir ses métamorphoses. Finalement, elle sera absorbée par la femme d'un roi qui en deviendra enceinte, et qui donnera naissance à une nouvelle Etain, mais cette fois humaine et mortelle. C'est cette seconde Etain qui sera mariée au roi d'Irlande Eochaid, mais qui sera reprise, au terme d'un jeu subtil, par Mider, lequel va donc la réintégrer dans le monde féérique et divin qui était le sien. Les circonstances sont étranges : Mider joue aux échecs avec le roi Eochaid. Il commence par perdre deux parties et doit satisfaire de pénibles enjeux. Il gagne la troisième partie après avoir quelque peu rusé sur l'enjeu : il réclame en effet Etain. Bien sûr, Eochaid tente de s'opposer à cette prétention, mais rien n'est plus possible pour lui, et Mider entraîne Etain dans l'Autre Monde en une véritable « assomption » qui la dispense de passer par le stade de la mort [1].

Mais ces péripéties sont caractéristiques d'un système socio-culturel déjà éloigné de la mentalité chrétienne. C'est pourquoi les transcripteurs de manuscrits ont jugé bon d'en modifier certaines données dans des récits ultérieurs. Le schéma mythologique demeure indentique. Les personnages sont les mêmes. Mais le visage de la Vierge va être profondément modifié. Boann-Brigit va reprendre son nom d'Ethné. Elle appartient toujours à la troupe des Tuatha Dé Danann, c'est-à-dire à la cohorte des dieux, mais elle va s'en évader. Dans le curieux texte intitulé *La nourriture de la maison des deux gobelets* [2], la christianisation va jouer à fond. Ethné est la fille de l'intendant de la Brugh et non plus une princesse. Mais elle est cependant la fille adoptive d'Oengus, qui retrouve donc la mission qu'il avait dans la version païenne, celle de protection de la Vierge. Or, cette Ethné est injuriée par un des frères d'Oengus, au cours d'une

1. Voir le résumé de l'histoire dans J. Markale, *L'Épopée celtique d'Irlande*, pp. 43-45. Traductions des différentes versions de la légende dans C.G. Guyonvarc'h, *Textes mythologiques irlandais, pp. 241-281.*
2. *Textes mythologiques irlandais*, I, pp.257-266.

visite qu'il fait dans le *sidh,* et depuis, elle ne prend aucune nourriture, se contentant de boire le lait d'une vache brune venue d'ailleurs (et n'appartenant pas au monde des Tuatha Dé Danann). L'injure faite à Ethné creuse un fossé entre celle-ci et sa race d'origine : elle ne peut plus absorber la nourriture des dieux, car elle n'appartient déjà plus à leur monde. Et, un jour, après un bain pris en compagnie des femmes du *sidh* dans les eaux de la Boyne, elle ne voit plus les gens de sa race — alors que ceux-ci peuvent la voir —, mais par contre elle découvre l'ermitage d'un prêtre chrétien, disciple de saint Patrick, qui l'instruit dans la foi du Christ. Cependant, Oengus cherche, par tous les moyens, à faire revenir sa fille adoptive dans le *sidh.* Il n'y parvient pas, même avec le concours du savant roi Manananann (qui joue ici le rôle de Mider). Finalement, Oengus se livre à une véritable joute magique en face de saint Patrick, mais la magie du chrétien est plus forte : Ethné est devenue chrétienne et reçoit le baptême. C'est la victoire de la doctrine du Christ sur celle des Druides.

On sait que saint Patrick, le grand évangélisateur de l'Irlande, était d'origine bretonne insulaire. Pendant sa jeunesse, il avait été fait prisonnier par les Gaëls et était devenu l'esclave d'un Druide dont il avait appris, semble-t-il, la doctrine et les pratiques magiques. Devenu chrétien et décidé à convertir les Gaëls, il s'était efforcé de baptiser, puis d'ordonner prêtres, les chefs et les *fili,* c'est-à-dire les Druides de l'époque. Et sa légende raconte des faits surprenants, notamment sur la façon dont il arrivait à convaincre les païens, la plupart du temps en engageant avec les représentants de la classe druidique de véritables combats magiques desquels il sortait vainqueur, prouvant ainsi que la « magie » du Christ était supérieure à la magie des Tuatha Dé Danann. On en a un exemple dans ce texte à propos d'Ethné que le Mac Oc ne peut arracher à sa destinée chrétienne, bien qu'il fasse usage de toute la puissance de ses incantations. Et ce qui est remarquable ici, c'est de constater, compte tenu du fait qu'Ethné est Boann, c'est-à-dire Brigit, que c'est Patrick qui arrache la Vierge au paganisme. On sait en effet que les deux saints les plus honorés en Irlande sont Patrick et Brigitte de Kildare. Or Patrick est au fond un ancien Druide devenu évêque chrétien, et Brigitte de Kildare n'est autre que l'aspect christianisé de l'ancienne déesse. Tout se passe comme s'il y avait substitution. La Vierge païenne est devenue la Vierge chrétienne, mais sans heurt, sans rupture réelle : la continuité est absolue.

Cette maturation de la légende mythologique et son aboutissement dans le cadre du Christianisme, même si cela appartient à la tradition irlandaise, sont révélateurs des transformations qui ont dû s'opérer dans la société gauloise, et expliquent assez bien le passage du Druidisme au Christianisme dans une Gaule peut-être soumise à l'ordre romain mais néanmoins héritière de la mentalité celtique. Il ne s'agit pas de prétendre que la Vierge de Chartres est Boann, mais que Brigit et Ethné sont des aspects différents d'un même personnage, la Mère divine, celle que les hommes de tous âges et de toutes les religions ont toujours ressentie comme la dispensatrice de la vie, de l'espoir, de la connaissance et de l'amour universel des êtres et des choses, en quelque sorte la grande Réconciliatrice, celle par qui la Rédemption de l'humanité s'opère dans une unité retrouvée.

Il est donc vain de rechercher à tout prix des traits communs à des *statues*. L'image de Notre-Dame de Sous-Terre, telle qu'elle est décrite par les historiens du XVIIe siècle, vaut seulement par ce qu'elle exprime. Celle de Notre-Dame du Pilier date du XVIe siècle, mais peu importe : elle est l'aspect concret que voulaient lui donner les gens de cette époque. Mais à travers cet aspect concret, indéniablement marqué dans l'époque, elle exprime une réalité supérieure qui est exactement la même qu'au temps des Druides. Et Notre-Dame de la Belle Verrière, sur le flanc sud de la cathédrale, dans son éblouissement de lumière, n'est-elle pas un autre aspect de la Vierge que les récits irlandais nous présentent dans la *Chambre de Soleil* où Oengus recueille Etain, sous forme d'insecte, au milieu des fleurs les plus parfumées du monde ? Les images symboliques ne sont que des supports.

Que ces supports soient beaux, cela ne nuit pas, bien au contraire, puisque la Beauté est l'expression du Divin. Dans une des versions païennes de la légende irlandaise, Brigit-Etain est dotée du surnom de *Bé Finn*, c'est-à-dire de « Belle Femme ». La Vierge de Chartres est incontestablement la « Belle Femme » par exellence, et nul ne s'en plaint. Pourquoi les Druides n'auraient-ils pas rendu hommage, eux aussi, à cette « Belle Femme » des temps passés, présents et futurs ?

Les Druides n'avaient d'ailleurs pas manqué, en insistant sur la beauté de cette Vierge des origines, d'y joindre l'idée de maternité : l'Enfant de la Vierge est beau, parce qu'il a été contenu dans la Beauté. Une mystérieuse alchimie relie le « contenu » au « contenant ». C'est le thème du Graal, vase précieux et beau entre tous, qui contient ce qu'il y a de plus beau et de plus précieux et d'où émane une lumière insaisissable autant qu'ineffable. Dans l'optique chrétienne, la Vierge Marie doit être belle et précieuse parce que « le fruit de ses entrailles est béni ». On ne peut imaginer un seul instant que Jésus, Dieu fait homme, soit né d'une femme qui ne fût pas belle. Boann, la mère du Jeune Fils, ne peut être que belle, puisque le Mac Oc, qui est aussi, répétons-le, le « Choix Unique », est un jeune dieu brillant de toute sa beauté. Et que dire de ce « Choix Unique » ? N'est-ce pas la reconnaissance implicite que l'Incarnation du Dieu dans l'Histoire est un fait *unique*, mais qu'en plus, il a été consenti délibérément par la Vierge, tant païenne que chrétienne ? « Je suis la servante du Seigneur », répond Marie à l'ange Gabriel. Boann nc dit pas autre chose à Dagda dans le récit irlandais. Alors, où est la différence ? Il existe une étonnante concordance entre la tradition chrétienne et la mythologie celtique. La Vierge des Druides ne préfigure pas la Vierge des Chrétiens : c'est la même.

Un récit traditionnel gallois, assez tardif mais peu marqué de l'empreinte chrétienne, va encore plus loin dans ce sens. Il s'agit d'un simple épisode, nécessairement tronqué et malmené, intercalé dans le plus ancien récit littéraire concernant le fabuleux roi Arthur, un texte connu sous le titre de *Kulhwch et*

Olwen, contenu dans un manuscrit du XIIe siècle, mais présentant des archaïsmes qui en font remonter la composition primitive vers le VIIe siècle de notre ère, d'après des schémas mythologiques très antérieurs [1]. Le personnage qui est au centre de l'épisode est un certain *Mabon*, qui est dit fils de *Modron*. Le nom de *Mabon* apparaît déjà dans des inscriptions gallo-romaines sous la forme gauloise de *Maponos ;* quant à celui de *Modron*, il représente la forme galloise d'un gaulois *Matrona* (commun au celtique et à l'italique), qui est en fait le nom de la rivière Marne. Décidément, chaque fois qu'il est question d'une Vierge, il y a de l'eau à proximité, qu'il s'agisse d'une source, d'une fontaine, d'un puits ou d'une rivière. Boann se dissolvait dans la Boyne. Ethné quitte sa carapace « païenne » dans les eaux de la même rivière Boyne. Notre-Dame de Sous-Terre trône auprès du Puits des Saints-Forts dont l'eau est miraculeuse. Notre-Dame de Lourdes est apparue dans une grotte, non loin du Gave, et une source aux eaux guérisseuses a jailli du sol de cette grotte. Viviane, dernière incarnation littéraire de Boann-Brigit, est une divinité des eaux douces, et elle est censée habiter un château sous un lac, d'où son nom de Dame du Lac. Mélusine, autre visage de la même entité divine, est rencontrée par Raimondin au bord d'une fontaine, et l'on sait qu'une fois par semaine, elle s'isole dans une grotte pour se baigner, sous sa forme de « serpente », dans les eaux purificatrices qui surgissent des profondeurs.

Cela dit, le nom de Mabon signifie « fils », et celui de Modron, « mère ». L'épisode en question ne dit rien au sujet de Modron elle-même. Tout ce qu'on apprend, c'est que « Mabon, fils de Modron, a été enlevé à sa mère la troisième nuit de sa naissance ». Mais ce qui est important dans l'histoire, c'est que le héros Kulhwch, pour réussir dans son entreprise, qui est d'obtenir la fille d'un redoutable roi-géant, doit s'assurer le concours de Mabon. En compagnie des guerriers d'Arthur, le héros engage donc une véritable

1. J. Loth, *Les Mabinogion*, nouv. éd., Paris, les Presses d'Aujourd'hui, 1979, pp. 99-145.

enquête pour savoir où se trouve Mabon. Là, le ton cesse d'être épique pour devenir franchement mythologique, avec des éléments archaïques qui dénotent une origine préceltique. Grâce à l'un des fidèles d'Arthur, qui connaît toutes les langues, même celles des animaux (détail qui prouve l'influence du chamanisme), ils interrogent successivement un merle, un cerf, un hibou et un aigle (survivance évidente d'un certain totémisme). L'aigle leur révèle que le seul à connaître l'endroit où se trouve Mabon est un saumon. Ils interrogent le saumon (thème celtique très ancien du Saumon de la Connaissance) qui se propose pour les guider, *sous les eaux,* jusqu'à une prison située sous la ville de Kaer Lloyw (Gloucester), dont le nom signifie « Cité Lumière ». Montés « sur les épaules du saumon », deux guerriers d'Arthur vont alors délivrer Mabon qui peut ainsi aider le héros à accomplir son destin. Et le secours que pouvait procurer Mabon n'était pas négligeable : il était le seul à pouvoir s'emparer d'un objet merveilleux (en l'occurrence un peigne) sur la tête du sanglier dévastateur Twrch Trwyth, symbole évident des forces de destruction et de ténèbres que la tradition chrétienne cristallise sous le nom de Satan.

Donc Mabon, le « Fils » de la « Mère », a un rôle éminent : lutter contre les Ténèbres, le Chaos, le Mal. L'analogie avec la fonction christique de rédemption n'est guère douteuse. Préfiguration du Christ ? Sûrement pas, mais on peut dire que Mabon est l'image du jeune dieu qui vient rétablir l'équilibre du monde un instant rompu et sans lequel il ne peut y avoir harmonie universelle. Après tout, c'était la fonction d'Attys dans le mythe métroaque. Mais, dans ces conditions, Modron est comparable à Cybèle, et sa propre fonction maternelle, si bien soulignée par son nom, l'apparente, qu'on le veuille ou non, à la Vierge Marie.

De toute façon, cet épisode du récit gallois, obscur et probablement très raccourci, s'éclaire par une comparaison avec la version primitive de la légende de Lancelot du Lac, en l'occurrence, la version allemande du *Lanzelet* du Suisse alémanique Ulrich von

Zatzikhoven [1], version qui ne doit rien au *Chevalier à la Charrette* de Chrétien de Troyes, et dans laquelle le héros n'est absolument pas l'amant de la reine Guenièvre, étant lui-même parfaitement étranger au monde arthurien. En effet, Lancelot comme dans la version courtoise commune, est ravi, étant tout jeune enfant, par une fée des eaux qui l'entraîne dans un lac et l'élève dans son palais merveilleux. Cette fée des eaux, c'est évidemment Viviane, la « Dame du Lac », image très romancée de l'antique Boann (mais son nom provient des mêmes termes *Bo-Vinda*). Mais lorsque le jeune garçon atteint son âge adulte, la fée refuse de lui dire son nom et ses origines tant qu'il n'aura pas délivré son propre fils nommé *Mabuz,* prisonnier des maléfices d'un enchanteur noir. Bien entendu, après de multiples aventures, Lancelot délivre Mabuz et la Dame du Lac lui révèle son nom. Cette histoire semble en tout cas prouver qu'un héros ne peut revêtir sa véritable personnalité (son nom), c'est-à-dire faire partie du groupe social, que lorsqu'il aura accompli les exploits suffisants. Et parmi ces exploits, le plus important paraît être la délivrance de Mabuz, dans lequel il n'est évidemment pas difficile de reconnaître Mabon. Ce qui fait identifier de façon formelle la Dame du Lac avec la Modron galloise, donc avec la Matrona gauloise, la Déesse-Mère par exellence, la même que la « Vache Blanche » du mythe irlandais, autrement dit la triple Brigit, la Vierge des Vierges, maîtresse de la Connaissance, de la Poésie et du triomphe guerrier.

Il serait facile d'ironiser sur la volonté délibérée du clergé chartrain, jusqu'au XVIIIe siècle, de faire remonter le culte marial dans leur ville à l'époque des Druides : on pourrait en effet prétendre que ce clergé entendait ainsi démontrer l'antériorité de leur sanc-

---

1. Ce Lancelot primitif est très différent de celui que la version commune a popularisé. L'origine de la version allemande est, de l'aveu de l'auteur, un « livre français », mais de nombreux détails prouvent que ce « livre français » — qui n'est pas celui de Chrétien de Troyes — est l'adaptation d'un conte populaire en breton armoricain. Du reste, dans toutes les versions, on précise bien que Lancelot est armoricain. J'ai publié un résumé, avec de larges extraits de ce texte, dans J. Markale, *La Tradition celtique en Bretagne armoricaine.*

tuaire et en tirer des avantages bien compréhensibles. Il serait tout aussi facile d'ironiser sur la naïveté de certaines personnes qui découvrant une statue gallo-romaine dans un champ, sont toutes prêtes à reconnaître en elle une représentation de la Vierge Marie avec l'Enfant Jésus. Que dire alors de ces croix en bronze ou en or que l'on a découvertes dans des tombeaux de l'Age du Bronze, et qui, même après analyse, se révèlent comme ayant été élaborées quelque deux mille ans avant la naissance de Crucifié ?

Faire remonter aux Druides l'érection d'une image représentant la *Virgo Paritura* n'est peut-être pas tout à fait exact, mais prétendre que les Druides vénéraient la Vierge sur le point d'enfanter, cela n'offre rien de surprenant. La tradition celtique est riche en histoires mythologiques à propos d'une Vierge (sans connotation physique) qui donne naissance à un Fils équilibrateur et sauveur. Il ne s'agit pas, dans ce cas, de prétendre que les Druides *auraient prévu* l'avenir. Ils en étaient peut-être capables, mais la question n'est pas là. La présence, dans la mythologie celtique, de schémas concernant une femme privilégiée donnant naissance à un enfant privilégié dans des circonstances toujours exceptionnelles et teintées de merveilleux, prouve nécessairement que cette notion existait bien avant le Christianisme dans la tradition druidique comme elle existait dans la plupart des traditions religieuses de l'humanité. Rien là ne peut entacher la valeur du dogme chrétien, tout au contraire. Il y a eu une Vierge des Druides. Elle ne s'appelait pas Marie, et elle correspondait à d'autres critères que ceux de la société chrétienne, mais elle était Celle en qui reposait l'espoir, celle en qui était contenue la Lumière divine, quelle que soit l'apparence de la *Parthénie* de Rouillard, une assemblée de Druides prosternés devant une grotte dans l'ouverture de laquelle se dresse la *Virgo Paritura,* sur un socle pompeusement nommé « autel des Druides », et à côté d'un mystérieux puits qui recèle quelque secret non encore dévoilé ?

La grotte et le puits sont liés au culte de la Vierge. A Éphèse même, la ville où l'on a tant célébré le culte d'Artémis, et bien avant qu'une seule église ne fût consacrée à Marie, mère de Jésus, on vénérait une grotte qui passait pour avoir reçu son corps, lors de sa courte « dormition », juste avant sa triomphale Assomption. A Bethléem, c'est dans une grotte qu'on faisait naître le Sauveur, et à Nazareth, on prétendait que c'était dans une grotte que Marie avait reçu l'Ange de l'Annonciation. Cela rappelle ce qu'écrivait saint Jérôme : « Bethléem, qui est maintenant à nous, et le lieu du monde le plus auguste, était ombragé par le bois sacré de Tammuz (Adonis), et dans la grotte où le Christ enfant a vagi, on pleurait l'amant de Vénus. » On ne peut quand même pas soupçonner saint Jérôme d'être un nostalgique du paganisme...

C'est dire combien est plausible l'hypothèse qui fait de Chartres un lieu de culte de la Vierge Mère depuis des millénaires. Cette tenace tradition populaire qui place une grotte (ou un dolmen) sous l'emplacement de la cathédrale, la présence effective d'un puits autrefois nommé le Puits Fort, le souvenir non moins tenace d'une représentation d'une Vierge avec un enfant, le fait historiquement prouvé que le grand sanctuaire central de la Gaule se trouvait dans le pays des Carnutes, cet ensemble constitue une argumentation qu'il est impossible de négliger, même si elle ne peut emporter une décision irrévocable. Chartres représente un site tout à fait possible pour un *nemeton,* cette clairière sacrée au milieu de la forêt des Carnutes. Et n'oublions pas non plus que les Carnutes sont les « hommes des Tertres », ceux qui ont la charge de veiller sur le *sidh,* c'est-à-dire sur l'Autre Monde, symboliquement localisé dans ces grands ensembles mégalithiques que les Celtes ont bien connus et dont ils ont fait la demeure des dieux et des héros de l'ancien temps.

Certes, tout cela représente une tradition, avec sa part d'imprécisions et de doutes. Mais en dehors de cette tradition, Chartres possède bien autre chose : la permanence du culte marial, et surtout sa *matérialisation* dans une cathédrale bien réelle et bien visible, et qui défie le temps et l'espace avec ses deux clochers inégaux, sa nef harmonieusement courbée comme pour mieux recueillir l'écho des chants de louange, et sa forêt de pierre dispersée à travers les rayons de lumière que les vitraux déversent à torrents dans l'ombre propice où veille Notre-Dame de Sous-Terre. Et cette cathédrale jaillit. Ce *jaillissement* est important parce qu'il donne la mesure exacte de ce qu'elle exprime.

Ce ne sont pas en effet les *objets* qui sont à prendre en considération, mais *ce qu'ils représentent*. Une statue de Notre-Dame ne veut rien dire en elle-même, elle n'est qu'un objet d'art, ou si l'on préfère un objet de méditation qui focalise les pulsions fondamentales des humains. C'est seulement par là que la pratique des images peut se justifier sans que l'on tombe dans ce qu'on appelle communément l'idolâtrie. Il est donc tout à fait stupide de perdre son temps à déterminer si telle ou telle statue date de telle ou telle époque. Certes, c'est d'un certain intérêt pour l'historien ou l'archéologue. Mais le fidèle, lui, s'en moque éperdument, pourvu que cette image dessine les contours à travers lesquels il va pouvoir faire pénétrer sa propre demande, sa propre quête. Il en est de même pour les sanctuaires : ils ne valent que ce qu'on veut bien leur accorder, ce que les bâtisseurs d'abord ont voulu donner, mais ce que les *autres* y mettent de leur propre conscience. Il est évident que plus le sanctuaire ou l'image atteindront la Beauté, plus cette conscience individuelle sortira magnifiée de cette opération de contemplation, et en définitive de prière. Le jaillissement de la cathédrale de Chartres, la lumière qui l'inonde, l'obscurité qui persiste dans sa crypte, les formes des images qu'on y décèle, tout a été voulu, bien sûr, mais tout répond aussi à une demande, qui n'est peut-être pas identique pour chacun de ceux qui sont à la fois les témoins et les acteurs du drame spirituel — et esthétique — qui se joue. Peut-être est-ce là, en dernière analyse, la seule définition possible d'un culte : la participation à une dramaturgie.

Or cette dramaturgie est parfaitement repérable, non seulement dans ce qu'il est convenu d'appeler la liturgie chrétienne, mais encore dans ce qu'on peut connaître du Druidisme, à la fois sur le plan théorique et sur le plan cultuel. Dans l'esprit qui anime les

Celtes, tous les dieux sont des Druides, et tous les Druides sont des dieux. Mais quels dieux ? Il ne semble pas que la religion des Celtes ait été un véritable polythéisme. Certes, dans les récits mythologiques, on nous raconte des histoires fantastiques sur les dieux. On les voit agir, on les voit se battre, on les voit s'enivrer, on les voit copuler. On les voit même mourir. Mais cette image anthropomorphique n'est qu'un *récit littéraire* et rien de plus, sinon qu'il rend compte de certains rituels concrets qui ont été oubliés et que seule la tradition orale puis littéraire a pu conserver, mais sous une forme allégorique ou symbolique. D'après la fameuse réflexion du Gaulois Brennus rapportée par Diodore de Sicile, à propos de l'expédition vers Delphes, on peut être assuré que les Druides ne pouvaient pas admettre qu'on représentât les dieux sous une forme humaine, ce qui aurait été contraire à leur croyance fondamentale : « Brennus se mit à rire parce qu'on avait supposé aux dieux des formes humaines et qu'on les avait fabriquées en bois et en pierre » (Diodore, fragm. XXII). Ainsi est nettement détruite l'hypothèse selon laquelle les Druides du pays carnute auraient pu ériger une statue de la *Virgo Paritura*. C'est le rejet de la figuration anthropomorphique, mais c'est aussi l'impossibilité de supposer une nature humaine aux dieux.

En fait, à l'analyse des textes d'origine celtique, on s'aperçoit bien vite que les dieux sont en réalité des représentations concrètes des fonctions sociales prêtées à une unique divinité. L'apparent polythéisme des Celtes est en réalité un monothéisme, ce qui expliquerait d'ailleurs assez bien qu'ils se soient convertis aussi facilement au Christianisme. Quand Patrick, apôtre de l'Irlande, vient prêcher l'Évangile, il accompagne cette prédication de « combats » magiques contre les Druides. Il tend à prouver que lui, Patrick représentant du Dieu fait homme, est en possession de plus de pouvoir que le ou les dieux du Druidisme. Les Druides avaient bien un dieu hors fonction, Lug, le Multiple Artisan. Mais, selon l'enseignement de Patrick, Jésus-Christ, Dieu fait homme, devient de ce fait, selon la conception celtique, le Dieu-Druide par excellence, puisqu'il s'est enfin manifesté par son Incarnation, et qu'il ne peut faire autrement que de remplacer, à lui tout seul, tous les dieux, ou tout au moins toutes les fonctions divines. La mythologie celtique mettait en relief l'existence d'un Druide primordial. Dieu incarné dans le Christ est donc ce Druide primordial, dans un monde qui, pour les Celtes, se confond nécessairement avec l'institution druidique, sans laquelle est impossible une société celtique.

Et si l'on convient que la liturgie, quelle qu'elle soit, est une dramaturgie destinée à mettre les humains à l'unisson du divin au cours d'une *action* qui n'a ni commencement ni fin, on peut arriver à concevoir que lesdits humains sont des participants à l'œuvre divine. C'est au fond ce qu'enseigne le Christianisme. C'est vraisemblablement ce qu'enseignaient les Druides à leurs élèves, au cœur de la forêt, pendant une vingtaine d'années. Et si les humains sont invités à participer au drame cosmique par les liturgies appropriées qui symbolisent les actions efficaces que chacun doit entreprendre, c'est que Dieu, quel qu'il soit, « a besoin des hommes ». On en vient à cette affirmation : *Dieu n'est pas, il devient*. Mais ce devenir, pour être conforme à cette idée de Dieu, se doit d'être éternel. D'où une dynamique extraordinaire suscitée par les rites et les croyances. D'où la célébration du culte en pleine nature, dans une clairière ou sur un tertre. La nature n'est jamais absente du drame cosmique. C'est cet élan dynamique, très révélateur de la pensée religieuse des Celtes, que l'on retrouve, exalté au plus haut point, dans la cathédrale de Chartres.

Mais pour que cet élan dynamique se manifeste, il faut que l'ensemble de la création soit engagée dans un unique processus. Si Dieu est devenir, ce qui semble assez net dans la pensée celtique, ce devenir doit s'accomplir dans les meilleures conditions. Et c'est là qu'intervient la Vierge sur le point d'enfanter. Car il s'agit d'une *perpétuelle parturition*, qui rejoint étonnamment les paroles de saint Paul sur la création en « travail ». L'image de Notre-Dame est belle, non seulement par ses qualités esthétiques, mais surtout par ce qu'elle signifie. Car de quelle parturition s'agit-il ? De la mise au monde materielle d'un enfant, fût-il l'Enfant-Dieu ? Alors, dans ce cas, pourquoi Notre-Dame de Sous-Terre aurait-elle les yeux clos ? Elle devrait avoir un regard de tendresse et d'amour vers l'Enfant, et manifester également sa fierté d'avoir donné le jour à Dieu. Il s'agit de tout autre chose, d'une conception théologique d'un extrême raffinement : la Vierge est la perpétuelle parturiente d'un monde qui devient, d'un Dieu qui devient, d'une humanité qui devient. Et les hommes, par leurs liturgies, participent à cette dramaturgie qui met tout en cause, qui explique tout et qui justifie tout.

Tel est le message de Chartres. C'est avant tout un message de Connaissance suprême qui, seule, permet de lancer vers l'avenir l'action génératrice sans laquelle rien ne peut s'accomplir. C'est donc dans un but précis que les bâtisseurs de la cathédrale de Chartres ont lancé vers le ciel ces lignes de force qui surgissent des ténèbres de la « grotte ». Le Puits Fort relie la surface de la terre au sous-sol le plus profond et le plus mystérieux, celui des Eaux primordiales sur lesquelles doit souffler l'Esprit de Dieu. Mais Dieu ne peut se manifester dans la matière qu'en empruntant les voies de cette matière. Ainsi se justifie la Vierge aux yeux clos.

Quand elle ouvrira les yeux, le monde sera peut-être celui que les prophètes et les Druides de l'ancien temps avaient décelé dans les astres, un monde qui ne connaîtra ni la violence, ni la haine, ni l'injustice, ni la mort. Alors sera peut-être le monde de l'Éternel Retour, celui que la Vierge construit patiemment, du fond de sa clairière sacrée, au plus secret de la forêt druidique, derrière ses mystérieuses paupières, l'acte suprême par lequel ce qui est en bas sera comme ce qui est en haut. « On peut dire qu'une représentation de Wagner à Bayreuth est peu de chose auprès de la célébration de la grand-messe dans la cathédrale de Chartres. » Ces paroles sont de Marcel Proust. Elles témoignent de la grandeur de ce lieu, centre absolu de ce monde à venir. Et l'on est tenté de dire qu'effectivement, les grandes envolées prophétiques de *Parsifal* ne sont rien en face du jaillissement prodigieux qui éclate depuis les profondeurs de la grotte où gît, depuis des millénaires, l'image éternellement créatrice de la Vierge sur le point d'enfanter.

Bieuzy-Lanvaux, 1988

BIBLIOGRAPHIE SOMMAIRE

Y. Delaporte, *Les trois Notre-Dame de la cathédrale de Chartres,* Chartres, 1965.

H. Dontenville, *Dits et récits de la mythologie française,* Paris, 1950 ; *La Mythologie française,* Paris, 1973.

G. de Givry, *Lourdes, ville initiatique,* Paris, 1979.

C.G. Guyonvarc'h, *Textes mythologiques irlandais,* Rennes, 1980.

Guyonvarc'h-Le Roux, *Les Druides,* Rennes, 1978.

R. Joly, *Histoire de Chartres,* Roanne, 1982.

J. Markale, *Le Christianisme celtique,* Paris, 1984 ; *Le Druidisme,* Paris, 1985.

M. Miller, *Chartres, la cathédrale et la vieille ville,* 1981.

Notre-Dame de Chartres, revue trimestrielle, Chartres.

C. Rickard, *Chartres,* Rennes, 1984.

E. Saillens, *Nos Vierges noires,* Paris, 1945.

J. Villette, *Chartres et sa cathédrale,* Paris, 1975.

TABLE

Achevé d'imprimer sur les presses de

BUSSIÈRE

GROUPE CPI

à Saint-Amand-Montrond (Cher)
en août 2007

N° d'édition : 49633. — N° d'impression : 072789/4.
Dépôt légal : septembre 2007.

Imprimé en France